Paul N. Benware

Von Matthäus bis Offenbarung

Das Neue Testament verstehen

Paul N. Benware

VON MATTHÄUS BIS OFFENBARUNG

Das Neue Testament verstehen

Über den Autor

Paul N. Benware erwarb verschiedene akademische Grade u. a. am Theologischen Seminar in Dallas. Er ist derzeit tätig als Professor an der *Philadelphia Biblical University*. Er ist Verfasser von drei Bänden des *Everyman's Bible Commentary* und Ko-Autor von *Leaders in the Making*. Er ist verheiratet und hat vier Kinder.

Bibelzitate nach der Revidierten Elberfelder Übersetzung, R. Brockhaus Verlag, Witten und Basel

Impressum

Benware, Paul N.:
Von Matthäus bis Offenbarung
Das Neue Testament verstehen

ISBN 978-3-89436-556-1

1. Auflage 2007

Titel des amerikanischen Originals:
Survey of the New Testament

Übersetzung: Brigitte Hahn, Hanau
Satz: Enns Schrift & Bild, Bielefeld
Umschlaggestaltung: Werbestudio 71a, Wuppertal
Druck: GGP Media GmbH, Pößneck

Printed in Germany

Inhalt

Verzeichnis der Schaubilder

Teil 1

Einführung, Überblick, Hintergrund: Der Neue Bund wird angekündigt

KAPITEL 1

EINFÜHRUNG IN DAS NEUE TESTAMENT

Warum dieses Buch zum Bibelstudium wichtig ist

Das Neue Testament ist die Fortsetzung der Geschichte, die im Alten Testament begonnen hat. Es ist der wundersame Höhepunkt der göttlichen Offenbarung an die Menschheit. Im Alten Testament hatte Gott den Menschen Segen und Erlösung durch den Messias verheißen, und im Neuen Testament wird berichtet, wie Gott sein Versprechen wahr machte. Ohne die 27 Bücher des Neuen Testaments gäbe es eine große Unsicherheit über die Verheißungen und Absichten Gottes und viele wichtige Fragen wären unbeantwortet geblieben.

Das Neue Testament hat einen viel geringeren Umfang als das Alte, und es berichtet über einen weitaus kürzeren Zeitraum, aber über die bedeutsamste Ära in der Menschheitsgeschichte – über jene Jahre, in denen Gott Mensch wurde und einer verlorenen Menschheit die Erlösung brachte. Das Neue Testament ist es wert, dass man es zum Gegenstand eines lebenslangen Studiums macht, weil es die wichtigsten Fragen des Menschen beantwortet, wie zum Beispiel die Frage nach dem Sinn des Lebens, oder die Frage, ob es eine echte Hoffnung gibt, oder die Fragen: Wie ist Gott? Kann ich von Schuld und Sünde frei werden? Werde ich geliebt? Jesus Christus, das Wort Gottes, ist die personifizierte Antwort auf diese Fragen.

Vergleich der beiden Testamente

Altes Testament	Neues Testament
39 Bücher	27 Bücher
929 Kapitel	260 Kapitel
deckt mehr als 4000 Jahre ab	deckt ca. 100 Jahre ab
mehr als 31 Schreiber	ca. 9 Schreiber

Wozu dieses Buch dient

Dieses Buch soll dem Bibelleser dabei helfen, einen Überblick zu gewinnen über den Inhalt, die Einheit und die fortschreitende Offenbarung des Neuen Testaments. Um den Inhalt des Neuen Testaments zu verstehen, wird jedes der 27 Bücher auf die darin enthaltenen Leitmotive und Schwerpunkte hin untersucht. Obwohl nicht jeder einzelne Vers studiert werden kann, hat der Leser die Möglichkeit, die Hauptideen und einzigartigen Merkmale eines jeden Buches zu entdecken. Um ein Gespür für die Einheit des Neuen Testaments zu bekommen, wird ein Schwerpunkt auf dem Neuen Bund liegen, denn dieser ist das große Leitmotiv des Neuen Testaments (siehe dazu das Schaubild auf S. 18). Dabei ist zu beachten, dass der Begriff »Neues Testament« eigentlich »neuer Bund« bedeutet.

Mit diesem Buch soll es dem Bibelleser auch ermöglicht werden, den logisch fortschreitenden Aufbau des Neuen Testaments zu erkennen. Für viele ist das Neue Testament eine Sammlung von Geschichten, Predigten und Lehrbriefen, zwischen denen es keine eindeutige, logisch nachvollziehbare Verbindung gibt. In diesem Buch wird etwas von der schlüssigen Logik des Neuen Testaments aufgezeigt.

Die Vorgehensweise dieses Buches

Das Neue Testament besteht aus 27 Büchern. Vier von ihnen (die Evangelien) berichten über das Leben und den Dienst Jesu Christi. Etwa ein Drittel des gesamten Neuen Testaments findet sich in den Evangelien. Es ist nicht nur wichtig, den Schwerpunkt jedes einzelnen Evangeliums zu verstehen, sondern auch alle vier Berichte der Evangelisten in ihrer Gesamtheit zu sehen, um das Muster und den fortschreitenden Verlauf im Leben Jesu Christi zu erkennen. Deshalb enthält dieses Buch auch einen chronologischen Abriss über das Leben Christi, in dem die vier Evangelien miteinander in Einklang gebracht werden.

Im Neuen Testament folgt die Apostelgeschichte auf die Evangelien. Man könnte sie auch als neutestamentliches Buch der »Kirchengeschichte« bezeichnen. Viele Briefe des Neuen Testaments haben ihre historischen Ursprünge in der Apostelgeschichte. Deshalb werden in diesem Studienbuch diese Briefe mit den Berichten in der Apostelgeschichte verknüpft. Wenn man die Briefe mit ihrer historischen Grundlage verbindet, wird die innere Ordnung des Neuen Testaments deutlicher erkennbar.

Dem Studium der neutestamentlichen Bücher wird immer die dafür erforderliche Hintergrundinformation vorangestellt. Um die Evangelien und die neutestamentlichen Briefe besser verstehen zu können, muss man sich ein wenig vertraut machen mit den politischen Kräften, Institutionen, Bewegungen und Ideen, die zur römischen Welt des ersten Jahrhunderts gehörten. Genauso wichtig ist ein Rückblick auf die Zeit zwischen den Testamenten und die darin stattgefundenen Ereignisse, die einen Einfluss auf die Zeit des Neuen Testaments hatten.

Diese Studie des Neuen Testaments schließt mit einer Betrachtung über die Offenbarung und zusätzlichen, in den Anhängen behandelten Themen.

Die für dieses Buch verwendete Gliederung des Neuen Testaments hat folgende Struktur:

I. Die Evangelien: Der Neue Bund wird eingeführt
  A. Matthäus
  B. Markus
  C. Lukas
  D. Johannes

II. Die Apostelgeschichte: Der Neue Bund wird erzählt

III. Die Briefe der Apostel: Der Neue Bund wird erklärt
  A. Die paulinischen Briefe
    1. Erste Gruppe: Die frühen Briefe des Apostels Paulus
      a. Der Brief an die Galater
      b. Der erste Brief an die Thessalonicher
      c. Der zweite Brief an die Thessalonicher
    2. Zweite Gruppe: Die größeren Briefe des Apostels Paulus
      a. Der erste Brief an die Korinther
      b. Der zweite Brief an die Korinther
      c. Der Brief an die Römer

3. Dritte Gruppe: Die Gefängnisbriefe des Apostels Paulus
   a. Der Brief an die Epheser
   b. Der Brief an die Kolosser
   c. Der Brief an Philemon
   d. Der Brief an die Philipper
4. Vierte Gruppe: Die Pastoralbriefe des Apostels Paulus
   a. Der erste Brief an Timotheus
   b. Der Brief an Titus
   c. Der zweite Brief an Timotheus

B. Die anderen Briefe
1. Der Brief des Jakobus
2. Der Brief an die Hebräer
3. Der erste Brief des Petrus
4. Der zweite Brief des Petrus
5. Der Brief des Judas
6. Der erste Brief des Johannes
7. Der zweite Brief des Johannes
8. Der dritte Brief des Johannes

IV. Die Offenbarung: Der Neue Bund wird erfüllt

KAPITEL 2

ÜBERBLICK ÜBER DAS NEUE TESTAMENT

Das Neue Testament erzählt die Geschichte vom erlösenden Handeln Gottes an einer verlorenen, in Sünde verstrickten Menschheit. Es berichtet über die Einführung des Neuen Bundes, des Weges, den Gott zur Rettung der verlorenen Menschheit eingeschlagen hat. Im Alten Testament (vgl. Jer 31,31-34) hatte Gott bereits diesen »neuen Bund« mit seinem Volk Israel verheißen. Der Messias sollte diesen Bund ins Leben rufen, mit Schwerpunkt auf dem geistlichen Leben und der Erlösung Israels. Als die neutestamentliche Offenbarung fortschritt, wurde deutlich, dass der Neue Bund über Israel hinaus die gesamte Menschheit erreichen sollte (vgl. 1Mo 12,3; Lk 22,20; Hebr 8,6-13). Mit dem Neuen Bund hat Gott die Errettung gewährleistet, und zwar für verlorene Menschen, die sich selbst nicht retten können. Jesus Christus, der Messias Israels, besiegelte diesen Bund mit seinem Opfertod am Kreuz.

Die Evangelien

Die Geschichte des Neuen Testaments beginnt mit den vier Evangelien, den Berichten über die Menschwerdung Jesu Christi, sein Leben und seinen Dienst. Durch sein sündloses Leben, seine Vollmacht beim Lehren und die Bestätigung seines Dienstes durch Wunder stellte er unter Beweis, dass er der Messias, der Sohn Gottes, war. Sein Leben endete, als er es freiwillig am Kreuz von Golgatha hingab. Mit diesem Opfertod am Kreuz wurde Gottes »neuer Bund« eingesetzt, weil es den Menschen dadurch möglich wurde, von ihrer Sünde frei zu werden und in einer persönlichen Beziehung zu Gott zu leben.

Die Apostelgeschichte

Nach seiner Auferstehung sprach Christus mit seinen Jüngern über ihren Auftrag. Sie sollten der ganzen Welt vom neuen Bund erzählen. Es war ihre freudige Pflicht, sowohl Juden als auch Nichtjuden zu verkünden, dass jeder errettet und mit Gott versöhnt werden kann, weil Jesus stellvertretend für jeden Menschen am Kreuz gestorben ist. Die Apostelgeschichte berichtet über die Verbreitung dieser guten Nachricht in den ersten drei Jahrzehnten nach der Auferstehung Christi.

Die Briefe

Die Briefe des Neuen Testaments beschreiben die lehrmäßige Wahrheit in Verbindung mit dem Neuen Bund. Diese 21 Briefe enthalten alles, was Christen über ihr Leben als »Menschen des Neuen Bundes« wissen müssen. Christen, die im neuen Zeitalter der Gemeinde Jesu leben, müssen nicht mehr den Forderungen des »alten Bundes« (des Gesetzes, das von Mose gegeben wurde) entsprechen. Vielmehr findet sich ihre Lebensregel in der neuen Offenbarung, die Gott in den neutestamentlichen Briefen niederlegen ließ. Diese Briefe beinhalten die Gebote, Grundsätze und Maßstäbe für jene Menschen, die in der »neuen«, auf dem Werk Christi am Kreuz aufbauenden Beziehung zu Gott leben wollen.

Die Offenbarung

Den Abschluss des Neuen Testaments bildet das Buch der Offenbarung, der Bericht über die endgültige, herrliche Verwirklichung des Neuen Bundes. Die Offenbarung bestätigt uns, dass Gott wirklich souverän ist und seine zahlreichen Verheißungen für gläubige Israeliten und Nichtjuden gleichermaßen erfüllen wird. Die Menschen, die durch den Neuen Bund das ewige Leben empfangen haben, werden in der himmlischen Herrlichkeit und auf der neuen Erde die Ewigkeit mit dem Herrn verbringen. Diejenigen jedoch, die sich weigern, durch den Glauben an den Erlöser Jesus Christus in den Neuen Bund einzutreten, werden ihm als dem souveränen Richter gegenüberstehen und für immer in den Feuersee verbannt werden.

Exkurs: Der Neue Bund

Der Neue Bund ist eine Erweiterung des bedeutenden Bundes Gottes mit Abraham und eines der drei »untergeordneten Bündnisse«, die jene ursprünglich für Abraham bestimmten göttlichen Verheißungen weiter umreißen (1Mo 12,1-3; 13,14-17; 15,1-21; 17,1-22; 22,15-18). Im Neuen Bund geht es hauptsächlich um die Frage der Erlösung. Nach dem Sündenfall und dem Eindringen der Sünde in die Welt war es die erklärte Absicht Gottes, den Menschen die Erlösung zu bringen. Aus den neutestamentlichen Schriften geht eindeutig hervor, dass die Tieropfer des Alten Testaments die Sünde nur bedecken (»sühnen«), aber nicht wegnehmen konnten (vgl. Hebr 9,11-15.24-28; 10,4-14). Nur das Blut Christi kann die Sünde beseitigen und sündhaften Menschen (sowohl Israeliten als auch anderen) die Gemeinschaft mit einem heiligen Gott ermöglichen. Jesus sprach von seinem Tod als dem Fundament des Neuen Bundes (Lk 22,20). Im Alten Testament galt der Neue Bund ursprünglich für Israel und Juda (Jer 31,31-34), aber im jetzigen Zeitalter der Gemeinde findet er seine Anwendung hauptsächlich auf Nichtjuden (2Kor 3,1-18; Hebr 8,8-13). Wegen der göttlichen Verheißungen für Abraham und seine Nachkommen wird in der Zukunft jedoch Israel zum Dreh- und Angelpunkt des Neuen Bundes (vgl. Dan 9,24; Röm 11,25-27). Während der großen Trübsal werden Israel die Augen geöffnet werden. Viele werden zum Glauben an den Messias kommen und so am Neuen Bund teilhaben.

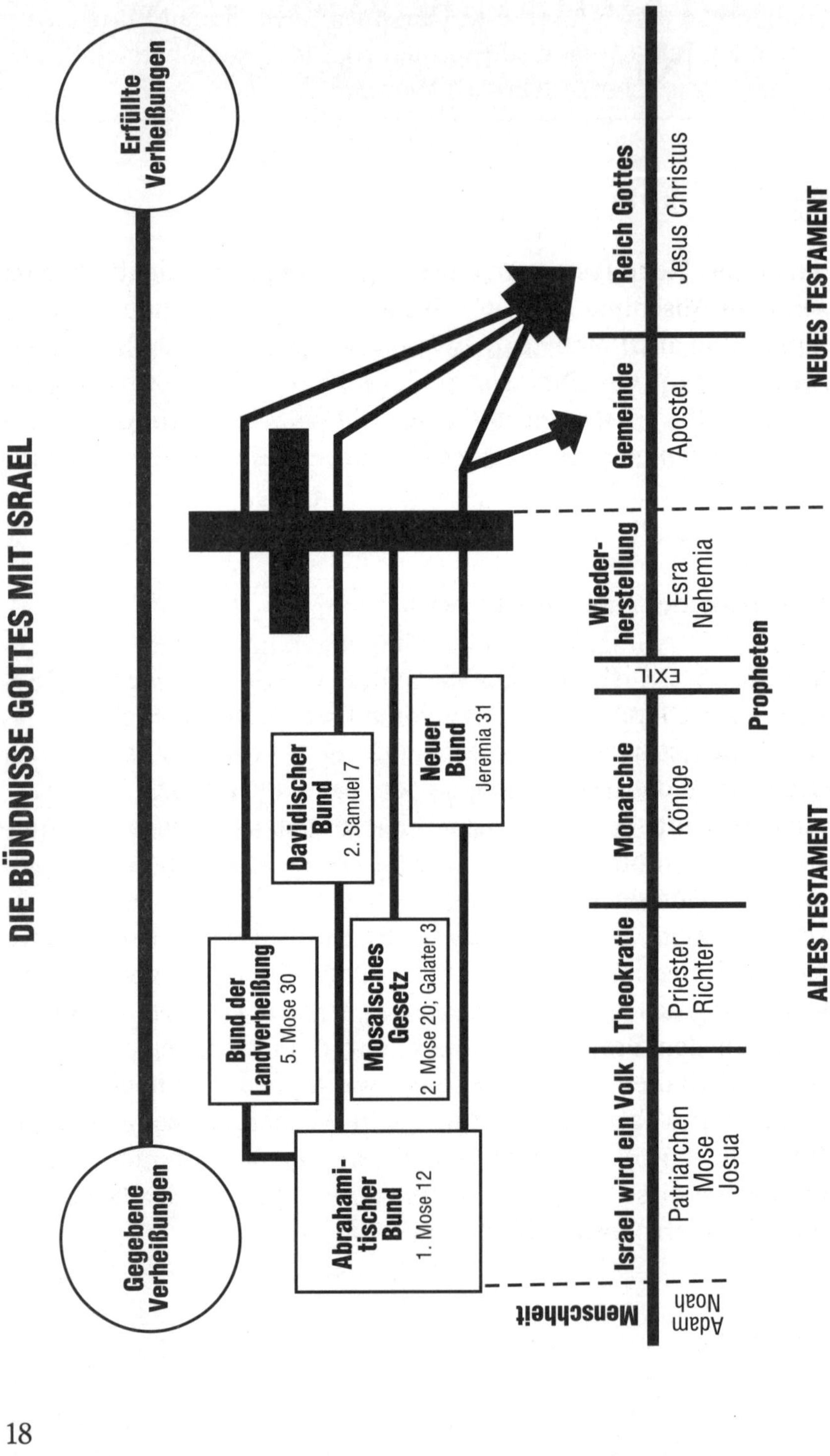
DIE BÜNDNISSE GOTTES MIT ISRAEL
Gegebene Verheißungen
Erfüllte Verheißungen
Abrahamitischer Bund
1. Mose 12
Bund der Landverheißung
5. Mose 30
Mosaisches Gesetz
2. Mose 20; Galater 3
Davidischer Bund
2. Samuel 7
Neuer Bund
Jeremia 31
Menschheit
Adam
Noah
Israel wird ein Volk
Patriarchen
Mose
Josua
Theokratie
Priester
Richter
Monarchie
Könige
EXIL
Propheten
Wiederherstellung
Esra
Nehemia
Gemeinde
Apostel
Reich Gottes
Jesus Christus
ALTES TESTAMENT
NEUES TESTAMENT

KAPITEL 3

Der Hintergrund des Neuen Testaments

Wenn man das Neue Testament aufschlägt, wird schnell deutlich, dass sich seit dem Abschluss des Alten Testaments vieles geändert hat. Es wäre ein Irrtum anzunehmen, die Welt Jesu und der Apostel sei dieselbe gewesen wie die von Esra, Nehemia und Maleachi. Vieles war ganz anders. Deshalb müssen wir uns einige dieser Veränderungen vergegenwärtigen, bevor wir uns mit dem Text des Neuen Testaments befassen können.

Der Abschluss des Alten Testaments

Das Alte Testament ist unter anderem auch ein Bericht über das Versagen des Volkes Israel gegenüber seinem Gott. Israel verstieß wiederholt gegen die göttlichen Gebote, bis Gott sein Volk züchtigte und es nach Babylon in die Gefangenschaft schickte. Nach siebzig Jahren im Exil erlaubte Gott seinem Volk die Rückkehr ins Land und den Wiederaufbau der Nation. Männer wie Esra, Nehemia, Haggai und Maleachi waren an dieser Entwicklung maßgeblich beteiligt. Als jedoch das Alte Testament mit dem historischen Bericht von Nehemia und dem prophetischen Buch von Maleachi zum Abschluss kam, begann der Niedergang des geistlichen Lebens in Israel. Die letzte Botschaft Gottes durch den Propheten Maleachi war vor allem ein Tadel am sündhaften Verhalten Israels, aber darin war auch die Verheißung enthalten, dass eines Tages der Herr und sein Wegbereiter kommen würden (Mal 3,1; 4,5-6). Es sollte jedoch noch etwa vierhundert Jahre dauern, bis sich diese Verheißung erfüllte und Johannes der Täufer das Kommen des Herrn Jesus Christus ankündigen sollte.

Die Zeit zwischen den Testamenten

Die Zeit zwischen Altem und Neuem Testament wird auch oft als die »vierhundert Jahre des Schweigens« bezeichnet. Diese Bezeichnung ist zutreffend, wenn es um die Stimme Gottes geht, weil in diesem Zeitraum kein biblisches Buch niedergeschrieben wurde und keine direkte göttliche Offenbarung durch die Propheten geschah. Diese vierhundert Jahre waren keine Zeit des Schweigens in dem Sinne, dass wir keine Informationen über diese Zeit hätten. Es ist in jenem Zeitraum vieles geschehen. Diese Ereignisse sind gut dokumentiert, und sie hatten Auswirkungen auf das Leben der Menschen in der Zeit des Neuen Testaments. Deshalb ist es wichtig, uns einen kurzen Einblick in diese Zeit zu verschaffen.

Vierhundert Jahre schwiegen die Propheten				
Babylonisches Exil	Esra	Nehemia		Die Evangelien
	— — — —	— — — —	— 400 Jahre —	— — — —
	Haggai Sacharja	Maleachi		Johannes der Täufer

DER GESCHICHTLICHE HINTERGRUND DES NEUEN TESTAMENTS

Die Zeit der Perser (539 bis 331 v. Chr.)

Die Unabhängigkeit des Reiches Juda endete, als es im Jahr 605 v. Chr. von den Heeren des babylonischen Königs Nebukadnezar überrannt wurde. Danach hatten die Juden zwar noch etwa zwanzig Jahre lang einen König, aber er erhielt seine Befehle von den Babyloniern. Im Jahr 586 v. Chr. planten die Juden einen Aufstand gegen Babylon, aber dieser Versuch scheiterte und führte zur Zerstörung der Stadt Jerusalem. Der Tempel wurde geplündert und niedergebrannt, und viele Menschen wurden in die Gefangenschaft nach Babylon geführt. In den darauf folgenden fünfzig Jahren blieben die

Juden unter der Herrschaft der Babylonier (vgl. 2Kö 24,1-25,30; Jer 39,1-18).

Als die Perser und deren Verbündete im Jahr 539 v. Chr. den Babyloniern die Weltherrschaft entrissen, gerieten die Juden unter persischen Einfluss. Sie wurden von den Persern relativ gut behandelt, weil sie offenbar deren Gunst genossen. Das könnte daran gelegen haben, dass beide Völker dem Monotheismus anhingen. Der persische König Cyrus erlaubte den Juden die Rückkehr in ihr Land und erteilte ihnen die Genehmigung zum Wiederaufbau des Tempels in Jerusalem (Esr 1,1-4). Mit der Unterstützung der Propheten Haggai und Sacharja wurden Widerstände und Probleme überwunden, und so wurde der Bau des Tempels 516 v. Chr. vollendet (Esr 1,5–6,22). Später, unter der Führung von Esra (458 v. Chr.) und Nehemia (444 v. Chr.), kehrten weitere Juden aus der Gefangenschaft zurück und bauten die Mauern Jerusalems. Mit Hilfe des Propheten Maleachi versuchten diese Führungspersönlichkeiten, eine moralische und geistliche Reform herbeizuführen. Obwohl sie mit ihren Bemühungen nicht auf allen Gebieten erfolgreich waren, war ihr Einfluss im Israel der Zeit zwischen den Testamenten groß. Unter ihrer Führung spielte das Wort Gottes in der Bevölkerung eine wichtigere Rolle als vorher. Die Prinzipien des göttlichen Gesetzes wurden konsequent auf das Alltagsleben angewendet. Obwohl die meisten Juden sich in diesen vier Jahrhunderten vom Gesetz Gottes abwandten, gab es doch einige, die am göttlichen Wort festhielten und sich gegen Kompromisse mit heidnischen Einflüssen wehrten.

Die Zeit der Griechen (331-143 v. Chr.)

a. Alexander der Große (331-323 v. Chr.)

Alexander der Große stieg zur Macht auf und führte sein griechisches Heer zu einem raschen und vollständigen Sieg über die Perser. Nachdem er den Persern in Kleinasien eine Niederlage bereitet hatte, marschierte er in Israel ein, und so hatten die Juden einen neuen Herrscher. Sie wehrten sich nicht gegen diese Herrschaft Alexanders, und er behandelte sie gut dafür. Alexanders Eroberungszüge führten zur schnellen und weiten Verbreitung des Hellenismus (der griechischen Kultur). Diese Kultur prägte überall das Leben der Menschen, auch in

Israel. Die griechische Sprache wurde für die Verständigung in Handel und Diplomatie verwendet, und bis zur Zeit des Neuen Testaments war sie auch für einfache Menschen zur Umgangssprache geworden. Diese beinahe universale Sprache sollte in jener Epoche zu einem bedeutenden Faktor für die rasche Verbreitung des Evangeliums von Jesus Christus werden.

Als Alexander im Alter von nur 33 Jahren starb (323 v. Chr.), zerfiel sein Riesenreich in vier Teile. Weil Alexander keinen Erben hatte, der alt genug für die Thronfolge war, teilten schließlich vier seiner Generäle das Reich unter sich auf. Von diesen vier sind nur zwei (Ptolemäus und Seleukus) für unsere Betrachtung über die Hintergründe des Neuen Testaments von Bedeutung. Das Reich des Ptolemäus hatte seinen Mittelpunkt in Ägypten, das des Seleukus in Syrien.

b. Die Ptolemäer (321-198 v. Chr.)

Bei der Teilung von Alexanders Reich wurde das Land Israel zu einem Teil des Gebietes von Ptolemäus. Die Ptolemäer herrschten über ein Jahrhundert lang über die Juden, die in dieser Zeit ein Leben in Frieden und Wohlstand führten, obwohl Israel durch regelmäßig wiederkehrende Kriege zum Kriegsgebiet wurde, mit den damit verbundenen negativen Auswirkungen auf Gesellschaft und Wirtschaft. Aber sogar in diesen schwierigen Zeiten erfuhren die Juden häufig eine bevorzugte Behandlung, weil beide Seiten um ihre Unterstützung warben.

Während der Regierungszeit von Ptolemäus Philadelphus (285-247 v. Chr.) fand ein wichtiges Ereignis statt. Er ließ das hebräische Alte Testament von jüdischen Gelehrten in die griechische Sprache übersetzen, um den Bedürfnissen von Juden gerecht zu werden, die in der Kultur des Hellenismus aufgewachsen waren. Viele von den in Alexandria, Ägypten, geborenen Juden verstanden die griechische Sprache besser als das Hebräische. Diese Bibelübersetzung, die man als *Septuaginta* bezeichnete, wurde zu einem wichtigen Dokument der jüdischen Gemeinwesen außerhalb Israels. Später war sie die Bibel der frühen christlichen Gemeinde.

c. Die Seleukiden (198-143 v. Chr.)

Kriege und Intrigen prägten das Verhältnis zwischen den Ptolemäern und den Seleukiden. Mit Hilfe einer starken jüdischen Gruppierung besiegte Antiochus III. von Syrien im Jahr 198 v. Chr die Ptolemäer und trieb sie zurück nach Ägypten. Nach diesem Sieg erfuhr der Hellenismus in Israel eine rasche Verbreitung. Diese Entwicklung ging unter Antiochus IV. (Epiphanes) weiter. Antiochus IV. förderte nicht nur den Hellenismus unter den Juden, sondern er griff auch die jüdische Religion und Kultur an.

> »Der syrische König Antiochus IV. oder Epiphanes (175-163 v. Chr.) tauschte den jüdischen Hohenpriester Onias III. gegen dessen Bruder Jason ein, einen Anhänger des Hellenismus, der aus Jerusalem eine griechische Stadt machte. Eine Sporthalle mit einer dazugehörigen Rennbahn wurde errichtet. Dort trainierten jüdische Jünglinge unbekleidet, wie es bei den Griechen üblich war, aber für fromme Juden war so etwas anstößig. Die Wettrennen wurden mit Gebeten zu heidnischen Göttern eröffnet. Sogar jüdische Priester nahmen an solchen Veranstaltungen teil. Die Hellenisierung beinhaltete auch den Besuch von griechischen Theatern, die Übernahme der griechischen Mode, das operative Rückgängigmachen der Beschneidung und die Verwendung von griechischen anstelle von hebräischen Namen.«[1]
>
> »Der Tempel wurde seiner Schätze beraubt und in ein Heiligtum für den olympischen Zeus umgewandelt. Am 15. Dezember 168 v. Chr. wurde auf dem Altar ein Bildnis des Gottes aufgestellt. Zehn Tage später wurde ihm zu Ehren ein Schwein geopfert. Überall im Land wurden Altäre für heidnische Götter errichtet, und die Beachtung heidischer Festtage wurde zur Pflicht gemacht. Das Judentum wurde vollständig geächtet. Die Todesstrafe drohte denjenigen, die die Thora besaßen oder lasen. Die Einhaltung des Sabbats und die Beschneidung wurden verboten.«[2]

So boshaft war Antiochus IV., dass er in der Bibel als Bild für den in der Endzeit erwarteten Antichristen verwendet wird.

Die Situation damals war natürlich unerträglich für jene fromme Juden, die treu am Gesetz Gottes festhielten. Deshalb war eine Rebellion gegen die syrischen Seleukiden unausweichlich. Diese Revolte begann, als Mattatias, ein bedeutender Priester aus der Stadt Modein, sich einem syrischen Hofbeamten widersetzte, als dieser nach Modein kam, um die Bewohner zu heidnischen Opferriten zu zwingen. Der mutige Mattatias verweigerte dem Vertreter des Königs nicht nur den Gehorsam, sondern tötete sogar einen Juden, der bereit war, dieses Opfer darzubringen.

> »Kaum hatte er das gesagt, da trat vor aller Augen ein Jude vor und wollte auf dem Altar von Modein opfern, wie es der König angeordnet hatte. Als Mattatias das sah, packte ihn leidenschaftlicher Eifer; er bebte vor Erregung und ließ seinem gerechten Zorn freien Lauf: Er sprang vor und erstach den Abtrünnigen über dem Altar. Zusammen mit ihm erschlug er auch den königlichen Beamten, der sie zum Opfer zwingen wollte, und riss den Altar nieder; der leidenschaftliche Eifer für das Gesetz hatte ihn gepackt ...«[3]

Mattatias erkannte, was für ernste Folgen seine Taten haben würden, und so floh er mit seinen fünf Söhnen und anderen gottesfürchtigen Juden in die Berge. Kurz darauf starb er, aber die Bewegung wurde von seinem Sohn Judas (der auch bekannt war unter dem Beinamen »Makkabäus«, was übersetzt »der Hammer« bedeutet) weitergeführt. Unter der Führung von Judas errangen die Rebellen große Erfolge. Anfänglich führten die Juden einen Guerillakrieg. Dadurch war es den Streitkräften von Antiochus IV. so gut wie unmöglich, die Revolte einzudämmen. »Diese Siege erkämpfte Judas mit stark unterlegenen Truppen, nur durch seine Strategie und seinen religiösen Enthusiasmus.«[4] Drei Jahre, nachdem Antiochus IV. in Jerusalem den Tempel entweiht hatte, fügten Judas und seine Truppen den Syrern eine entscheidende Niederlage zu. Sie konnten Jerusalem wieder einnehmen und den Tempel neu einweihen (im Dezember 165 v. Chr.). Schließlich wurde im Jahr 143 v. Chr. mit den Syrern ein Friede geschlossen, und die Juden hatten ihre Unabhängigkeit wieder.

Die Zeit der Hasmonäer (143-63 v. Chr.)

Simon, ein Bruder von Judas, war der erste Herrscher des unabhängigen jüdischen Staates. (Hier ist zu beachten, dass der Ausdruck Hasmonäer sich vom Familiennamen des Mattatias, nämlich Hasmon, ableitet.) Simon wurde auf Lebenszeit zum Hohenpriester und zur politischen Führungsfigur der Juden erklärt. Dieser Akt verlieh dem Amt des Hohenpriesters neue Macht, da es sowohl religiöse als auch politische Autorität in sich vereinte. (Der Machtzuwachs im Amt des Hohenpriesters ist in der Zeit Jesu und der Apostel deutlich erkennbar.) Die Regierungszeit von Simon war kurz, aber für die Juden sehr förderlich. »Mit Rom wurde ein Vertrag ausgehandelt, der 139 v. Chr. rechtsgültig wurde. Darin wurde die Unabhängigkeit des jüdischen Staates anerkannt und den Untertanen und Verbündeten von Rom zur Freundschaft anempfohlen. Die wirtschaftliche Lage verbesserte sich, in den Gerichten wurde gewissenhaft Recht gesprochen, und das religiöse Leben der Juden erwachte neu.«[5] Leider war die Zeit der Hasmonäer jedoch weitgehend geprägt von Machtkämpfen und Konflikten. Verschiedene Interessengruppen innerhalb des jüdischen Staates hatten sehr unterschiedliche Ansichten, und die Neigung zur Uneinigkeit war stets vorhanden.

Simon und zwei seiner Söhne wurden ermordet, aber Johannes Hyrcanus, ein weiterer Sohn, wurde zur politisch-religiösen Führungsfigur. Johannes Hyrcanus tat viel, damit die Position des neuen jüdischen Staates weiter gestärkt wurde. Er war ein fähiger militärischer Befehlshaber. Unter seiner Führung wurde Territorium zurückerobert, das einst den Juden gehört hatte. Er besiegte die Syrer, Samaritaner, Edomiter und Idumäer. In mancher Hinsicht war seine Zeit für die Juden eine Blütezeit. Aber nicht alle politischen Entscheidungen, die Johannes Hyrcanus traf, fanden den Beifall des Volkes. Diese Differenzen führten später zu Konflikten und Bürgerkriegen. So schloss Johannes Hyrcanus beispielsweise ein Bündnis mit Rom. Für die Befürworter einer staatlichen Eigenständigkeit (dazu gehörte auch die neu entstehende Partei der Pharisäer) war diese Maßnahme ein Affront gegen ihren Glauben und ihre religiösen Überzeugungen. Dann zwang Johannes Hyrcanus den Idumäern das Judentum auf. Für bestimmte Gruppierungen kam dies einer Verunreinigung der besonderen Bundesbeziehung zwischen den Juden und Gott gleich. Darüber hinaus wollten viele Juden den Anspruch der Hasmonäer auf das Priestertum nicht anerkennen, weil sie wussten, dass diese keine Nachkommen von Aaron waren. Möglicherweise wollte Johannes Hyrcanus sogar das Königtum für sich beanspruchen, obwohl er nicht aus dem Geschlecht Davids stammte.[6] Diese Probleme wurden mit seinem

Tod im Jahr 106 v. Chr. nicht gelöst. Innere Streitigkeiten gehörten im neuen jüdischen Staat zum Alltag, bis sie 63 v. Chr. ihren Höhepunkt erreichten. In jenem Jahr griff ein römisches Heer in einen Bürgerkrieg ein, der von zwei Angehörigen der Hasmonäer-Dynastie ausgefochten wurde. Die Römer konnten den Konflikt beenden, aber mit diesem Eingreifen begann auch ihre Vorherrschaft.

Die Zeit der Römer (63 v. Chr. bis zum Neuen Testament)

Die Herrschaft der Römer begann mit ihrer Intervention im Jahr 63 v. Chr., als Johannes Hyrkanus II. von Rom als König eingesetzt wurde. Es war jedoch offensichtlich, dass nicht diesem König, sondern Rom die wahre Macht gehörte. Noch während der Regierungszeit von Hyrcanus II. gewann ein Idumäer namens Antipater die Gunst der Römer. Antipater gelang es, seinen Söhnen Machtpositionen in Israel zu verschaffen. Einer seiner Söhne war Herodes der Große. Er sollte schließlich zum König ernannt und in Israel eine alles beherrschende Rolle spielen. Er regierte von 37-4 v. Chr. Herodes der Große war ein Mann mit vielen Begabungen, aber auch mit vielen Lastern.

> »Die Geschichte vom Aufstieg des Reiches von König Herodes ist ein Drama, bestehend aus außerordentlichen politischen Winkelzügen, begleitet von einer Abfolge abscheulicher Verbrechen, deren Motive meistens einer Eifersucht im Herzen von Herodes entsprangen und die hauptsächlich gegen seine eigene Familie gerichtet waren. Mit außergewöhnlichem Geschick gewann und behielt er die Gunst mehrerer römischer Kaiser. Dabei ging er äußerst skrupellos vor … In seiner Regierungszeit folgte ein ungeheuerliches Verbrechen auf das andere.«[7]

Das Leben und die Herrschaft von Herodes dem Großen bringen uns direkt in die Zeit des Neuen Testaments, weil eines seiner letzten »ungeheuerlichen Verbrechen« (der Kindermord in Bethlehem) im Matthäusevangelium festgehalten ist. Die Familie von Herodes spielte weiter eine bedeutende Rolle in der Zeit Jesu und der Urgemeinde. In der nachfolgenden Aufstellung sind die im Neuen Testament erwähnten Angehörigen aus der Familie des Herodes aufgeführt.

Die herodianischen Herrscher in der Bibel

Name	Regierungs-zeit	Herrschafts-gebiet	Verwandtschaft-liche Beziehung zu Herodes	Erwähnung in der Bibel
Herodes der Große	37 bis 4 v. Chr.	König von Israel	–	Matthäus 2,1; Lukas 1,5
Herodes Antipas	4 v. Chr. bis 39 n. Chr.	Tetrarch von Galiäa, Perea	Sohn	Lukas 3,1; 13,31; 23,7
Archelaus	4 v. Chr. bis 6 n. Chr.	Ethnarch von Judäa, Samaria, Idumäa	Sohn	Matthäus 2,22
Herodes Philippus II.	4 v. Chr. bis 34 n. Chr.	Tetrarch von Iturea, Trachonitis	Sohn	Lukas 3,1
Herodes Agrippa I.	37 bis 44 n. Chr.	König von Israel	Enkel	Apostelgeschichte 12,1-23
Herodes Agrippa II.	48 bis 70 n. Chr.	Tetrarch von Chalkis, anderen Gebieten	Urenkel	Apostelgeschichte 25,26
Weitere, im Neuen Testament erwähnte Verwandte des Herodes: Herodes Philippus I. (Mk 6), Herodius (Mk 6), Drusilla (Apg 24), Bernice (Apg 25). Von ihnen war niemand König oder Herrscher.				

Der religiöse Hintergrund des Neuen Testaments

Wie es in der heutigen Gesellschaft eine Vielzahl von religiösen Systemen und Ideen gibt, war das auch der Fall in der Zeit des Römischen Reiches. Christen, die Apostel und die frühe Gemeinde sahen sich einem breiten Spektrum von Religionen und Philosophien gegenüber. Ein kurzer Abriss über diese Ideen ist erforderlich für unser Verständnis des religiösen Rahmens, in dem das Leben und der Dienst des Herrn Jesus und der Apostel stattfanden.

Religionen und Philosophien in der römischen Welt

a. Die griechisch-römische Götterwelt

Als sich das Römische Reich weiter ausbreitete, fand eine immer engere Verbindung und zunehmende Assimilation mit der griechischen

Kultur und Religion statt. Die vielen Götter und Göttinnen Roms fanden bald ihre Entsprechungen in der griechischen Götterwelt. So wurde Venus, die römische Liebesgöttin, mit ihrem griechischen Gegenstück Aphrodite identifiziert, Mars mit Ares, Diana mit Artemis, Jupiter mit Zeus usw.

Zur Zeit des Neuen Testaments erlebte die Anbetung dieser Vielzahl von Göttern und Göttinnen einen Niedergang. Die Machtkämpfe, Intrigen und das unmoralische Verhalten dieser Gottheiten, zusammen mit ihrer offenkundigen Unfähigkeit, denen, die sie verehrten, zu helfen, waren die Ursachen für diesen Rückgang des Glaubens unter den Bewohnern des Römischen Reiches. Viele Philosophen und Lehrer hinterfragten und verhöhnten diese Götterwelt. Dennoch hielten einige noch immer an der Verehrung der alten Götter fest. Aber bis zu dem Zeitpunkt, als die Gemeinde Jesu in der römischen Welt Fuß fasste, war die Zahl dieser traditionell Denkenden deutlich zurückgegangen.

Im Neuen Testament wird die griechisch-römische Götterwelt an mehreren Stellen erwähnt. In Apostelgeschichte 14 heilten Paulus und Barnabas einen Gelähmten. Die Priester an diesem Ort setzten die beiden sofort mit den Göttern Hermes (Merkur) und Zeus (Jupiter) gleich. Apostelgeschichte 19 berichtet uns von einem wilden Aufstand von Anhängern der Göttin Diana (Artemis). Eine seiner berühmten Predigten hielt Paulus auf dem Marshügel, der nach einem dieser Götter benannt war.

b. Der Kaiserkult

Lange bevor Rom zur Weltherrschaft gelangte, hatten andere Völker ihre Herrscher zu Göttern erhoben. Weil diese antiken Reiche dem Polytheismus (der Vielgötterei) anhingen, war es keine große Sache, einer Vielzahl von Göttern einen weiteren hinzuzufügen. Deshalb war der Kaiserkult Roms nichts Außergewöhnliches. Zunächst wurden römische Kaiser nach ihrem Tod durch einen Beschluss des Senats zur Gottheit erhoben. Aber im ersten Jahrhundert n. Chr. beanspruchten einige, wie z. B. Kaiser Nero, diesen Status schon zu Lebzeiten. Natürlich wollten Christen weder tote noch lebende Kaiser anbeten; und diese Weigerung, sich am Kaiserkult zu beteiligen, führte zur Verfolgung der frühen Gemeinde Jesu. Für die Römer ging es bei dieser Sache nicht nur um Religion, sondern auch um Patriotismus. Der offensichtliche Mangel an Loyalität, den die Christen an den Tag legten, brachte den Zorn Roms über viele von ihnen.

c. Die Mysterienkulte

Im Römischen Reich gab es eine große Vielfalt an erfahrungsorientierten Religionen, die man unter dem Oberbegriff »Mysterienkulte« zusammenfassen kann. Diese Mysterienkulte wurden deshalb so bezeichnet, weil sie den in ihre Geheimnisse Eingeweihten eine mystische Vereinigung mit einer Gottheit versprachen. Im Vergleich mit dem Kaiserkult oder der traditionellen Götterwelt boten diese Religionen ihren Anhängern einen persönlicheren, auf Erfahrung beruhenden Glauben. Sie sprachen eher das Gefühl an als den Willen oder den Verstand. Der Schwerpunkt lag auf ekstatischen Erlebnissen und weniger auf der Lehre. (Die Lehren waren von ihrem Inhalt her häufig vage und voller symbolischer Aussagen.) Obwohl es eine Vielfalt an Mysterienkulten gab, hatten sie dennoch einen gemeinsamen Schwerpunkt. Ihre Anhänger erlebten eine Vereinigung mit ihrem Gott durch Geheimriten, die nur den Mitgliedern der einzelnen Kulte bekannt waren. Diese Vereinigung mit der Gottheit garantierte den Teilnehmern der Riten die Unsterblichkeit.[8] »Zu den Mysterien gehörten auch geheime Initiationsriten und andere Zeremonien wie Waschungen, Besprengen mit Blut, sakramentale Handlungen, Rauschzustände, Ekstase und beeindruckende Prozessionen, in deren Verlauf die Anhänger des jeweiligen Kultes die Vereinigung mit ihrer Gottheit erlebten. Die gesellschaftliche Gleichstellung der Anhänger innerhalb der Mysterienkulte verlieh diesen Religionen eine große Anziehungskraft.«[9]

Unter Neutestamentlern gibt es eine anhaltende Debatte über den Einfluss der Mysterienkulte auf die Gemeinde Jesu. Obwohl sie im Neuen Testament nicht direkt erwähnt werden, sind manche Theologen der Auffassung, dass der Apostel Paulus sich deren Vokabular bediente, um mit den Menschen aus dem Römischen Reich wirksamer kommunizieren zu können. Möglicherweise haben die Mysterienkulte manche ihrer Lehren vom Christentum entliehen.[10]

d. Der Gnostizismus

Die Bezeichnung Gnostizismus kommt vom griechischen Wort *gnosis*, das »Wissen« oder »Erkenntnis« bedeutet. Der Gnosis zufolge konnte Erlösung nur durch das Erwerben eines bestimmten Wissens erreicht werden. Diese Philosophie stützte sich auf den Dualismus von Platon, der lehrte, dass die Materie böse und der Geist gut war.

> »Den Gnostikern zufolge war Gott zu groß und heilig, um die materielle Welt mit all ihrer Niedrigkeit und Verderbtheit geschaffen zu haben. Sie behaupteten, dass von der höchsten Gottheit eine Reihe von Emanationen oder Ausstrahlungen ausgegangen seien, jede von ihnen sei ein wenig unbedeutender als diejenige, von der sie entsprang, bis schließlich die letzte dieser Emanationen oder »Äonen«, wie sie auch genannt wurden, die Welt erschuf. Die Materie wurde deshalb mit dem Bösen gleichgesetzt. Wenn der Mensch die Erlösung erwerben wollte, musste er die materielle Welt verleugnen und nach der unsichtbaren Welt streben.«[11]

Dieses Streben wurde von den gnostischen Lehrern stark unterstützt. Die Lehren des Gnostizismus wurden im Alltagsleben seiner Anhänger auf zwei gegensätzliche Weisen angewendet. Zum einen gab es die Askese oder die strenge Unterdrückung körperlicher Bedürfnisse. Manche Vertreter dieser Richtung versuchten, die Triebe des »bösen« Leibes zu beschneiden oder in den Griff zu bekommen. Eine zweite Anwendung dieser Philosophie fand ihren Ausdruck im Libertinismus oder einer moralischen Freizügigkeit. Die Auffassung, dass der materielle Leib böse und von der Erlösung ausgenommen sei, veranlasste wieder andere zu einem zügellosen Leben. Weil nur der Geist erlöst werden könne, so argumentierten sie, sei das, was man mit seinem Körper tue, unbedeutend für die höchste Realität, also könne man das Leben in vollen Zügen genießen.

Obwohl der Gnostizismus in seiner vollständigen Ausprägung erst im zweiten Jahrhundert n. Chr. auftrat, waren seine frühen Formen bereits im ersten Jahrhundert vorhanden. Viele Theologen sind der Meinung, dass neutestamentliche Briefe wie der Kolosserbrief und der 1. Johannesbrief verfasst wurden, um diese neu entstehende Philosophie zu widerlegen.

e. Andere Philosophien

Neben dem Gnostizismus gab es in der Zeit des Neuen Testaments eine Vielzahl von anderen Philosophien. Der Text in Apostelgeschichte 17,21 macht deutlich, dass Philosophie bei vielen Menschen so etwas wie eine Leidenschaft war und dass etwas »Neues« die Menschen sehr interessierte. Man kann sich lebhaft vorstellen, wie Wanderlehrer und Philosophen immer wieder auf der Suche nach »neuen« Ideen waren, um diesen Hunger nach einem »neuen« Verständnis des Lebens zu stillen. Den sogenannten neuen Ideen standen in der Zeit des Neuen Testaments die grundlegenden philosophischen Sichtweisen gegenüber. Robert Gundry fasst diese Philosophien wie folgt zusammen:

> »Die Intellektuellen wandten sich reineren Formen der Philosophie zu. So lehrten die *Epikuräer*, dass der Genuss (nicht unbedingt der sinnliche Genuss) das größte Gut im Leben sei. Der *Stoizismus* dagegen lehrte die pflichtbewusste Annahme des eigenen Schicksals, das von einer unpersönlichen, höheren Vernunft vorherbestimmt sei. Diese höhere Vernunft beherrsche das Universum, zu dem auch die Menschen gehörten. Die *Zyniker*, für die es viele Entsprechungen gibt, sahen in einem einfachen, unkonventionellen Leben die höchste Tugend. Sie lehnten das allgemeine Streben nach Bequemlichkeit, Wohlstand und gesellschaftlichem Ansehen ab. Die *Skeptiker* waren Relativisten und wiesen den Glauben an alles Absolute zurück und erlagen dem Zweifel sowie dem jeweils herrschenden Zeitgeist. Diese und andere Philosophien prägten jedoch nur das Leben weniger Menschen. In der Regel war das Lebensgefühl der großen Masse bestimmt von Aberglauben und Religionsvermischung. Deshalb kam das Christentum in eine Welt religiöser und philosophischer Verwirrung. … Trübsinn und Verzweiflung waren die vorherrschenden Gefühle.«[13]

Diese Philosophien versagten, weil sie kein echtes Verständnis vom wahren Wesen des Menschen (nach dem Bild Gottes geschaffen, aber gefallen) vermittelten, und auch nicht vom Charakter des einen, einzigen Schöpfergottes.

Religion in Israel

Die im Römischen Reich verbreiteten Religionen und Philosophien hatten natürlich auch eine Wirkung auf die Gemeinde Jesu, als diese die gute Botschaft von Jesus Christus in das Reich hinaustrug. Aber das Leben Christi und die Frühzeit der Gemeinde waren vom religiösen und politischen Klima in Israel weitaus stärker betroffen. Bestimmte Institutionen, religiöse Sekten und politische Gruppierungen prägten dieses Klima.

a. Die Pharisäer

Der Name Pharisäer stammt von einem hebräischen Wort mit der Bedeutung »abtrennen« oder »absondern«. Deshalb bezeichnete man diese Gruppe auch als die »Abgesonderten«.[13] Seit der Rückkehr der Juden aus dem babylonischen Exil bis zur Zeit zwischen den Testamenten gab es eine wachsende Bewegung, die nach einem Leben in Gottesfurcht und Reinheit strebte. In der zwischentestamentlichen Zeit entstand im Judentum eine Richtung, deren Ziel es war, Israel von heidnischem Einfluss zu befreien. Diese »Chassidim« oder »Frommen« eiferten um religiöse Reform, und sie waren bekannt für ihre abwehrende Haltung gegenüber dem Hellenismus. Sie bildeten wahrscheinlich die Grundlage für die Sekte der Pharisäer. Die separatistische Bewegung erhielt einen großen Auftrieb, als der syrische König Antiochus Epiphanes (175 v. Chr.) versuchte, dem jüdischen Volk heidnische Praktiken aufzuzwingen. Seit etwa 125 v. Chr. ist die Partei der Pharisäer in Israel als gesellschaftliche Gruppierung erkennbar. Die Pharisäer verfochten eine strikte Trennung von der Lebensweise und den Praktiken der Nichtjuden. Sie entwickelten detaillierte Regeln, wie diese Trennung auszusehen hatte.

> »Drei Tage vor einem heidnischen Feiertag war jeder Geschäftsabschluss mit Nichtjuden verboten, damit man sie weder direkt noch indirekt bei ihren Riten unterstützte. Dieses Verbot erstreckte sich sogar auf private Feiern. ... Für jüdische Arbeiter war es ungesetzlich, wenn sie sich an etwas beteiligten, was der Anbetung fremder Götter oder als Symbol heidnischer Herrschaft diente. Dazu gehörte zum Beispiel auch der Bau von Gerichts-

> häusern und ähnlichen Gebäuden. ... Milch, die von Nichtjuden gemolken, Brot und Öl, das von ihnen zubereitet wurde, konnte zwar an Fremde verkauft werden, aber nicht an Israeliten. Wenn ein Nichtjude in ein jüdisches Haus eingeladen wurde, durfte man ihn in einem Zimmer nicht allein lassen, denn sonst galt jedes Lebensmittel oder Getränk auf dem Tisch als unrein. Wenn man von Nichtjuden Küchengeräte kaufte, mussten sie in Feuer oder Wasser gereinigt werden. Messer mussten vor dem Gebrauch neu geschliffen, Bratspieße zum Glühen gebracht werden.«[14]

Dieses Zitat verdeutlicht die vorherrschende Haltung unter den Pharisäern zur Zeit Jesu. Die Pharisäer hatten eine kompromisslose Loyalität der Heiligen Schrift gegenüber, und sie wollten sich streng an das Gesetz halten. Aber getrieben von dem Wunsch, das Gesetz auch für den Alltag umsetzbar zu machen, entwickelten sie ein System aus Regeln und Überlieferungen, das bis zur Zeit Jesu für die Menschen zu einer unerträglichen Last geworden war. Die Pharisäer gaben diesen mündlichen Traditionen praktisch einen höheren Stellenwert als dem schriftlich niedergelegten mosaischen Gesetz. Sie wurden stolz auf ihr Leben in Absonderung und auf ihr Wissen, und sie fühlten sich den anderen Menschen in der Gesellschaft überlegen. Dieser Stolz, diese Selbstgerechtigkeit und ihr Verstoß gegen den Geist des Gesetzes waren der Anlass für die harten Worte der Verurteilung, die der Herr Jesus über sie sprach. Man muss jedoch hinzufügen, dass ihr Eifer für das Wort Gottes im Wesentlichen dazu beigetragen hat, dass die Flamme der messianischen Hoffnung in Israel in jenen Tagen der Herrschaft Roms weiter hell brannte.

Zur Zeit Jesu gab es etwa 6.000 Pharisäer.[15] Ihre Gruppierung war zahlenmäßig eher klein, aber dennoch übte sie in Israel eine außerordentlich große Macht aus, weil sie die Unterstützung des Volkes hatte. Sogar die römischen Herrscher in Israel, die den religiösen Lehren der Pharisäer keine Beachtung schenkten, merkten, dass sie eine echte Bedrohung für die Stabilität des Landes darstellten.

> »Wir sehen deshalb, dass die Pharisäer zweifellos die Partei des Volkes waren. Im Gegensatz zur Aristokratie sahen sie sich als Vertreter des einfachen Volkes in religiösen wie auch in gesell-

> schaftlichen Fragen. Durch ihre zutiefst respektierte Frömmigkeit und ihre Neigung, Klassenunterschiede zu verdrängen, gewannen sie die Unterstützung der Menschen. Schritt für Schritt war ihnen der Sieg sicher. Die Art, wie die Menschen den Pharisäern ohne Vorbehalte folgten, hat etwas sehr Eindrucksvolles. … Im Allgemeinen blickten die Menschen zu den Pharisäern auf, weil sie mehr leisteten, als von ihnen verlangt wurde; weil ihre Frömmigkeit vorbildhaft war und sie das ideale Leben verkörperten, das die Schriftgelehrten, die im Besitz des göttlichen und geheimen Wissens waren, ihnen verkündigt hatten. Jesus ging ein noch nie da gewesenes Risiko ein, als er aus dem vollen Bewusstsein seiner Souveränität heraus diese Männer offen und furchtlos zur Umkehr aufrief. Dieser Akt brachte ihn ans Kreuz.«[16]

Die Pharisäer stammten in ihrer Mehrheit aus der Mittelschicht, obwohl es in ihren Reihen auch einige Priester und Leviten gab. Die meisten von ihnen waren Kaufleute und Handwerker. Es gab verschiedene Untergruppierungen und Unterschiede bei der Auslegung bestimmter Aspekte des Gesetzes. Dem Eintritt in ihre Reihen ging eine Zeit der Bewährung voraus, die von einem Monat bis zu einem Jahr dauern konnte. In dieser Zeit wurden die Frömmigkeit und Hingabe des Kandidaten beobachtet. Das Geben von Zehnten, Fasten und die Trennung von allem Unreinen waren die grundlegenden Punkte, die beachtet werden mussten. Wenn jemand erst einmal zu den Pharisäern gehörte, legte er strengere Gelübde ab.

Die Pharisäer versammelten sich nicht nur mit der übrigen Bevölkerung in den Synagogen, sondern auch in ihren eigenen Gemeinden. Geleitet wurden diese Gemeinden von einem Schriftgelehrten, der als Autorität auf dem Gebiet der Gesetzesauslegung galt. Sie trafen sich in ihren Gemeinden zum gemeinsamen Studium und zur Anbetung (in der Regel am Abend vor dem Sabbat). Aber in den Synagogen war ihr Einfluss auf das Volk Israel am stärksten.[17]

b. Die Schriftgelehrten

Die Schriftgelehrten bildeten keine Partei wie die Pharisäer, sondern eher eine Gesellschaftsschicht. Sie gehörten zu den Gebildeten, und ihre Aufgabe bestand darin, das Gesetz zu lehren und auszulegen. In den Evangelien werden sie auch als »Gesetzeslehrer« bezeichnet. Sie lehrten nicht nur das Gesetz, sondern waren auch für die Verfolgung von Gesetzesbrechern zuständig. (Das tat auch Saulus von Tarsus, als er nach Damaskus unterwegs war, um Christen zu verfolgen.) Es gibt Hinweise, dass die große Mehrheit der Schriftgelehrten zur Partei der Pharisäer gehörte. Daraus erklärt sich die enge Verbindung zwischen den Schriftgelehrten und Pharisäern in den Berichten der Evangelien. Während die meisten Schriftgelehrten Pharisäer waren, war das umgekehrt nicht der Fall. Allerdings kann man mit ziemlicher Sicherheit behaupten, dass in der Zeit Jesu die einflussreichsten Mitglieder der pharisäischen Partei die Schriftgelehrten waren.[18]

Die Schriftgelehrten formulierten das mündliche Gesetz, das jede denkbare Angelegenheit des jüdischen Lebens regelte. »Die Schriftgelehrten verdeckten die Schrift mit ihrem mündlichen Gesetz und ihren zahlreichen Regeln, bis sie den Geist des Gesetzes erstickten.«[19]

c. Die Sadduzäer

Die Sekte der Sadduzäer entstand in der Zeit zwischen den Testamenten. Die Bezeichnung *Sadduzäer* könnte vom Namen »Zadok« stammen, dem Hohenpriester zur Zeit Davids und Salomos. Möglicherweise leitet sich der Name auch vom hebräischen Wort *zedekah* (»Gerechtigkeit«) her. Die genaue Bedeutung des Namens ist jedoch nicht so wichtig, weil nicht der Name der Gruppe, sondern ihr Handeln das Geschehen im Neuen Testament beeinflusste.

Die Sadduzäer waren nicht so zahlreich wie die Pharisäer, aber sie stammten in der Regel aus der Oberschicht und hatten häufig politische Machtpositionen inne. Zur Partei der Sadduzäer gehörten hochrangige Priester und Männer aus dem wohlhabenden Laienstand. Die enge Verbindung zwischen Priestern und Sadduzäern lässt sich leicht zurückverfolgen bis in die zwischentestamentliche Zeit unter der Herrschaft von Johannes Hyrkanus. In der Römerzeit verfügten die Sadduzäer über großen politischen Einfluss. Weil ihr gesellschaftliches Ansehen, ihre Macht und ihr Wohlstand auf dem Spiel standen, waren sie eher zur Zusammenarbeit mit Rom bereit als die Pharisäer. Ihre Existenz als Sekte endete jedoch nach der Zerstörung der Stadt Jerusalem im Jahr 70 n. Chr.

Weil der Großteil der Aussagen über die Sadduzäer von deren Gegnern stammt, bleibt eine gewisse Unsicherheit über die Genauigkeit der Informationen, die wir über diese Gruppe haben. Wir wissen jedoch mit Sicherheit, dass sie die von den Pharisäern entwickelte mündliche Lehre ablehnten. Sie schienen die volle Autorität der Heiligen Schrift auf die fünf Bücher Mose zu beschränken. Offenbar glaubten sie nicht an Engel, Dämonen, die Auferstehung der Toten oder an das Kommen eines Messias.

d. Die Essener

Die Gruppe der Essener ist wohl in der zwischentestamentlichen Zeit entstanden, und zwar in der Epoche der Makkabäer. Viele Theologen vertreten die Meinung, dass ihre Wurzeln sich (wie bei den Pharisäern) auf die Chassidim zurückführen lassen. Sie lebten in isolierten Gemeinschaften in Judäa, vor allem westlich des Toten Meers an Orten wie Qumran. Ihre Zahl wird auf etwa viertausend geschätzt.[20]

Sie lebten isolierter als die Pharisäer, weil sie sich gegen ein Leben innerhalb der jüdischen Gesellschaft entschieden hatten. Deshalb waren sie bekannt für ihre streng geregelte Lebensweise, die viel beschwerlicher war als die der Pharisäer. Im Neuen Testament werden sie namentlich nicht erwähnt, aber manchen Bibelauslegern zufolge könnte Johannes der Täufer mit ihnen in Verbindung gestanden haben.

e. Die Herodianer

Die Herodianer waren eher eine politische Partei als eine religiöse Gruppierung. Sie hatten ihren Ursprung in der Zeit der herodianischen Dynastie und unterstützten die Herrscher aus diesem Geschlecht. Der Hellenisierung gegenüber waren sie aufgeschlossen, und sie strebten nach der politischen Macht sowie den Vorteilen, die den loyalen Anhängern der Familie von Herodes zufielen. Möglicherweise waren die Juden, die für Rom die Steuern eintrieben, mehrheitlich Herodianer. Normalerweise waren Herodianer und Pharisäer Erzfeinde, aber als es um Jesus Christus ging, legten sie vorübergehend ihre feindselige Haltung ab, um sich gegen einen gemeinsamen Feind zu verbünden. Sie werden in Markus 3,6 und 12,13 erwähnt.

f. Die Zeloten

Die Gruppe der Zeloten lässt sich wohl am schwersten genau bestimmen. Theologen weichen in ihren Meinungen über die Zeloten des ersten Jahrhunderts n. Chr. stark ab. Sicher ist jedoch, dass es im Israel des ersten Jahrhunderts Gruppen gab, die einen gewaltsamen Umsturz Roms befürworteten. Sie waren gegenüber der römischen (oder jeder nichtjüdischen) Präsenz in Israel äußerst intolerant eingestellt. Manche sind der Auffassung, dass die Gruppe der Zeloten entstand, als Judas der Galiläer im Jahr 6 n. Chr. eine Revolte gegen Rom anführte.[21] Wieder andere verlegen den Ursprung dieser Gruppierung in eine viel spätere Zeit, und zwar um das Jahr 66 n. Chr. Aber so oder so war Rom für die Zeloten der Hauptgegner. Der Begriff Zelot könnte für eine bestimmte Gruppe verwendet worden sein oder als Oberbegriff für mehrere Gruppierungen oder Einzelpersonen, die glaubten, dass Gott allein ihr Herrscher war, und keine menschliche Herrschaftsform tolerierten.

Der Ausdruck *sicarii* erscheint in der jüdischen Literatur. Dieses Wort lateinischen Ursprungs beinhaltet auch die Bedeutung von »Attentäter« und wurde angewendet auf eine Gruppe von jüdischen Radikalen, die bei den aus dem Hinterhalt begangenen Morden an Römern oder Sympathisanten Roms eine *sica* (ein Kurzschwert oder Dolch) benutzten. Es ist nicht sicher, ob sie zur Gruppierung der Zeloten gehörten, aber die Grundideen von Zeloten und Sikariern waren identisch, nämlich die Vertreibung der römischen Präsenz aus Israel.

Die Zeloten waren im ersten Jahrhundert für eine Vielzahl von Revolten verantwortlich. Ihre Aktionen führten zu den schrecklichen Kriegen der Jahre 66-72 n. Chr., in denen Jerusalem zerstört und zehntausende Juden getötet wurden.

g. Der Sanhedrin

Dem aus dem Griechischen stammenden Wort *sanhedrin* wurde eine hebräische Form gegeben. Wörtlich übersetzt bedeutet es »zusammen sitzen«, aber in seiner Anwendung ist es ziemlich umfassend. Es beinhaltet die grundlegende Vorstellung von einem Rat oder einem Direktorium, aber auch von einem Gericht.[22] Der große Sanhedrin war der nationale Rat der Juden (so etwas wie ein jüdischer Oberster Gerichtshof). Er bestand aus 71 Mitgliedern. Den Vorsitz führte der Hohepriester. Der Sanhedrin versammelte sich in Jerusalem, und zwar auf dem Gelände des Tempels. Obwohl der Gedanke eines stellvertretend agierenden Rats bereits in der Zeit von Esra zu finden ist, geht die Entstehung des im Neuen Testament erwähnten Sanhedrins auf die Zeit von Johannes Hyrcanus (135 v. Chr.) zurück, auf die Epoche der jüdischen Unabhängigkeit in der zwischentestamentlichen Zeit.

In den Städten von Judäa und Galiläa gab es eine Vielzahl kleiner Sanhedrine oder Räte, deren Macht und Einfluss jedoch auf lokale Angelegenheiten beschränkt war. Der große Sanhedrin hatte aber einen starken Einfluss sowohl in religiösen als auch in zivilrechtlichen Belangen. Wegen der Vorherrschaft Roms war dieser Einfluss jedoch auch begrenzt. (In der Zeit von Herodes dem Großen verlor der Sanhedrin einen Großteil seiner Macht, darunter auch die Vollmacht, Todesurteile zu fällen.)[23] Aber die Römer gestanden dem Sanhedrin bei internen Angelegenheiten des jüdischen Volkes eine umfassende Autorität zu.

Der große Sanhedrin befand sich im Widerstreit mit Jesus (s. Joh 9). Seine Mitglieder wollten ihn mehrmals festnehmen lassen (s. Joh 7,32), und sie versuchten, ihn zu töten (Lk 22,2). Sie spielten eine Rolle bei seiner Verhaftung (Mk 14,43), und bei dem von ihnen durchgeführten Verfahren gegen ihn verstießen sie gegen ihre eigenen Gesetze und Verhaltensregeln (s. Mt 26,59; 27,41). Die Worte der Schrift machen sie für ihre Handlungen verantwortlich (Apg 2,23.36; 3,13).

In den Evangelien und der Apostelgeschichte gibt es für den großen Sanhedrin verschiedene Bezeichnungen. Manchmal wird er als der «Rat» bezeichnet (Mt 26,59; Apg 4,15), als »Ältestenschaft« (Apg 22,5) und »Hoher Rat« (Apg 5,21). Im Neuen Testament werden jedoch vor allem seine Mitglieder erwähnt, wie die »*Hohenpriester und Pharisäer*«, die »*Hohenpriester, Ältesten und Schriftgelehrten*« oder die »*Obersten, Ältesten und Schriftgelehrten*«.[24] Die »Ältesten« waren Männer aus den führenden Familien im Judentum. Viele von ihnen konnten ihre Abstammung bis auf die bedeutenden Familien in der Zeit Esras zurückführen. Die »Hohenpriester« hatten einen höheren Rang und mehr Autorität als der einfache Priester.[25] Die Pharisäer wurden manchmal auch als Schriftgelehrte bezeichnet, weil es eine enge Verbindung zwischen diesen beiden Gruppierungen gab. Deshalb war der Sanhedrin ein Organ, das aus Männern mit unterschiedlichsten religiösen und politischen Ansichten bestand.

h. Die Synagoge

Das Wort »Synagoge« bedeutet »Versammlung von Menschen« oder »Gemeinde«. An diesem Ort kamen die Juden zusammen, um die Schrift zu studieren und Gott anzubeten. Als die Babylonier 586 v. Chr. den Tempel in Jerusalem zerstörten, hatten die Juden keine Anbetungsstätte mehr. Sie wurden aus ihrer Heimat nach Babylon verschleppt. Die Synagoge lässt sich zurückverfolgen bis auf die Zeit des babylonischen Exils, als Juden unter der Führung des Propheten Hesekiel sich zum Studium und zur Anbetung trafen (Hes 8,1; 20,1-3). Für die Exiljuden war die Synagoge ein wichtiger Faktor, der sie von einem Abgleiten in das Heidentum abhielt. Nach ihrer Rückkehr aus dem Exil entstanden allmählich lokale Versammlungsorte für Studium und Anbetung. In der Zeit zwischen den Testamenten vervielfachte sich die Zahl der Synagogen sowohl innerhalb als auch außerhalb Israels.[26]

In der Zeit Jesu befanden sich überall im Land Synagogen. Manche Rabbis behaupteten, dass es in Jerusalem allein 450 Synagogen gab, als die Römer 70 n. Chr. die Stadt zerstörten. Obwohl diese Zahl vielleicht übertrieben ist, weist sie dennoch auf die Vielzahl von Synagogen in Israel hin. Es waren zehn fromme Männer erforderlich, um eine Synagoge zu gründen, und so konnten sogar kleinere Städte mindestens eine haben. Wenn man als Reisender in eine Stadt hineinkam, war eine Synagoge leicht zu finden, weil sie sich am höchsten Punkt des Stadtgebietes befand. Wenn nicht, hatte das Synagogengebäude auf der Spitze einen Turm. Auf diese Weise wurde es zum höchsten Gebäude der Stadt. Damit sollte sinnbildlich angedeutet werden, dass im Leben der Menschen die Synagoge die wichtigste Funktion hatte. Vielleicht sollte dadurch auch die Aussage in Jesaja 2,2 erfüllt werden, wonach das Haus des Herrn auf dem Haupt der Berge und über die Hügel erhaben sein sollte. (Wenn die Synagoge niedriger war als andere Gebäude, befürchtete man, sie könnte leichter zerstört werden.)[27]

In den Synagogengottesdiensten herrschte große Freiheit. Jeder befähigte Israelit konnte daran teilnehmen, auch wenn er nur zu Besuch da war (wie es bei Jesus oder Paulus der Fall war). Der Gottesdienst folgte einer festgelegten Ordnung. Teile aus dem Gesetz und den Propheten wurden im Laufe des Jahres systematisch gelesen. Jede Synagoge hatte einen Vorsteher, der für den geordneten Ablauf des Gottesdienstes verantwortlich war. Die Schriftrollen bildeten den Mittelpunkt der Synagoge und wurden mit großer Sorgfalt behandelt. Wenn sie in einem Gottesdienst verwendet wurden, sorgte ein »Diener« dafür, dass sie nach der Schriftlesung wieder an ihren Platz gebracht wurden (Lk 4,20). Im Synagogengottesdienst saßen Männer und Frauen voneinander getrennt, und nur die Männer nahmen aktiv an den Gottesdiensten teil.

Die Synagoge wurde auch zu einem bedeutenden Zentrum für die Unterrichtung jüdischer Jungen im Judentum (die Mädchen wurden zu Hause unterrichtet). Alle Jungen bis zum Alter von etwa zwölf Jahren hatten die Möglichkeit, an diesem Unterricht teilzunehmen.

In der Zeit Jesu spielte die Synagoge eine wichtige Rolle im Leben des einzelnen Juden. Obwohl der Tempel damals noch existierte, blieb die Synagoge für den Juden der Dreh- und Angelpunkt für Schriftstudium und Anbetung Gottes.

i. Der Tempel

Der Tempel in Jerusalem wurde ursprünglich von König Salomo errichtet, aber zwischen der Regierungszeit Salomos und der Zeit Jesu wurde das Gebäude niedergebrannt, geplündert, zerstört und wieder aufgebaut. Herodes der Große ließ den Tempel, den auch Jesus kannte, um- und ausbauen. Um 19 v. Chr. begann Herodes mit den umfangreichen Baumaßnahmen, die erst um 64 n. Chr. abgeschlossen wurden, nur ein paar Jahre vor der endgültigen Zerstörung des Tempels durch die Römer im Jahr 70 n. Chr.[28]

Der Tempelkomplex hatte drei Vorhöfe: den größeren, äußeren »Vorhof der Heiden«, den »Vorhof der Frauen« und den »Vorhof Israels«. Nichtjuden durften den Vorhof der Heiden betreten, aber ihnen drohte die Todesstrafe, wenn sie sich in die beiden inneren Höfe hinein wagten. Ein etwa 1,50 m hoher Zaun umgab die inneren Vorhöfe. Dort waren Warnzeichen angebracht. Israelitische Frauen konnten in den Bezirk der inneren Vorhöfe gehen, aber nicht weiter als bis zum Vorhof der Frauen. Nur israelitische Männer konnten den Vorhof Israels betreten, und nur den Priestern war der Zutritt zum eigentlichen Tempel erlaubt. Das Heiligtum des Tempels wurde über zwölf Treppenstufen erreicht.

Innerhalb des Tempels selbst war die Aufteilung wie in der Stiftshütte des Alten Testaments. Das »Heilige« in diesem Tempel war etwa 18 Meter lang, und das »Allerheiligste« maß etwa 80 Quadratmeter. Das Tempelgebäude strahlte golden, weil die 45 Quadratmeter große Vorderseite komplett vergoldet war. Gold und Marmor waren die vorherrschenden Baumaterialien des gesamten Tempelkomplexes. Sogar auf dem Dach befanden sich goldene Spitzen, um die Vögel vom Tempel fernzuhalten. Dieses prachtvolle Gebäude war zu Recht eines der Wunder in der antiken Welt.

Die Römer erlaubten den Juden ihre eigene Polizeitruppe zur Bewachung des Tempelgeländes. Die Leviten, die diese Truppe bildeten, standen als Wachen an den Toren und patrouillierten ständig in den Höfen. Sie sollten gewährleisten, dass Unbefugte die ihnen verbotenen Teile des Geländes nicht betreten konnten.[29] An Festtagen, an denen sich viele tausend Menschen auf dem Tempelgelände drängten, war das eine schwierige Aufgabe. (Schätzungen zufolge konnten sich über zweihunderttausend Menschen gleichzeitig im Tempelkomplex aufhalten.)[30]

Der Tempel war der Dreh- und Angelpunkt der jüdischen Religion und Gottesanbetung. An diesem Ort wurden die blutigen Opfer dargebracht und die jüdischen Feste gefeiert (s. die Übersicht der Feste auf der nächsten Seite).

In den Hallen, die das Tempelgelände umgaben, saßen täglich die Rabbinen und belehrten ihre Anhänger. (Jesus und später auch die Apostel lehrten ebenfalls in den Hallen des Tempels.) Der Tempel spielte im religiösen Leben des Judentums die entscheidende Rolle. Deshalb war seine Zerstörung im Jahr 70 n. Chr. durch die Römer eine nationale Katastrophe.

Der jüdische Festkalender

Fest	Datum	Sinn und Zweck
Passa	14. Nisan (März/April)	Zur Erinnerung an die Befreiung Israels aus der Knechtschaft in Ägypten
Fest der Ungesäuerten Brote	15. bis 21. Nisan	Teil des Passafestes, bei dem ungesäuertes Brot gegessen und der Beginn der Weizenernte gefeiert wurde
Pfingsten oder Wochenfest	6. Sivan (Mai/Juni)	Markierte das Ende der Weizenernte
Posaunenfest	1. Tishri (September/ Oktober)	Auch bekannt als Rosh Hashanah und Feier des neuen Jahres (des bürgerlichen Jahres)
Versöhnungstag (Jom Kippur)	10. Tishri	Fastentag zur Buße der gesamten Nation und zur Sühne der Sünden
Laubüttenfest (Sukkoth)	15. bis 22. Tishri	Zur Erinnerung an die Wüstenwanderung Israels
Lichterfest (Chanukkah)	25. Kislev (November/ Dezember)	Nicht erwähnt im mosaischen Gesetz; zur Erinnerung an die Reinigung und Wiedereinweihung des Tempels durch die Makkabäer
Purim	14. bis 15. Adar (Februar/März)	Nicht erwähnt im mosaischen Gesetz; Purim (»Lose«) erinnert an das göttliche Eingreifen zur Befreiung Israels in der Zeit der Königin Esther

DER HERODIANISCHE TEMPEL

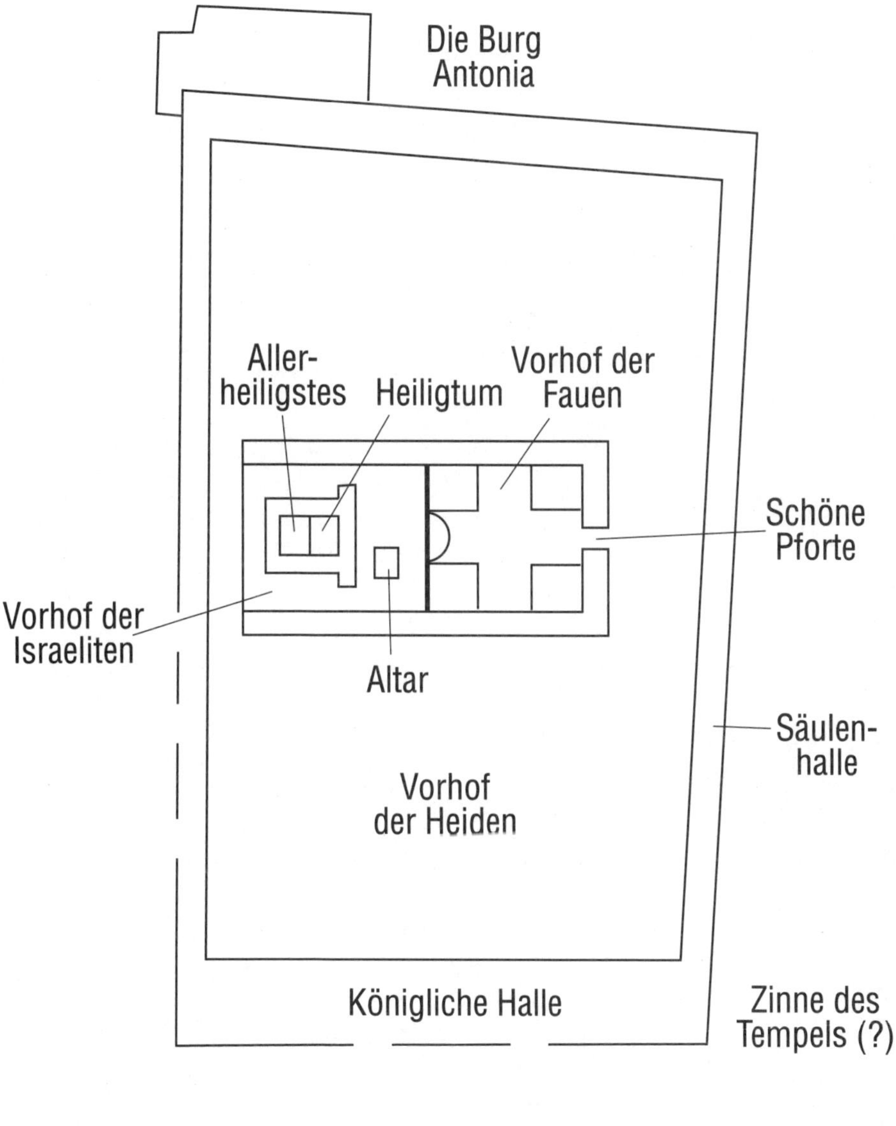

TEIL 2

Die Evangelien: Der Neue Bund wird eingesetzt

KAPITEL 4

EIN BLICK AUF DIE EVANGELIEN

Das Wort *Evangelium* bedeutet »gute Nachricht«. Schon sehr früh im Zeitalter der Gemeinde nahm dieser allgemeine Begriff die spezifische Bedeutung von der guten Nachricht über Jesus Christus und sein wunderbares Erlösungswerk an. Die ersten vier Bücher des Neuen Testaments erzählen diese Geschichte von der Erlösung, die Jesus Christus für die verlorene Menschheit erwirkt hat. Deshalb bezeichnet man diese Bücher auch als die Evangelien.

Die Beziehung der Evangelien zueinander

Man kann heute nicht mehr mit Sicherheit sagen, warum es im Neuen Testament vier Evangelien gibt und nicht zwei, drei oder fünf. Wir wissen nur, dass es im ersten Jahrhundert eine Vielzahl von niedergeschriebenen Berichten über das Leben Jesu gab (Lk 1,1-2), aber nur vier als vom Heiligen Geist inspiriert anerkannt wurden.

Für die Existenz von vier Evangelien sind mehrere mögliche Gründe genannt worden. Manche Ausleger sind der Meinung, dass es im Alten Testament vier grundlegende Sichtweisen über den Messias gab und die Evangelien diese widerspiegeln. So sieht Matthäus in seinem Evangelium Jesus als König; Markus sieht ihn als den Diener des Herrn, während Lukas ihn als Mensch darstellt; Johannes wiederum sieht Jesus Christus als Gott.

Wieder andere meinen, es gebe vier Evangelien, weil im ersten Jahrhundert vier Gruppen von Menschen erreicht werden sollten. Matthäus habe für Juden geschrieben, während die Zielgruppe von Markus aus römischen Lesern bestand; Lukas wollte Griechen erreichen, während Johannes für Christen in der Gemeinde schrieb.

Die vier Evangelien im Vergleich

Die Evangelien sind keine Biografien über Jesus Christus, weil fast dreißig Jahre seines Lebens darin kaum berücksichtigt werden. Darüber hinaus gibt es in allen vier Evangelien zahlreiche Auslassungen, viele davon sogar bei wichtigen Ereignissen (z. B. bleiben die Himmelfahrt Jesu und die Auferweckung des Lazarus von den Toten in drei der vier Evangelien unerwähnt).

Die Evangelien sind vier verschiedene Sichtweisen über Jesus Christus. Sie sind thematische Darstellungen. Jeder Verfasser betrachtete das Leben Jesu aus seiner eigenen Sicht und entwickelte diese weiter, indem er durch die Inspiration des Heiligen Geistes bestimmte Lehren und Wunder auswählte.

Vergleiche zwischen den vier Evangelien

Vergleiche	Matthäus	Markus	Lukas	Johannes
Jesus Christus als	König	Diener	Mensch	Gott
Geschrieben für	Juden	Römer	Griechen	Gemeinde
Anzahl der Kapitel	28	16	24	21
Nur bei dem jeweiligen Autor vorkommendes Textmaterial	42 %	7 %	59 %	92 %
Zitate aus dem Alten Testament	53	36	25	20

Eine Erörterung der synoptischen Evangelien

Die synoptische Sichtweise

Matthäus, Markus und Lukas werden häufig auch als »synoptische Evangelien« bezeichnet. »Synoptisch« ist ein griechisches Wort mit der Bedeutung von »zusammen sehen«. Diese Evangelien haben so viel gemeinsam, dass sie sich bequem in drei Spalten nebeneinander stellen lassen; so entsteht eine Synopse, in der man sie gemeinsam studieren kann. Deshalb tragen ihre Bücher den Titel »synoptische Evangelien«. Man kann davon ausgehen, dass Johannes (der sein Buch viel später verfasste als Matthäus, Markus und Lukas) mit seinem Bericht die synoptischen Evangelien ergänzen wollte. Er vermied es weitgehend, das Material der synoptischen Evangelien zu verwenden.

Das synoptische Problem

Dieser Ausdruck beschreibt die Schwierigkeit, die Theologen mit vorhandenen Ähnlichkeiten zwischen Matthäus, Markus und Lukas haben. Theologen haben darauf hingewiesen, dass die synoptischen Evangelien nicht nur die gleiche historische Struktur haben, sondern auch eindeutige wörtliche Übereinstimmungen aufweisen. Die Ähnlichkeiten sind so zahlreich und die wörtliche Übereinstimmung ist so offenkundig, dass ein Zufall ausgeschlossen werden kann. Vielen Auslegern zufolge gab es eine literarische Abhängigkeit zwischen Matthäus, Markus und Lukas. Aber hier stellt sich die Frage: »Welcher Verfasser hat sein Material von welchem der anderen Autoren entliehen?« Und wie erklärt man sich die auffallenden Unterschiede in ihren Berichten? Die Suche nach Antworten auf diese und ähnliche Fragen beschäftigt Neutestamentler schon seit geraumer Zeit, und es gibt mehrere wesentliche Lösungsvorschläge für dieses Problem.[1]

Einer Theorie zufolge ist die mündliche Überlieferung der Schlüssel zur Lösung des Problems. Nach dieser Sichtweise haben die Apostel und Leiter der Urgemeinde, als sie über die Werke und Lehren Christi gepredigt haben, zu einer festgefügten Form geneigt. Wenn sie zum Beispiel von der Speisung der Fünftausend erzählten, teilten sie immer dieselben grundlegenden Tatsachen mit. Die Wunder und Lehren Christi wurden in relativ unveränderter Form von Person zu Person weitergegeben. Zum Zeitpunkt der schriftlichen Niederlegung war deshalb eine feste Grundform vorhanden. Daraus erklären sich die Ähnlichkeiten in den synoptischen Evangelien.[2] Obwohl die Theorie von der mündlichen Überlieferung durchaus ihre Berechtigung hat, liefert sie keine Erklärung für die Unterschiede in den Berichten der Evangelisten, und sie berücksichtigt auch nicht die Schwierigkeit bei der Ausbreitung der Gemeinde Jesu in verschiedene Gebiete der Welt, auf die die Apostel keinen Einfluss mehr hatten.

Eine zweite Theorie, die Hypothese von den zwei Quellen (Zweiquellentheorie), wird in weiten Kreisen favorisiert. Dieser Theorie zufolge wurde das Evangelium des Markus als Erstes niedergeschrieben. Matthäus und Lukas stützten sich mit ihren Berichten auf das Markusevangelium. Außerdem, so die Theorie, verwendeten Matthäus und Lukas ein weiteres, »Q« (für »Quelle«) genanntes Dokument. Dieses Quellendokument »Q« soll für die vielen Ähnlichkeiten zwischen Matthäus und Lukas verantwortlich sein, und zwar an den Stellen, an denen sich die beiden von Markus unterscheiden. Die Argumente, die diese Theorie stützen sollen, sind zahlreich und komplex. Allerdings stellt uns diese Sichtweise vor erhebliche Probleme. Erstens wird die Verwendung von schriftlichen Dokumenten in dieser Theorie (und in anderen, ähnlichen) so stark betont, dass die persönlichen Beziehungen und Kontakte der Evangelisten nicht ausreichend berücksichtigt werden. Matthäus berichtet als Augenzeuge. Damit stellt sich die Frage, warum Matthäus sich auf Markus stützen sollte, der nicht anwesend war, als die von Matthäus berichteten Ereignisse stattfanden. Markus war zwar kein Augenzeuge, aber er hatte enge Beziehungen zu den Aposteln. Als Paulus zwei Jahre lang in Caesarea im Gefängnis war, blieb Lukas in Judäa und hatte möglicherweise häufig Kontakt zu den Aposteln und anderen Augenzeugen. Die drei Autoren waren vielleicht sogar miteinander befreundet. Sie verfassten ihre Evangelien im unmittelbaren Umfeld der Menschen, die Christus während seines Erdenlebens und Dienstes am nächsten waren.

Ein weiteres Problem mit der Zweiquellentheorie stellt sich bei der hypothetischen Quelle »Q«. Es gibt keine Abschrift eines solchen Dokuments, und deshalb stellt sich die Frage, ob dieses Schriftstück überhaupt existiert hat.[3] Eine andere Schwierigkeit mit dieser Theorie liegt in der Auffassung, dass das Evangelium von Markus das älteste sei. Der Überlieferung der Gemeinde Jesu aus frühester Zeit zufolge hat Matthäus sein Evangelium zuerst verfasst. Mit Hilfe der neueren, im 19. Jahrhundert entstandenen Zweiquellentheorie kann man nicht nachweisen, dass die alte Überlieferung irrt.[4]

Vielleicht hat Lukas selbst den Schlüssel für die Lösung des synoptischen Problems gegeben. Im Prolog zu seinem Evangelium (Lk 1,1-4) erklärt er, wie sein Bericht entstanden ist. Er hat nicht einfach vom Werk eines anderen abgeschrieben und an manchen Stellen eine Überarbeitung vorgenommen. Lukas verwendete jedoch schriftliche

Berichte, deren Genauigkeit er sorgfältig überprüfte. (Vielleicht war auch das Markusevangelium darunter, oder vielleicht hat Markus sich eine der von Lukas verwendeten Quellen bedient!) Im Gegensatz zu Matthäus und in gewissem Grad auch zu Markus war Lukas kein Augenzeuge der Geschehnisse im Leben Jesu. Aber bestimmt sprach er mit jenen darüber, die alles aus nächster Nähe miterlebt hatten.

Lukas erwähnt auch die »*Diener des Wortes*« (Lk 1,2). Hier kann es sich um Personen in der Urgemeinde handeln, die eine besondere Funktion als Träger der Überlieferung hatten und in einer relativ festgefügten Form Wahrheiten über Christus weitergaben. Offenbar wurden bestimmte Aussprüche Jesu in einer festen Form mündlich weitergegeben. Ein Beispiel dafür ist Apostelgeschichte 20,35. Als Lukas sein Evangelium verfasste, verwendete er viele Quellen und sprach mit vielen Menschen. Ähnlich war es wohl auch bei den Evangelien von Matthäus und Markus. Bei der Erörterung dieses Themas muss jedoch auch an die grundlegende Rolle des Heiligen Geistes gedacht werden. Eine Aufgabe des Geistes Gottes bestand darin, die Menschen in die Wahrheit zu leiten und sie präzise und fehlerfrei an die Wahrheit über Christus zu erinnern (das trifft besonders auf die Apostel zu; s. Joh 14,26; 16,14-15; 1Kor 2,12). Diese Funktion hat der Geist Gottes auch wahrgenommen. Fast zweitausend Jahre sind seit der Niederschrift der Evangelien vergangen, und dennoch herrscht noch immer nicht völlige Klarheit über die Art und Weise, wie die Verfasser ihre Berichte schrieben. Klar ist jedoch, dass das, was sie niedergeschrieben haben, unter der Leitung des Heiligen Geistes präzise und fehlerfrei und deshalb für unser Leben maßgebend ist.[5]

Der äußere Rahmen der Evangelien

Die Geografie Israels

Der Herr Jesus Christus lebte und wirkte im Land Israel, einem Gebiet, das etwa 30.000 Quadratkilometer groß war. Das Kernland erstreckt sich über etwa 440 km von Norden nach Süden (vom Berg Hermon bis zum südlichen Rand des Toten Meeres). Es ist etwa 125 km breit (vom Mittelmeer bis zum Jordan). Israel teilt sich auf in vier klar umrissene topografische Zonen, die zwischen dem Mittelmeer und dem großen Wüstengebiet im Osten verlaufen. Die erste Zone ist die Küstenebene, die sich an der gesamten Westküste Israels entlang zieht. Die zentralen Gebirgsketten (auch »Bergland« genannt) bilden die zweite topografische Zone und im Grunde eine Verlängerung der libanesischen Gebirgskette im Norden. Dieses Gebiet erstreckt sich bis zur Wüste, die bei Hebron beginnt.[6] Die dritte Zone ist das Jordantal, das zu einem etwa 10.000 Kilometer langen Graben von der südöstlichen Türkei bis nach Mosambik in Afrika gehört.

> »Die Jordansenke gehört zu den bemerkenswertesten geologischen Phänomenen auf der Erdoberfläche. Die Quellen des Jordan in Banias … bei Caesarea Philippi liegen etwa 400 Meter über dem Mittelmeer. In dem Delta, in dem der Fluss in das Tote Meer mündet, liegt er etwa 387 Meter unter dem Meeresspiegel. … Von dem Punkt, an dem der Jordan aus dem See Genezareth herausfließt, bis zu seiner Mündung ins Tote Meer sind es etwa 163 Kilometer. Auf beiden Seiten hat der Fluss eine Barriere aus Klippen, die zwischen fünf und etwa 38 Kilometer auseinander liegen. Die Ebene von Jericho nördlich des Toten Meeres ist 35 Kilometer breit.«[7]

Die vierte topografische Zone ist die östliche Gebirgskette (das Transjordanische Plateau). Diese Hochebene ist 75 bis 200 Kilometer breit und an manchen Stellen über 1.500 Meter hoch. Weil es dort häufig regnet, ist dieses Gebiet sehr fruchtbar.[8]

Als der Herr Jesus und seine Jünger von Ort zu Ort zogen, durchquerten sie oft unwegsames Gelände. Sogar bei einem Fußweg von ein paar Kilometern musste man eventuell Höhenunterschiede von mehreren hundert Metern überwinden. Wenn man zum Beispiel die etwa 50 Kilometer vom Jordan nach Jerusalem gehen wollte, musste man eine Steigung von etwa 1.200 Metern in Kauf nehmen. Das Reisen in Israel wurde durch die Lage von Ebenen, Flüssen und Bergen erschwert.

Das Klima in Israel steht in direktem Verhältnis zu den topografischen Extremen.

> »Die Oberfläche des Heiligen Landes ist äußerst abwechslungsreich, hauptsächlich wegen der extremen klimatischen Unterschiede von Region zu Region … Diese Kontraste formen die trockene Aravah am Rand der jüdäischen Wüste mit ihren schroffen Steilhängen und gegenüber die fruchtbaren und bewässerten Hochebenen von Transjordanien. Diese Variationen von Land und Klima führten zu extremen Unterschieden bei der Besiedlung innerhalb Israels, die sich in den meisten Epochen auch in entsprechenden politischen Gegensätzen niederschlugen. … Das Heilige Land liegt zwischen dem Meer und der Wüste, und beide Landschaften prägen es. Der Westwind bringt Leben spendende Regenfälle, der Ostwind dagegen die Trockenheit der Wüste. Je höher ein Ort oder je näher dem Meer, desto feuchter ist das Klima. Der südliche Teil Israels liegt in einer Trockenzone, die sich um den gesamten Erdball zieht; die ausgedehnten Wüstengegenden schließen das Heilige Land vom Süden und vom Osten her ein. … Die Geschichte des Heiligen Landes ist geprägt vom Einfluss der Wüste, und dieser findet auch seinen Niederschlag in den Seiten der Bibel.«[9]

Im Norden, wie als Kontrast zur südlichen Wüste, erhebt sich der 2.700 Meter hohe Berg Hermon, der das ganze Jahr über schneebedeckt ist.

Klima und Topografie des Landes finden auch ihren Widerhall in den Erzählungen der Evangelien. Angesichts der vielen wasserarmen Regionen in Israel machte Johannes der Täufer das Jordantal zum Mittelpunkt seines Dienstes, *»weil dort viel Wasser war«* (Joh 3,23). Die Versuchung Jesu bekam eine tiefe Bedeutung, weil sie in der öden, verlassenen Wildnis stattfand, weit weg von jeder schönen Umgebung (Mk 1,12-13). Als Jesus und seine Jünger sich zurückzogen, um Ruhe zu finden, gingen sie zu so erfrischenden Orten wie denen bei Caesarea Phillipi, wo sich die Quellflüsse des Jordans befanden (Mt 16,13).

Die Bewohner von Israel

Der Herr Jesus Christus war Jude. Er stammte aus dem Geschlecht Davids und Abrahams (Mt 1,1-17). Sein Dienst konzentrierte sich auf

Galiläa und Judäa, die Gebiete, in denen Juden lebten. Er selbst erklärte, sein Dienst zu dieser Zeit gelte den »*verlorenen Schafen des Hauses Israel*« (Mt 15,24). Deshalb überrascht es nicht, dass er eher selten Kontakt zu Nichtjuden hatte.

Die Nichtjuden

Bei bestimmten Gelegenheiten bezog der irdische Dienst Jesu Christi auch Nichtjuden mit ein, da auch sie Bewohner von Israel waren. So heilte Jesus die Tochter einer gläubigen nichtjüdischen Frau, die aus der Region von Tyrus und Sidon stammte (Mt 15,21-28).

POLITISCHE KARTE VON ISRAEL

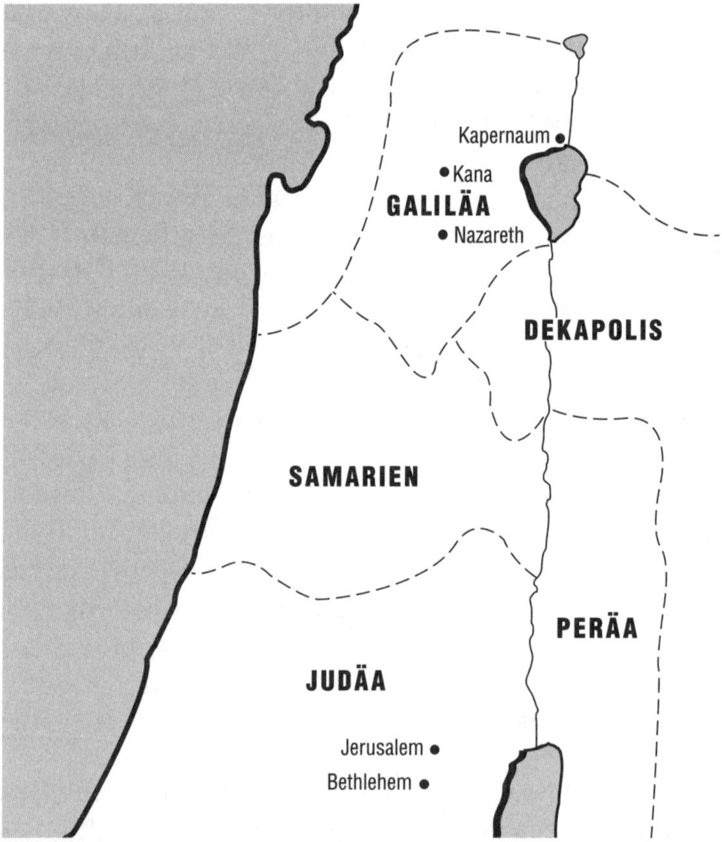

Er heilte auch den Sklaven eines römischen Offiziers (Lk 7,1-10). Bei verschiedenen Gelegenheiten hielt er sich auf nichtjüdischem Gebiet auf, als er Wunder vollbrachte und damit andeutete, dass Nichtjuden ebenfalls am göttlichen Segen teilhaben konnten (wie bei der Speisung der Viertausend in Markus 8,1-9 und den Heilungen im Zehnstädtgebiet Dekapolis, von denen in Markus 7,31-37 berichtet wird). Aber Nichtjuden standen nicht im Mittelpunkt des Dienstes Jesu, und sie gehörten auch nicht zur Bevölkerungsmehrheit.

Die Samariter

Wie die Nichtjuden waren auch die Samariter gelegentlich vom Dienst Jesu betroffen (wie die Frau aus Samaria am Brunnen in Johannes 4). Die Samariter waren offenbar Nachkommen der Bewohner, die von den Assyrern in Israel angesiedelt worden waren. Im Jahr 721 v. Chr. besiegten die Assyrer das Nordreich Israel und deportierten viele Israeliten in andere Länder. Aber die im Land verbleibenden Israeliten schlossen Mischehen mit den von den Assyrern »importierten« Siedlern. Deren Nachkommen (die Samariter) waren eine andere ethnische Gruppe als die Juden. Deshalb sahen die Juden verächtlich auf diese Menschen herab. Die Kluft zwischen diesen beiden Gruppen wurde tiefer, als die Samariter in der Zeit zwischen den Testamenten auf dem Berg Garizim ihren eigenen Tempel bauten. Aus diesen Gründen hassten die Juden die Samariter und betrachteten sie als unreine Toren. Als jüdische Führungspersönlichkeiten Jesus einen »Samariter« nannten (Joh 8,48), drückten sie damit ihre starke Verachtung ihm gegenüber aus.

Die Juden

Jesus Christus wollte mit seinem irdischen Dienst vor allem das Volk des Bundes mit Abraham erreichen. Seine Lehren und Wunder zielten auf dieses Volk ab. Aber auch unter den Juden gab es einen Unterschied, und zwar zwischen jenen, die in Judäa und jenen, die in der Region Galiläa lebten.

Der Schwerpunkt des Dienstes Jesu lag im Gebiet von Galiläa, wobei die Stadt Kapernaum seine Ausgangsbasis war. Er machte nicht

Jerusalem zum Zentrum seines Dienstes, wie man vielleicht am ehesten vermutet hätte. Die Juden von Galiläa waren in mancher Hinsicht anders als die Juden von Judäa. Wenn man ein paar dieser Unterschiede genauer betrachtet, kann man die abweichenden Haltungen gegenüber Jesus und auch die unterschiedlichen Schwerpunkte seines Dienstes in den beiden Regionen besser verstehen.

Die Galiläer wurden von den Einwohnern Jerusalems und Judäas als »Bauerntölpel« angesehen. Jerusalem war das Zentrum jüdischer Bildung, des religiösen Lebens und der politischen Macht. Die offene Verachtung gegenüber den Galiläern findet auch ihren Ausdruck in dem bekannten Spruch: »Wenn jemand reich werden will, soll er in den Norden gehen; wenn er weise werden will, soll er in den Süden kommen.«[10]

> »Das, was wir über die Galiläer wissen, lässt uns vermuten, dass das Evangelium unter vielen von ihnen zumindest auf offene Ohren gestoßen ist ... Sie scheinen warmherzige, impulsive, großzügige Menschen zu sein, beseelt von einem starken Nationalgefühl im besten Sinne, aktiv und nicht müßigen Spekulationen hingegeben ... Sie zeigen eine ernsthaftere praktische Frömmigkeit und Strenge und halten sich weniger an die Spitzfindigkeiten der Pharisäer, die das Gesetz so oft unwirksam machen.«[11]

Die Galiläer hielten sich streng an das Gesetz, aber hatten wenig Interesse für das strikte Festhalten an Traditionen, wie es die Judäer praktizierten. Dieses Traditionsbewusstsein war natürlich ein wichtiger Streitpunkt zwischen Jesus und den religiösen Führungspersönlichkeiten aus Judäa. Sein Verstoß gegen ihre Vorschriften war einer der Hauptgründe ihrer ablehnenden Haltung ihm gegenüber.

Es trifft auch zu, dass die Galiläer offener waren für die Wunder, die er wirkte. »Außerdem waren die Galiläer eher als die Juden von Judäa bereit, Wunder und Glaubensheilungen anzunehmen. Das war sogar unter den Rabbinen bekannt.«[12] Interessanterweise fand die Mehrzahl der von dem Herrn Jesus gewirkten Wunder in den Gebieten von Galiläa statt. Von den 32 in den vier Evangelien berichteten Wundern geschahen 23 in Galiläa und nur sechs in Judäa.[13]

Schon diese allgemeinen Betrachtungen über die galiläischen und judäischen Juden verdeutlichen, warum die Mehrzahl der von Jesus gewirkten Wunder in Galiläa geschah und warum sein Anprangern des strikten Festhaltens an der Tradition dort eher Gehör fand. Es wird auch verständlicher, warum das jüdische Establishment von Judäa diesem Jesus von Nazareth in Galiläa gegenüber sofort misstrauisch und relativ unempfänglich war und sowohl seine Botschaft als auch seine Wunder ablehnte. Diese größere Offenheit der Galiläer ist vielleicht auch eine Erklärung dafür, warum elf der zwölf von Jesus erwählten Apostel Galiläer waren. (Nur Judas war offenbar nicht aus Galiläa.)

Das Thema der Evangelien

Unser Verständnis über das Leben und den Dienst des Herrn Jesus Christus wird entscheidend vertieft, wenn wir die Struktur und den Ablauf der in den Evangelien geschilderten Ereignisse erfassen. Indem wir die Geschehnisse im Leben Jesu in die Reihenfolge bringen, in der sie stattgefunden haben, wird unser Bewusstsein über das, was vor zweitausend Jahren passierte, geschärft. Deshalb folgt auf chronologische Anmerkungen über das Leben Jesu ein kurzer Überblick über die Berichte aus den vier Evangelien.

Eine Chronologie über das Leben Jesu

Chronologische Betrachtungen sind bei jeder historischen Studie von Bedeutung. Es ist erforderlich, den Zeitrahmen bestimmter Ereignisse zu beachten. Bei einer Studie über das Leben Jesu sind einige chronologische Aspekte erwähnenswert. Diese chronologischen Punkte bilden einen Rahmen für unsere Studie über das Leben und den Dienst des Herrn Jesus.

Das Geburtsjahr Jesu Christi

Der Kalender, den wir heute verwenden, stützt sich auf die Vorstellung, dass Jesus Christus im Jahr 1 AD (Anno Domini – »im Jahr des

Herrn«) geboren sei. Aber Belege innerhalb und außerhalb der Bibel lassen auf ein früheres Datum schließen, wohl 5 oder 4 v. Chr. Den Evangelien zufolge (Mt 2,1 und Lk 1,5) war Herodes der Große bei der Geburt Jesu noch am Leben. Historischen Quellen zufolge starb Herodes im April des Jahres 4 v. Chr.[14] Demzufolge war Jesus vor diesem Datum geboren. Es ist am wahrscheinlichsten, dass die Geburt Jesu mindestens ein Jahr vor dem Tod von Herodes stattfand. Als Herodes von den Weisen aus dem Morgenland von der Geburt des jüdischen Königs erfuhr, erließ er den Befehl, alle männlichen Säuglinge im Alter von zwei Jahren und darunter zu töten (Mt 2,16). Dieser Anordnung zufolge war Jesus irgendwann in diesem Zeitraum geboren worden. Deshalb ist die Annahme, die Geburt Jesu könnte in den Jahren 5 bis 4 v. Chr. stattgefunden haben, schlüssig.

Das Jahr, in dem Jesus Christus öffentlich auftrat

Der Text in allen vier Evangelien verdeutlicht, dass Johannes der Täufer bereits vor Jesus mit seinem Dienst in der Öffentlichkeit begonnen hatte, und zwar im fünfzehnten Jahr des römischen Kaisers Tiberius (Lk 3,1). Es ist jedoch nicht ganz einfach, anhand dieser Zeitangabe das genaue Jahr festzulegen, weil dabei viele komplexe Fragestellungen berücksichtigt werden müssen.[15] Aber wenn man alle Belege auswertet, kann man mit ziemlicher Sicherheit davon ausgehen, dass der Dienst von Johannes dem Täufer um das Jahr 28 oder 29 n. Chr. begonnen hat. Da Jesus Christus ein paar Monate später mit seinem öffentlichen Wirken begann, wäre dafür das Jahr 29 n. Chr. ein mögliches Datum.

Wenn dieser Zeitpunkt korrekt ist, wäre Jesus um diese Zeit etwa zweiunddreißig oder dreiunddreißig Jahre alt gewesen. Die einzige genauere Aussage über das Alter Jesu in den Evangelien ist Lukas 3,23. Dort schreibt Lukas, Jesus sei »ungefähr« dreißig Jahre alt gewesen, als er auftrat. Lukas schreibt nicht, dass Jesus dreißig Jahre alt *war*, sondern nur, er sei *ungefähr* dreißig Jahre alt gewesen. Auch wenn das Wort »ungefähr« keine unbegrenzte Flexibilität beinhaltet, kann es dennoch mehrere Jahre umfassen.

Das Jahr der Kreuzigung Jesu

Der Herr Jesus wurde am jüdischen Passahfest hingerichtet (Joh 12,1; 13,1; 18,28). Das Datum dieses Festes war in jedem Jahr der 14. des Monats Nissan. In dem Jahr, als der Herr gekreuzigt wurde, fiel der 14. Nisan auf einen Freitag.[16] Wenn das der Fall war, gibt es nur zwei Möglichkeiten für das Jahr der Kreuzigung. »Jesus wurde zwischen den Jahren 26 und 36 n. Chr. gekreuzigt, weil Pontius Pilatus in diesem Zeitraum Statthalter war (vgl. Joh 19,15-16). Komplexe astronomische Berechnungen zeigen, dass in dieser Zeit der 14. Nisan zwei Mal auf einen Freitag fiel, und zwar einmal im Jahr 30 und dann wieder im Jahr 33 n. Chr.«[17] Das Jahr 33 ist die wahrscheinlichere von diesen beiden Möglichkeiten, weil Christus dadurch drei Jahre für sein öffentliches Auftreten bleiben.

Der Zeitraum des Dienstes Jesu

Das öffentliche Auftreten Jesu dauerte offenbar etwas über drei Jahre, von 29 n. Chr. bis zum Passahfest im Jahr 33 n. Chr. Das Johannesevangelium ist besonders hilfreich, wenn es um den Zeitrahmen des Dienstes Jesu geht. Johannes erwähnt drei Passahfeste, die in dieser Zeit stattfanden (Joh 2,13; 6,4; 11,55). Außerdem gab es zwischen Johannes 2,13 und 6,4 wohl noch ein weiteres Passahfest, wenn wir uns auf die Aussagen in Johannes 5,1 und den synoptischen Evangelien stützen.[18] Wenn in den Evangelien von vier Passahfesten die Rede ist, dann dauerte das öffentliche Auftreten Jesu mindestens drei Jahre.

Die Passahfeste in der Zeit des öffentlichen Auftretens Jesu

Beginn des öffentlichen Auftretens		1		2		3	
	Erstes Passahfest Johannes 2,13		Zweites Passahfest Johannes 5,1		Drittes Passahfest Johannes 6,4		Viertes Passahfest Johannes 11,55

Anhand der oben erwähnten Angaben kann man für das Leben und den Dienst des Herrn eine grobe Zeitachse konstruieren.

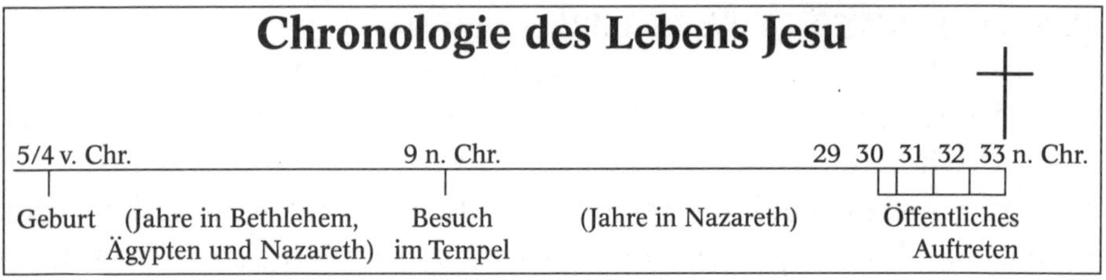

EINE ÜBERSICHT ÜBER DAS LEBEN JESU

Wir müssen uns über das Leben und den Dienst Jesu Christi einen Überblick verschaffen, bevor wir die Einzelheiten in den Evangelien richtig bewerten können. Den meisten Christen sind die Berichte über die Geburt, den Tod und die Auferstehung Jesu vertraut, Ereignisse wie die Speisung der Fünftausend, Gleichnisse wie das vom barmherzigen Samariter und viele andere Texte. Aber nur zu oft fehlt das Verständnis über die Beziehungen zwischen diesen Geschehnissen, Wundern und Lehren. Im Leben und Dienst Jesu Christi ist jedoch ein bestimmtes Muster zu erkennen. Wenn dieses Muster deutlich wird, gewinnen die Berichte in den Evangelien eine größere Klarheit. Diese Kurzfassung über das Leben Jesu soll dem Leser dieses Muster erkennbar machen.

Das Leben Jesu lässt sich in acht Hauptbereiche einteilen. Obwohl die Berichte in den Evangelien dieser Einteilung nicht folgen, kann man so die Menge des dort niedergeschriebenen Materials ordnen. Obwohl in dieser Zusammenfassung nicht jeder einzelne Vers enthalten ist, werden die wichtigsten Abschnitte erwähnt, um den Verlauf der Handlung in den Evangelien zu verdeutlichen und verständlich zu machen. Die Gliederung auf der nächsten Seite vermittelt parallele Übersichten über das Leben Jesu.

Erster Zeitabschnitt: Die frühen Jahre im Leben Jesu Christi

Jesus Christus vor seiner Geburt
(Joh 1,1-18; Mt 1,1-17; Lk 3,23-38)

Seine ewige Existenz

Das Johannesevangelium beginnt den Bericht über das Leben Jesu, indem es verdeutlicht, dass Jesus bereits vor seiner Geburt in Bethlehem existiert hat. Jesus (»*das Wort*«) war der große Schöpfergott, der Mensch wurde, damit er für eine in Sünde verlorene Menschheit die Erlösung erwirken konnte. Jesus war menschgewordener Gott (s. dazu auch Anhang A: Die Person Jesu Christi).

Seine Vorfahren

Weil Jesus nicht nur ewiger Gott war, sondern auch Mensch, wurde er in eine bestimmte Familie hineingeboren, aber nicht in eine beliebige Familie. Jesus als der lange erwartete Messias Israels musste nicht nur ein Nachfahre Abrahams sein, sondern ein Nachkomme aus dem Geschlecht Davids. Matthäus begann sein Evangelium mit der Feststellung, dass Jesus von Nazareth tatsächlich aus der richtigen Familie stammte und deshalb einen berechtigten Anspruch auf den Thron Davids hatte. Der Evangelist Matthäus stützte diesen Anspruch auf den Stammbaum von seiten Josefs. Der von Lukas detailliert angeführte Stammbaum ist wahrscheinlich der von Maria, weil Lukas in seinem Evangelium bereits feststellte, dass Jesus der Sohn von Maria war. Lukas hat wohl den *wirklichen* (und nicht den juristischen) Stammbaum Jesu angeführt, weil er damit die Menschlichkeit Jesu hervorhob.[19]

Ein Überblick über das Leben Jesu

	1	2	3	4	5	6	7	8
Zeitabschnitt im Leben Jesu	Geburt und Kindheit	Vorbereitung auf den Dienst	Anfänge des Dienstes	Das Auftreten Jesu in Galiläa	Ausbildung der zwölf Jünger	Spätere Zeit des Dienstes in Judäa	Spätere Zeit des Dienstes in Peräa (dem Gebiet jenseits des Jordan)	Die letzten Tage in Jerusalem
Wichtigste Evangelien	Matthäus und Lukas	Matthäus, Markus, Lukas, Johannes	Johannes	Matthäus und Markus	Matthäus und Markus	Lukas und Johannes	Lukas	Matthäus, Markus, Lukas, Johannes
Jahre im Leben Jesu	Ungefähr 30 Jahre		Etwa dreieinhalb Jahre					

Die Geburt Jesu
(Mt 1,18-25; Lk 1,5–2,39)

Die Geburt Jesu wird Maria angekündigt

Der Engel Gabriel brach das vier Jahrhunderte dauernde Schweigen und kam direkt von Gott, um die Geburten von Johannes dem Täufer und Jesus anzukündigen. Nachdem er die Geburt von Johannes dem Täufer, dem Vorläufer des Messias, verkündet hatte, erschien Gabriel einem jungen Mädchen namens Maria. Sie war verlobt mit einem Mann namens Josef. Beide waren vom Stamm Juda und stammten aus dem Geschlecht von König David, und beide waren gottesfürchtige Menschen.

Maria wurde darüber informiert, dass sie von Gott erwählt worden war (sie hatte »*Gnade bei Gott gefunden*«, Lk 1,30), die Mutter des Messias zu sein. Gabriel sagte zu Maria, dass die Zeugung des Kindes ein Wunder sein würde, weil dabei keine sexuelle Beziehung stattfinden sollte, sondern der Schöpfergott in ihrem Schoß Leben entstehen lassen würde. Ihr Kind sollte nicht nur ihr leiblicher Sohn sein (wahrer Mensch), sondern er sollte der Sohn Gottes sein (wahrer Gott). Er sollte den Namen »Jesus« tragen (»der Herr ist Rettung«), weil damit sein großartiges Werk der Erlösung zum Ausdruck kam. Er sollte im Reich Gottes auf dem Thron Davids über das Volk Israel herrschen. Diese Ankündigung des Engels Gabriel entspricht der Vielzahl von alttestamentlichen Verheißungen über die Herrschaft des Messias in einem herrlichen Reich auf Erden als Erfüllung des Bundes Gottes mit David (2Sam 7).

Die Geburt Jesu wird Josef angekündigt

Einige Monate später erschien ein Engel (wahrscheinlich Gabriel) dem Josef, um ihm zwei Dinge mitzuteilen. Erstens sagte er Josef, die Schwangerschaft Marias sei tatsächlich ein übernatürliches Geschehen, und zweitens, er solle Maria sofort heiraten. Durch diese Heirat sollte Josef zum Beschützer und Ernährer von Maria und dem neugeborenen Kind werden.

Der Geburtsort Jesu

Dem Bericht des Evangelisten Lukas zufolge benutzte Gott einen Erlass der Römer, um Josef und Maria aus Nazareth nach Bethlehem zu führen, damit sich die Prophezeiung über den Geburtsort des Messias erfüllen konnte (Mi 5,2). Bei ihrer Ankunft in Bethlehem gebar Maria ihren Sohn. Aber weil in der überfüllten Stadt kein Wohnraum mehr frei war, mussten sie in einem Stall Zuflucht suchen. Dieser war vermutlich in einer der dort häufig vorkommenden Kalksteinhöhlen untergebracht. Dort brachte Maria ihren Sohn Jesus zur Welt und legte ihn in eine Futterkrippe, und dort fanden ihn Hirten, die durch Engel von der Geburt des Messias erfahren hatten.

Kindheit und Jugend Jesu

In Ägypten

Nach der Geburt Jesu in der Nähe von Bethlehem zogen Josef und Maria in den Ort und wohnten dort etwa ein Jahr lang. Zu diesem Zeitpunkt kamen weise Männer aus dem Osten nach Israel, um den Messias anzubeten. Sie fanden das Kind schließlich in einem Haus in Bethlehem und brachten ihm wertvolle Geschenke. Diese Weisen hatten König Herodes ahnungslos über die Geburt des neuen Königs informiert. Aufgrund dieser Nachricht versuchte Herodes, Jesus zu beseitigen, indem er alle Kleinkinder in Bethlehem töten ließ. Um diesem Beschluss des Herodes zu entgehen, flohen Josef, Maria und Jesus nach Ägypten.

In Nazareth

Nach einem kurzen Aufenthalt in Ägypten kehrte die Familie auf eine Anordnung Gottes hin nach Israel zurück und ließ sich in der galiläischen Stadt Nazareth nieder. Dort lernte Jesus von Josef das Zimmerhandwerk. In den nächsten fünfundzwanzig bis dreißig Jahren führte Jesus ein normales Leben und wuchs auf ganz normale Weise heran. Josef starb wahrscheinlich, als Jesus gerade erwachsen geworden war, und so musste Jesus die Verantwortung für die Familie übernehmen.

Zweiter Zeitabschnitt: Die Vorbereitung auf den Dienst

Der Vorläufer Jesu
(Mt 3,1-12; Mk 1,1-8; Lk 3,1-18; Joh 1,19-34)

Die Geburt von Johannes dem Täufer

Die alttestamentlichen Prophezeiungen von Jesaja und Maleachi erfüllten sich, als Johannes der Täufer geboren wurde. Der Engel Gabriel erschien einem alten Priester namens Zacharias und teilte diesem mit, dass er und seine alternde Frau Elisabeth einen Sohn bekommen sollten. Das Alter der beiden sowie andere Umstände der Geburt von Johannes dem Täufer waren für die Gottesfürchtigen in Israel deutliche Zeichen, dass Gott unter seinem Volk wirkte.

Sinn und Zweck des Dienstes von Johannes dem Täufer

Der Dienst von Johannes dem Täufer spielte sich außerhalb der etablierten Bahnen des Judentums ab und ohne die offizielle Zustimmung der religiösen Führungsschicht. Johannes verkündete, er sei nicht der Messias, sondern bloß »*die Stimme eines Rufenden in der Wüste*« (Jes 40,3). Die Botschaft von Johannes sollte das Volk Israel auf die Ankunft des prophezeiten Messias vorbereiten. Das Volk sollte seine Sünden bereuen (seine Haltung ändern und sich von der Sünde abwenden) und sich mit dem Messias identifizieren, der kommen sollte, um sein Reich aufzurichten. Dieses Reich, so Johannes, war »*nahe gekommen*«. Welches Reich war das? Es war das Reich, das die Erfüllung der großen Bündnisse Gottes mit David und Abraham bringen sollte (2Sam 7; 1Mo 12,15 und 17). Es sollte ein buchstäbliches, irdisches Reich sein, über das der Messias herrschen sollte (s. auch die Aussage des Engels Gabriel in Lukas 1,32-33). Obwohl dieses Reich auch geistliche Aspekte in sich tragen sollte, war es kein »geistliches Reich« (d. h. die Herrschaft Gottes in den Herzen seiner Kinder). Ein »geistliches Reich« hatte es immer gegeben. Aber Johannes verkündete die Nähe eines anderen Aspekts, nämlich des messianischen Reiches auf Erden. Die tatsächliche Ankunft dieses irdischen Reiches hing von einer positiven, gottgemäßen Reaktion des Volkes Israel ab. Nur Israels mangelnde Bereitschaft zur Umkehr und ablehnende Haltung könnte das Kommen dieses Reiches zu jener Zeit verhindern (und das geschah dann auch). Die Botschaft von Johannes dem Täufer sollte die erforderliche nationale Umkehr herbeiführen.

Die Taufe des Johannes

Zum Dienst Johannes des Täufers gehörte die Wassertaufe als äußeres Zeichen einer inneren Umkehr. (Johannes war nicht der Begründer der Wassertaufe. Diese Art von Taufe wurde zu seiner Zeit auch von anderen Gruppierungen praktiziert.) Seine Taufe war eine Taufe der Umkehr. Sie diente nicht der Sühnung von Sünden (Sünden können nur durch Blut und nicht durch Wasser gesühnt werden), sondern sie war ein äußeres Bekenntnis, dass im Herzen eine Umkehr stattgefunden hatte. Johannes lehrte die Menschen, der Messias würde sie mit Heiligem Geist und mit Feuer taufen. Demnach würden alle Menschen vom Messias »getauft«, entweder zum Leben (mit dem Geist) oder zum Gericht (mit Feuer).

Der Dienst von Johannes dem Täufer hatte eine große Wirkung auf das Volk Israel. Er erfüllte seine Aufgabe, als er Israel die Ankunft des Messias ins Bewusstsein rief.

Die Taufe Jesu
(Mt 3,13-17; Mk 1,9-11; Lk 3,21-23)

Eine Erfüllung

Als Jesus zum Jordan kam, um sich von Johannes taufen zu lassen, wehrte sich Johannes gegen dieses Anliegen. Er ging erst auf Jesu Anliegen ein, als er verstand, dass sein Dienst in Wirklichkeit eine Erweiterung der alttestamentlichen Anforderungen für den gottesfürchtigen Israeliten war. So wie die Beschneidung, der Zehnte und die vorgeschriebene Teilnahme an den Festen für Jesus eine Notwendigkeit war, so war auch die Taufe für ihn erforderlich. Johannes begriff zwar, dass Jesus keine Umkehr nötig hatte, aber er erkannte zunächst nicht, dass Jesus getauft werden musste, um alle Anforderungen des Gesetzes zu erfüllen.

Eine Salbung

Die Taufe Jesu war gleichzeitig seine feierliche Einführung in das Amt des Königs. Der Heilige Geist kam sichtbar auf ihn und salbte ihn. Wie die Könige im Alten Testament bei ihrer Amtseinführung mit Öl gesalbt wurden (als Symbol für den Heiligen Geist), so wurde Jesus vom Geist Gottes selbst gesalbt, als er als König Israels betätigt wurde und somit den Bund Gottes mit David erfüllte. Das Erscheinen des Heiligen Geistes in Gestalt einer Taube war eine Erfüllung von Jesaja 42,1, die Stimme aus dem Himmel war eine Art Krönungsformel für den König (vgl. Ps 2,7-8). Jesus sprach später in seinem Dienst von seiner Salbung (vgl. Lk 4,18 mit Jes 61,1).

Die Versuchung Jesu
(Mt 4,1-11; Mk 1,12-13; Lk 4,1-13)

Der letzte Teil der Vorbereitung auf seinen Dienst folgte in der Erfahrung der Versuchung. Gleich nachdem Jesus von Johannes getauft worden war, wurde er vom Heiligen Geist in die Wüste geführt. Dort wurde er vierzig Tage lang von Satan versucht. Die Versuchungen waren weitaus umfangreicher als die drei, von denen die synoptischen Evangelien berichten. Lukas verdeutlicht, dass diese Erfahrung sich über den gesamten Zeitraum von vierzig Tagen erstreckte. In Wirklichkeit prüfte Satan den Herrn Jesus auch noch nach der Versuchung in der Wüste, und zwar sein ganzes Leben lang (vgl. Lk 4,13 mit Hebr 2,18; 4,15).

Die Informationen über diese bestimmte Zeit der Versuchung wurden schriftlich niedergelegt, um einen unmissverständlichen Beweis zu erbringen, dass Jesus die moralischen und geistlichen Voraussetzungen hatte, der Messias und Erlöser der Menschheit zu sein. Jesus begegnete Satan unter denkbar ungünstigen Voraussetzungen und ging siegreich aus dieser Erfahrung hervor.

Als der vorbereitende Dienst von Johannes dem Täufer sich seinem

Ende näherte und nachdem die persönliche Vorbereitung Jesu durch die Erlebnisse während seiner Taufe und seiner Versuchung abgeschlossen war, war der Herr Jesus bereit, mit seinem eigenen öffentlichen Wirken zu beginnen.

Dritter Zeitabschnitt: Der Beginn des Wirkens Jesu

Die ersten Jünger
(Joh 1,29-51)

Jesus begann mit seinem Dienst in dem Gebiet, in dem er getauft worden war, in der Region um den Jordan. Sein erstes Anliegen bestand darin, Männer um sich zu sammeln, die ihm dabei helfen sollten, sein vielfach prophezeites und lang ersehntes irdisches Reich aufzurichten. Seine ersten Anhänger waren ehemalige Jünger von Johannes dem Täufer, erneuerte Männer mit einem brennenden Herzen für Gott. Den in diesem Text erwähnten Fünf sollten sich später Hunderte anschließen, die dann als Jünger Jesu Christi bezeichnet wurden. (Der Begriff »Jünger« beinhaltet die Vorstellung von einem Lernenden oder Anhänger.) Zunächst begleiteten ihn seine engsten Vertrauten aus diesem Kreis nur gelegentlich bei seinem öffentlichen Wirken. Wenn sie Jesus eine Zeitlang begleitet hatten, kehrten sie wieder zurück zu ihrer Arbeit. Dann rief Jesus sie erneut zu sich und bat sie, sich ihm wieder für kurze Zeit anzuschließen. (Erst in einer späteren Phase wählte er zwölf Jünger aus, die ihn ständig begleiteten.)

Der Dienst in Galiläa
(Joh 2,1-12; 4,43-54)

Diese frühe Phase des Dienstes dauerte etwa ein Jahr. Jesus durchzog ganz Israel und ging an die Orte, an denen sich potentielle Gläubige befanden. Er begann, Wunder zu wirken, um den Menschen bewusst zu machen, dass der Messias tatsächlich gekommen war. Das erste Wunder fand in Kana in Galiläa statt. Dort verwandelte er Wasser in Wein.

DIE PROVINZ GALIÄA

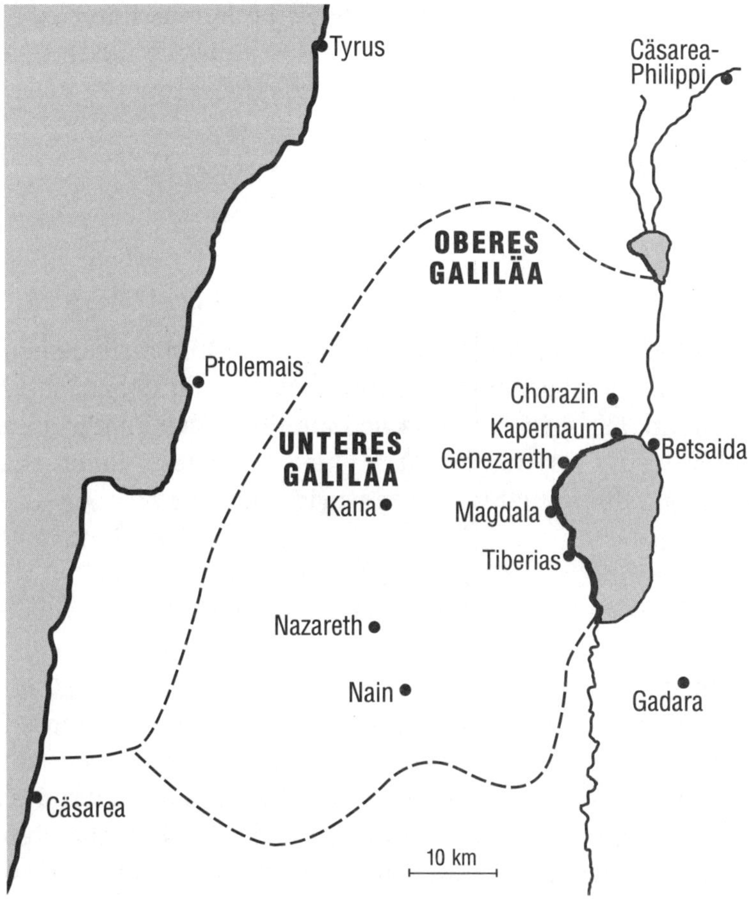

Der Dienst in Judäa
(Joh 2,13–3,36)

Nachdem er einige Zeit in Galiläa verbracht hatte, kehrte Jesus nach Judäa zurück. Bei seiner Ankunft im Tempel in Jerusalem war er angewidert von der schamlosen Geschäftemacherei, die dort stattfand. Er »reinigte« das Haus seines Vaters. Mit dieser Handlung erregte er die Aufmerksamkeit der religiösen Führungsschicht. In diesen Tagen wirkte er viele Wunder. Dadurch wurde Nikodemus, ein Angehöriger der jüdischen Führungselite, auf ihn aufmerksam. In der heute berühmten Diskussion mit diesem Mann verdeutlichte Jesus, dass man nur durch eine Neugeburt ins Reich Gottes kommen und dass nur das reinigende und erneuernde Wirken des Heiligen Geistes im Leben eines gläubigen Menschen eine solche Wiedergeburt bewirken kann.

Der Dienst Jesu in Samarien
(Joh 4,1-42)

Das erste Jahr des Dienstes endet mit dem Bericht über die Begegnung mit einer Frau aus Samarien. Jesus konfrontierte diese Frau mit ihrer Sünde und der Tatsache, dass sie einen Erlöser brauchte. Sie und viele andere aus ihrer Stadt kamen zum Glauben an den Herrn Jesus Christus. Jesus erklärte dieser Frau klar und deutlich, dass er der Messias war, auf den viele Menschen warteten.

Vierter Zeitabschnitt: Der Dienst Jesu in Galiläa

Die Anerkennung Jesu
(Mt 11,2-19; Mk 6,17-30; Lk 3,19-20)

Als Johannes der Täufer auf Geheiß des intriganten Herodes Antipas ins Gefängnis kam, ging Jesus nach Galiläa und wählte Kapernaum für das nächste Jahr seines Dienstes als Stützpunkt. Johannes der Täufer wurde im ersten Jahr des Dienstes Jesu festgenommen und saß bis zu seiner Hinrichtung über ein Jahr lang im Gefängnis. Johannes war verunsichert, weil man ihn gefangen hielt und weil das Reich Gottes noch nicht gekommen war. Aber Jesus bestätigte Johannes gegenüber seine Messianität und tröstete ihn mit dieser Nachricht. Jesus bezeugte, dass Johannes der Täufer in den Augen Gottes ein bedeutender Mann sei. Der Tod des Täufers war ein unheilverkündendes Vorzeichen dessen, was noch kommen sollte.

Die Jünger Jesu
(Mt 4,18-22; 10,1-42; Mk 2,13-14; Lk 5,1-11; 6,12-16; 8,1)

An diesem Punkt in den Evangelien ist der Dienst Jesu bereits zur Hälfte erfüllt. In der ersten Hälfte dieser Zeit war der Herr Jesus von vielen Jüngern umgeben, als er lehrend von Ort zu Ort zog. Nach einer kurzen Zeit mit ihm kehrten diese Jünger zu ihrer Arbeit und ihren Familien zurück. Ein Beispiel dafür sind die vier Fischer. In Markus 1,16-20 wird berichtet, wie Jesus zum ersten Mal an das Ufer des Sees Genezareth kam und die vier bat, ihm zu folgen. (Diese vier Männer waren bereits gläubig und hatten schon in Johannes 1,35-51 eine gewisse Zeit mit Jesus verbracht.) Nachdem sie Jesus eine Zeitlang begleitet hatten, kehrten sie zu ihren Fischerbooten zurück. Später, in Lukas 5,1-11, lud Jesus sie wieder ein, sich ihm anzuschließen, und so wiederholte sich der Zyklus wieder. Erst nachdem er eine Nacht im Gebet verbracht hatte, wurden zwölf Männer aus den Reihen der Anhänger Jesu als seine ständigen Begleiter ausgewählt. In der zweiten Hälfte des Dienstes Jesu waren diese Männer ständig bei ihm (s. dazu auch Anhang B: Die Apostel Jesu Christi).

Die Lehren Jesu
(Mt 5,1-7,29; 13,1-52; Lk 4,16-32; Joh 5,1-4)

Manche seiner bedeutendsten Lehren verkündete Jesus in dieser Zeit seines Dienstes. Dazu gehören Reden wie die Bergpredigt, die Gleichnisse vom Reich Gottes und die Rede über die Gleichheit zwischen Christus und dem Vater. Aber Jesus war nicht bloß ein weiterer Lehrer, der religiöse Wahrheiten verbreitete. Als er über ein breites Spektrum an theologischen und praktischen Themen sprach, waren seine Zuhörer verblüfft. *»Niemals hat ein Mensch so geredet wie dieser Mensch«* (Joh 7,46). Es war allgemein bekannt, dass Jesus *»mächtig … im Wort«* (Lk 24,19) war und mit Vollmacht sprach, im Gegensatz zu den Schriftgelehrten seiner Zeit (Mt 7,29). Die Menschen, die ihn hörten, waren immer wieder erstaunt über seine Lehre (Mk 10,24; Mt 7,28). Seine Belehrung war nicht nur machtvoll, sondern seine Worte waren auch gütig, so dass die Volksmenge ihn gern hörte

(Mk 12,37; Lk 4,22). Er war eindeutig eine Klasse für sich, wenn es darum ging, die göttlichen Wahrheiten darzulegen.

Die Wunder Jesu
(Mt 8,23-9,34; Mk 1,21-2,12; 3,16; Lk 7,1-17; Joh 4,46–5,9)

Jesus war dafür bekannt, dass er in Taten wie in Worten mächtig war. In diesem Zeitraum wirkte er die meisten Wunder, die von Gott dafür vorgesehen waren, die Person und Botschaft des Herrn Jesus zu bestätigen. Viele Männer waren bereits mit dem Anspruch aufgetreten, der Messias zu sein, aber nur Jesus bekräftigte diesen mit den Kundgebungen der göttlichen Macht.

Seine Wunder zeigten seine Autorität über die Natur, über Dämonen, den Tod und eine Vielzahl von menschlichen Gebrechen. Gott gab den Menschen alle Beweise, die sie benötigten, um zu erkennen, dass Jesus der Christus, der Sohn des lebendigen Gottes, war (s. dazu Anhang C: Wunder in den Evangelien und der Apostelgeschichte).

Der Widerstand gegen Jesus
(Mt 11,20-30; 12,1-14; Mk 6,1-6; Joh 5,10-47)

Ursachen

Zunächst waren die Führung und das Volk von Israel insgesamt positiv gegenüber Jesus von Nazareth eingestellt (z. B. Joh 3,2). Im Laufe der Zeit wurde Jesus von der Führungsschicht abgelehnt, und diese hatte einen großen Einfluss auf das Volk. Vor allem zwei Streitpunkte bewirkten den Widerstand der Führungsschicht. Zum einen sahen sie Jesus als Gesetzesbrecher an, weil er am Sabbat »arbeitete«, wenn er Kranke heilte. Diese Heilungen am Sabbat waren für die religiöse Führung ein ständiger Reibungspunkt. (Jesus verstieß natürlich nur gegen die Traditionen und nicht gegen das Gesetz Gottes.) Zum anderen erzürnte sie der Anspruch Jesu, er sei dem himmlischen Vater gleich. Bei mehr als einer Gelegenheit hoben sie Steine auf, um ihn wegen dieser »Gotteslästerung« zu steinigen. Obwohl auch andere Streitfragen die ablehnende Haltung der religiösen Führung verstärkten, waren diese beiden Punkte die bedeutendsten.

Die Folgen

Eine äußerst ernste Folge ihres Widerstandes gegenüber Jesus Christus war die ablehnende Haltung der Führungsschicht, als es um die Frage ging, ob Jesus seine Wunder in der Kraft Gottes wirkte. (Ihren Höhepunkt fand diese Ablehnung später in der Kreuzigung Jesu.) Die religiösen Führer behaupteten stattdessen, dass die Wunder Jesu in der Kraft Satans geschehen waren (Mt 12,22-37). Den deutlichen Beweis des Geistes Gottes, dass Jesus von Nazareth ihr Messias war, lehnten diese Männer ab. Jesus reagierte darauf mit der Warnung, Gott werde ihnen keine weiteren Bestätigungen geben, und Israel werde das Gericht Gottes erleben. Diese erstaunliche Ablehnung des göttlichen Zeugnisses über Jesus Christus bewirkte eine Veränderung in seinem Dienst.

Der Wandel im Dienst Jesu (Mt 12,38–13,52)

Mit dieser »offiziellen« Ablehnung durch die Führungsschicht Israels geschahen deutliche Veränderungen im Dienst Jesu. Erstens waren seine Wunder nicht mehr als Zeugnisse für das Volk im Allgemeinen vorgesehen, sondern lediglich als Bestätigungen für Einzelpersonen. Zweitens begann er in Gleichnissen zu sprechen. Bis dahin hatte er »klar und deutlich« gesprochen, aber jetzt verwendete er Gleichnisse, um den Gläubigen die Wahrheit zu vermitteln und diese gleichzeitig vor den Ungläubigen zu verbergen. Drittens verlagerte sich der Schwerpunkt seines Dienstes vom Volk Israel auf seine Jünger, und viertens veränderte sich auch die Thematik seiner Lehren. Neben Themen wie Gebet und Erlösung kamen neue Erörterungen über die Gemeinde und seinen Tod dazu.

Fünfter Zeitabschnitt: Die Ausbildung der zwölf Apostel Jesu Christi

Jesus zieht sich mit den zwölf Aposteln zurück
(Mt 15,21-38; Joh 6,1-3)

Als die religiöse Führung Israels ihn und sein Angebot des Reiches Gottes ablehnte, zog sich Jesus zunächst aus der Öffentlichkeit zurück. Er verbrachte mehr Zeit in anderen Regionen als in Galiläa oder Judäa, um der Bedrohung durch die jüdische Führungsschicht aus dem Weg zu gehen. Außerhalb ihres Einflussbereichs hatte er mehr Freiheit, seinen Anhängern seine Lehren zu vermitteln. So richtete er seine Aufmerksamkeit hauptsächlich auf die von ihm Erwählten. Er musste sie auf ihre neue Rolle als Teil des Fundaments der Gemeinde, die er bauen wollte, vorbereiten (Eph 2,20). Da der König und sein Reich abgelehnt worden waren, sollte die Gemeinde ins Leben gerufen werden, in der seinen Jüngern eine Schlüsselrolle zukam.

Jesus konzentriert sich auf die Zwölf
(Mt 16,21-26; Mk 6,31-52; 9,30-32; Lk 9,28-52; Joh 6,4-71)

In diesem Zeitraum lehrte er die zwölf Apostel vieles. Obwohl Jesus noch immer vielen Menschen diente, lag der Schwerpunkt in seinen Worten und Werken auf den zwölf Aposteln. Noch stärker betonte er jetzt bestimmte Themen wie Jüngerschaft, Wahrheit und Irrtum sowie seinen bevorstehenden Tod und seine Auferstehung.

Wegen des wachsenden Widerstands und der zunehmenden Ablehnung, die Jesus erfuhr, brauchten sowohl er als auch die Jünger eine Ermutigung. Vor diesem Hintergrund ging Jesus auf einen Berg hinauf. Dort wurde er verklärt, und seine Herrlichkeit wurde dreien der zwölf Apostel offenbart. Dieses Geschehen in Verbindung mit der Stimme des himmlischen Vaters war für sie eine notwendige Erinnerung daran, dass Jesus tatsächlich der Messias Israels war, obwohl die Führung des Volkes diese Tatsache leugnete.

Sechster Zeitabschnitt: Der Dienst Jesu in Judäa

Der Widerstand gegen Jesus
(Lk 11,14-36; 13,10-21; Joh 7,2-52; 8,12-59; 9,13-34; 10,19-21)

Dieser Zeitabschnitt begann sechs Monate vor der Kreuzigung. Jesus ging zum Laubhüttenfest (September/Oktober) nach Jerusalem. In dieser Zeit nahm der Widerstand gegen ihn stetig zu. Wenn sie eine Gelegenheit dazu gehabt hätten, hätten die jüdischen Oberen ihn damals schon umbringen lassen. Aber seine *»Stunde war noch nicht gekommen«*, wie Johannes berichtet. Während die Führung gegen ihn war, war das Volk verunsichert und geteilter Meinung über Jesus. Manche folgten der Auffassung der Oberen und hielten ihn für einen Irrlehrer. Andere wieder kamen zwar nicht zu der Schlussfolgerung, dass Jesus der Messias oder der Sohn Gottes war, aber sie betrachteten ihn als guten Menschen oder als Propheten Gottes.

Die Lehren Jesu
(Lk 10,1–11,13; Joh 8,2–10,31)

Einige der bekanntesten Lehren Jesu, wie das Gleichnis vom barmherzigen Samariter und die Belehrung über das Vaterunser, stammen aus dieser Zeit. Er sagte damals, er sei das Licht der Welt, der gute Hirte und der große *Ich bin*. Seine Lehren wurden in diesem Zeitraum zu vielen anderen Menschen gebracht, und zwar durch den Dienst der siebzig Jünger, die er jeweils zu zweit aussandte.

Siebter Zeitabschnitt: Der Dienst Jesu in Peräa (jenseits des Jordan)

Bedeutende Ereignisse
(Joh 10,40-42; 11,45-54)

Etwa drei oder vier Monate vor seiner Kreuzigung zog sich Jesus über den Jordan in das Gebiet jenseits des Jordan zurück. In diesem Zeitraum kam er zwar auch nach Judäa, aber er blieb vorwiegend in Peräa

(Joh 10,40). Es war eine kluge Entscheidung, sich dem Einflussbereich des Hohen Rats zu entziehen, weil der fest entschlossen war, Jesus umbringen zu lassen.

Bedeutende Wunder
(Lk 17,11-21; 18,35-43; Joh 11,17-44)

Ehrfurchtgebietende Offenbarungen der Macht Jesu begleiteten noch immer die letzten Monate seines Dienstes auf Erden. Die Heilungen des blinden Bartimäus und der zehn Aussätzigen geschahen in diesem Zeitraum. Das bedeutendste Wunder war jedoch die Auferweckung des Lazarus von den Toten. Aber sogar bei diesem spektakulären Geschehen wurde der große Unterschied in der Haltung Jesus gegenüber sichtbar: Viele glaubten an ihn, aber andere wollten sogar Lazarus zusammen mit Jesus töten.

Bedeutende Lehren
(Lk 13,22–19,28)

Eine Vielzahl von Gleichnissen stammt aus dieser Zeit, als Jesus zwar Gläubigen die Wahrheit mitteilte, diese Wahrheit aber vor Ungläubigen verbarg. Zu den in dieser Zeit erzählten Gleichnissen gehören die bekannten Geschichten vom verlorenen Schaf, dem verlorenen Sohn, dem ungerechten Verwalter und Richter. Wieder sprach der Herr über Jüngerschaft, die Verzögerung bei der Aufrichtung seines Reiches und seinen bevorstehenden Tod sowie seine Auferstehung.

Achter Zeitabschnitt: Die letzten Tage Jesu Christi

Seine Leiden

Etwa 25 Prozent der Evangelien handeln von den letzten, entscheidenden acht Tagen im Leben Jesu. In der Woche des Passahfestes erreichte der Widerstand gegen seine Person einen Höhepunkt. Der diabolische Hass der religiösen Führung gegenüber Jesus zeigte sich immer wieder. Jesus beantwortete die doppelzüngigen Fragen der führenden Männer mit großer Weisheit und Klarheit, aber dennoch wollten sie ihn vernichten. Mit seinen Belehrungen in der Rede im Obersaal und der Ölbergrede vermittelte er seinen Jüngern weitere wichtige Erkenntnisse. Die Verfasser der Evangelien geben uns einen Einblick in jene Stunden vor der Kreuzigung, als Jesus zum Garten Gethsemane ging, dort betete und festgenommen wurde. Schließlich wurde er bei den Juden und den Römern vor Gericht gestellt und zum Tode verurteilt. Die Evangelisten berichten über die historischen Aspekte des bedeutendsten Ereignisses in der Menschheitsgeschichte, als der Sohn Gottes den Opfertod starb.

Der Sieg Jesu

Die Evangelisten schließen an die Leidensgeschichte Jesu die Berichte über seinen glorreichen Triumph über Satan, Sünde und Tod an, als er von den Toten auferstand. Sie berichten davon, wie er als der Auferstandene vierzig Tage lang erschien und dann in den Himmel auffuhr. Der Menschheit wird jetzt neues Leben angeboten, und das ist die »frohe Botschaft«, die die Verfasser der Evangelien uns übermitteln.

Chronologie der Passionswoche

Ereignis	Tag	Bibelstellen
Triumphaler Einzug in Jerusalem	Sonntag	Matthäus 21,1-17; Markus 11,1-11; Lukas 19,29-44; Johannes 12,12-19
Die Verfluchung des Feigenbaums	Montag	Matthäus 21,18-19; Markus 11,12-14
Die Reinigung des Tempels	Montag	Matthäus 21,12-13; Markus 11,15-18; Lukas 19,45-48
Debatten mit der religiösen Führung	Dienstag	Matthäus 21,23–23,39; Markus 11,21–12,40; Lukas 20,1-47
Die Ölbergrede	Dienstag	Matthäus 24,1–25,46; Markus 13,1-37; Lukas 21,5-36
Judas verrät den Herrn	Dienstag	Matthäus 26,14-16; Markus 14,10-11; Lukas 22,3-6
Jesus in Bethanien? (kein Bericht)	Mittwoch	
Das letzte Abendmahl	Donnerstag	Matthäus 26,17-29; Markus 14,12-25; Lukas 22,7-20; Johannes 13,1
Die Rede im Obersaal	Donnerstag	Johannes 13,2–14,31
Lehren auf dem Weg nach Gethsemane	Donnerstag	Johannes 15,1–18,1
Im Garten Gethsemane	Donnerstag/ Freitag	Matthäus 25,30-46; Markus 14,26-42; Lukas 22,39-46
Verrat und Gefangennahme Jesu	Freitag	Matthäus 36,47-56; Markus 14,43-52; Lukas 22,47-53; Johannes 18,2-12
Verhöre - vor Hannas - vor Kaiphas - vor dem Hohen Rat - vor Pilatus - vor Herodes - vor Pilatus	Freitag	 Johannes 18,13-24 Matthäus 26,57-68; Markus 14,53-65; Lukas 22,42 Matthäus 27,1; Markus 15,1; Lukas 22,66.71 Matthäus 27,1.11-14; Markus 15,1-5; Lukas 23,1-5 Lukas 23,6-12 Johannes 18,28-38; Matthäus 27,15-26; Markus 15,6-15; Lukas 23,13-25; Johannes 18,28–19,16
Die Kreuzigung Jesu	Freitag	Matthäus 27,27-56; Markus 15,16-41; Lukas 23,26-49; Johannes 19,17-30
Die Worte am Kreuz - *»Vater, vergib …«* - *»Heute wirst du …«* - *»Frau, siehe …«* - *»Mein Gott, mein Gott …«* - *»Mich dürstet.«* - *»Es ist vollbracht.«* - *»Vater, in deine Hände …«*	Freitag	 Lukas 23,34 Lukas 23,43 Johannes 19,26-27 Matthäus 27,46; Markus 15,34 Johannes 19,28 Johannes 19,30 Lukas 23,46
Begräbnis Jesu	Freitag	Markus 15,42-45; Johannes 19,31-38

Erscheinungen Jesu als der Auferstandene

Reihenfolge der Erscheinung	Zeugen der Erscheinung	Ort der Erscheinung	Zeitpunkt der Erscheinung	Bibelstellen
1	Maria Magdalena	Jerusalem	Sonntag	Markus 16,1-11; Johannes 20,11-18
2	weitere Frauen	Jerusalem	Sonntag	Matthäus 28,9-10
3	Petrus	Jerusalem	Sonntag	Lukas 24,34; 1. Korinther 15,5
4	die Jünger auf dem Weg nach Emmaus	Emmaus	Sonntag	Lukas 24,13-35
5	10 Jünger	Jerusalem	Sonntag	Markus 16,14; Lukas 24,26-43; Johannes 20,19-25
6	11 Jünger	Jerusalem	eine Woche später	Johannes 20,26-31; 1. Korinther 15,5
7	7 Jünger	Galiläa	?	Johannes 21,1-25
8	500 gleichzeitig	?	?	1. Korinther 15,6
9	Jakobus (der Bruder Jesu)	?	?	1. Korinther 15,7
10	11 Jünger	Galiläa	?	Matthäus 28,16-20; Markus 16,15-18
11	11 Jünger	Jerusalem	40 Tage später	Lukas 24,44-53; Apostelgeschichte 1,3-12

KAPITEL 5
DAS EVANGELIUM NACH MATTHÄUS

Einführung in das Matthäusevangelium

DER VERFASSER DES MATTHÄUSEVANGELIUMS

Da keiner der Evangelisten sich in seinen Schriften als Verfasser zu erkennen gibt, muss man sich auf die frühen Kirchenväter und auch auf die Beweise in den jeweiligen Evangelien stützen. Beim ersten Evangelium sind sich die Kirchenväter seit der Frühzeit der Kirchengeschichte einig, dass Matthäus, der Apostel Jesu Christi, der Autor ist. »Von Anfang an wurde Matthäus als Verfasser dieses Evangeliums angesehen. Ein um 130 n. Chr. datiertes Fragment aus einem verlorengegangenen Werk von Papias, dem Bischof von Hierapolis in Phrygien, ist der früheste Beweis.«[1]

Viele andere, wie zum Beispiel Justin der Märtyrer, Irenäus und Hieronymus, stimmen darin überein, dass das erste Evangelium von Matthäus verfasst wurde. Obwohl dieser Beweis nicht schlüssig ist, ist es trotzdem beachtenswert, dass alle frühen Abschriften des ersten Evangeliums die Überschrift »nach Matthäus« tragen.[2]

Die Evangelien selbst berichten kaum etwas über das Leben und die zwischenmenschlichen Beziehungen von Matthäus (der auch Levi genannt wird). Immer wenn die zwölf Jünger im Dienst des Herrn erwähnt werden, ist er offenbar miteingeschlossen. Aber er wird nur an wenigen Stellen namentlich genannt.

Bevor er Jesus nachfolgte, war er Steuereintreiber für die Römer. Steuereintreiber waren bei den Juden äußerst unbeliebt. Weil sie in den Diensten Roms standen, wurden sie als Diebe angesehen. Die Steuereintreiber (die man auch als Zöllner bezeichnete) konnten die zu versteuernden Gütern mit überhöhten Steuern belegen und auf diese Weise einzelne Bürger erheblich finanziell belasten. So etwas geschah häufig. Die meisten Steuereintreiber wurden reich, indem sie den zusätzlichen Ertrag in ihre eigenen Taschen fließen ließen. Deshalb waren jüdische Steuereintreiber für die Juden Verräter an Israel und Diebe. Matthäus hatte sein Zollhaus an der verkehrsreichsten Straße in Israel, der »einzigen wirklich internationalen Straße von allen, die durch Israel führten.«[3] Dieser Standort in der Nähe von Kapernaum brachte Matthäus nicht nur großen Wohlstand, sondern auch viele Gelegenheiten zum Kontakt mit dem Herrn Jesus. Matthäus hatte Jesus höchstwahrscheinlich gehört, und er fühlte sich sicherlich zu ihm hingezogen. Jesus wusste, dass er reif war für die Jüngerschaft, und so forderte er Matthäus auf, sich ihm anzuschließen. Matthäus ließ alles zurück und folgte Jesus (Lk 5,27-29).

> »Matthäus muss der reichste der Apostel gewesen sein. Wir sollten nicht übersehen, welches stille Heldentum sich dahinter verbirgt. Wenn die Nachfolge Jesu für die Fischer nicht gut verlaufen wäre, hätten sie ohne Schwierigkeiten in ihren alten Beruf zurückkehren können. Aber als Levi seine Arbeit aufgegeben hatte, war das für ihn eine endgültige Entscheidung. Man hätte niemals einen Mann wieder beschäftigt, der sein Steuerbüro einfach aufgegeben hatte. Die Entscheidung, Jesus nachzufolgen, war für ihn unwiderruflich.«[4]

Nach seiner Berufung, Jesus nachzufolgen, lud er viele seiner Kollegen ein, damit sie Jesus kennenlernen konnten (Mt 9,10-13). Der Name von Matthäus wird nur noch in den vier Listen der zwölf Apostel erwähnt (Mt 10,3; Mk 3,18; Lk 6,15; Apg 1,13).

Der Inhalt des Matthäusevangeliums lässt vermuten, dass es von Matthäus, dem Steuereintreiber verfasst wurde.

> »Die geschickte Zusammenstellung des Evangeliums stimmt mit den möglichen Interessen und Fähigkeiten eines Steuereintreibers wie dem Apostel Matthäus überein. Ein weiterer Hinweis ist die Tatsache, dass nur dieses Evangelium darüber berichtet, wie Jesus die Tempelsteuer bezahlt (17,24-27). Im Bericht über die Berufung des Matthäus wird der Apostelname ›Matthäus‹ verwendet, nicht der von Markus und Lukas gebrauchte Name ›Levi‹. Auch das von Markus und Lukas verwendete Possessivpronomen ›sein‹ im

> Zusammenhang mit ›Haus‹ fehlt bei Matthäus, wenn er die Begebenheit schildert, als er Jesus bei sich zu Gast hatte. … Diese scheinbar nebensächlichen Details könnten auffällige Hinweise auf die Verfasserschaft von Matthäus sein und somit die Tradition aus der Frühzeit der Kirchengeschichte stützen.«[5]

Manche Theologen führen seit Jahren eine Debatte über die Frage, ob das Matthäusevangelium ursprünglich auf Hebräisch niedergeschrieben und dann ins Griechische übersetzt wurde. Diese These stützt sich auf eine Aussage von Papias, einem frühen Kirchenvater. Er meinte, Matthäus habe die Aussprüche Jesu auf Hebräisch aufgezeichnet.[6] Aber andere Theologen halten es für unwahrscheinlich, dass Papias mit seiner Aussage das uns vorliegende Matthäusevangelium gemeint hat. Erstens fehlen bei dem Griechisch geschriebenen Matthäusevangelium »alle Merkmale eines übersetzten Werks«.[7] Zweitens ist kein in Hebräisch (oder Aramäisch) verfasstes Evangelium gefunden worden. Drittens hätte Matthäus für jüdische Leser viele Aussprüche Jesu auf Hebräisch niederschreiben können, ohne dass eine solche Textsammlung identisch mit oder die Grundlage für den griechischen Text seines Evangeliums war.

> »Konservative Theologen sind sich einig, dass unabhängig von einer früheren hebräischen Fassung die uns vorliegende griechische Version das eigene Werk von Matthäus war und das inspirierte Wort Gottes ist. Ob Matthäus nun früheres Material in seiner Muttersprache niedergeschrieben hat oder nicht, das auf Griechisch verfasste Evangelium ist auf jeden Fall von Gott inspiriert und trägt somit die Autorität des göttlichen Wortes in sich.«[8]

Die örtliche und zeitliche Einordnung des Matthäusevangeliums

Konservative Theologen sind sich im Allgemeinen einig, dass Matthäus sein Evangelium vor der Zerstörung Jerusalems im Jahr 70 n. Chr. verfasste, weil er dieses Geschehen als zukünftig schildert. Es ist jedoch schwierig, für die Niederschrift des Evangeliums ein genaues Datum anzugeben.

Die Frage nach der zeitlichen Einordnung hängt auch davon ab, ob das Matthäusevangelium vor dem Markusevangelium verfasst wurde und somit das erste schriftlich fixierte Evangelium ist (s. dazu die Erörterung über das synoptische Problem auf den Seiten 49-51). Die moderne Wissenschaft hält generell am zeitlichen Vorrang des Markusevangeliums fest. Man ist der Auffassung, dass sowohl Matthäus als auch Lukas eine Vielzahl von Anleihen aus dem Markusevangelium gemacht haben. Aber die Beweise für den zeitlichen Vorrang des Markusevangeliums sind nicht so überzeugend, wie manche Theologen behaupten.[9] Die Kirchenväter gehen von einem zeitlichen Vorrang des Matthäusevangeliums aus. Ihrem eindeutigen Zeugnis zufolge schrieb Matthäus das erste Evangelium, dann folgten Markus, Lukas und Johannes. Ein frühes Datum für die Niederschrift des Matthäusevangeliums ist auch logisch, weil es einen unmittelbaren Bedarf nach einem an Juden gerichteten Evangelium gab, und Matthäus schrieb für eine jüdische Leserschaft.

Obwohl eine exakte Datumsangabe nicht möglich ist, kann man von einem Zeitraum zwischen 45 und 55 n. Chr. ausgehen. Man kann auch nicht den Ort der Niederschrift bestimmen, weil man über die Reisen von Matthäus nur wenig weiß. Viele meinen, Jerusalem sei der Ort gewesen, an dem das Evangelium verfasst wurde, während andere Antiochia oder Syrien als Orte der Niederschrift vorschlagen.

Die Zielsetzung des Matthäusevangeliums

Das Evangelium wurde für jüdische Leser und Zuhörer geschrieben, um zu beweisen, dass Jesus von Nazareth der König der Juden ist. Matthäus stellt ein Bindeglied zwischen den Büchern des Alten und den Schriften des Neuen Testaments dar, indem er zeigt, wie die Prophezeiungen des Alten Testaments sich in der Person und im Wirken Jesu Christi erfüllt haben.

GLIEDERUNG DES MATTHÄUSEVANGELIUMS

I. Jesus, der König wird vorgestellt (1,1–4,11)
   A. Die Geburt des Königs (1,1–2,23)
   B. Der Herold des Königs (3,1-12)
   C. Die Anerkennung des Königs (3,13–4,11)

II. Die Lehren des Königs (4,12–7,29)
   A. Der Dienst des Königs (4,12-25)
   B. Die Predigt des Königs (5,1–7,29)

III. Die Macht des Königs (8,1–11,1)
   A. Seine Macht über Krankheit (8,1-13)
   B. Seine Macht über Leiden und Dämonen (8,14-17)
   C. Seine Macht über Menschen, Naturgewalten und Dämonen (8,18-34)
   D. Seine Macht der Heilung und Sündenvergebung (9,1-17)
   E. Seine Macht über den Tod (9,18-26)
   F. Seine Macht über körperliche und geistliche Blindheit (9,27-38)
   G. Seine Macht, die gute Botschaft zu verkünden (10,1–11,1)

IV. Der Widerstand gegen Jesus, den König (11,2–16,12)
   A. Die Ablehnung des Königs (11,2–12,50)
   B. Die Gleichnisse vom Königreich (Reich Gottes; 13,1-52)
   C. Weitere Ablchnung des Königs (13,53–16,12)

V. Die Vorbereitung der Jünger im Hinblick auf die Ablehnung Jesu (16,13–20,34)
   A. Offenbarungen im Hinblick auf die Ablehnung Jesu (16,13–17,21)
   B. Anweisungen im Hinblick auf die Ablehnung Jesu (17,22–20,34)

VI. Der König wird zum letzten Mal vorgestellt und verworfen (21,1–27,66)
   A. Das öffentliche Wirken (21,1-22)

B. Der Konflikt mit der Führung Israels (21,23–22,46)
C. Der König verwirft Israel als Nation (23,1-39)
D. Die Prophezeiungen des Königs (24,1–25,46)
E. Der Tod des Königs (26,1–27,66)

VII. Das Anrecht Jesu auf sein Königtum wird bestätigt (28,1-20)
A. Die Erscheinungen des Auferstandenen (28,1-10)
B. Der Versuch, die Auferstehung zu vertuschen (28,11-15)
C. Der Missionsbefehl (28,16-20)

Das Thema des Matthäusevangeliums

Jeder Evangelist sah den Herrn Jesus Christus aus einer anderen Perspektive. Matthäus stellt seinen Lesern Jesus von Nazareth als den Messias vor, als den König der Juden. Matthäus entfaltet sein Thema bereits zu Beginn seines Evangeliums. Er zeigt auf, dass Jesus auch von seiner Abstammung her die Voraussetzungen für sein Königtum mitbringt, weil er aus dem königlichen Geschlecht Davids stammt. Matthäus greift immer wieder auf das Alte Testament zurück. Er beweist, dass Jesus die Prophezeiungen über den Messias erfüllt.

In seinem Evangelium berichtet er, wie der König dem Volk Israel vorgestellt wird und wie er ihm sein Königtum anbietet. Er offenbart, dass Israel seinen König und sein Reich ablehnte – trotz der Worte und Taten, die seine Ansprüche bestätigten. Obwohl jene Generation von Israeliten ihren König abgelehnt hatte, vermittelt Matthäus seinen Lesern die Hoffnung auf die Rückkehr des Königs, um in großer Macht und Herrlichkeit zu herrschen.

> »Mehr als jedes andere Evangelium ist das von Matthäus vom Thema und Ton her artverwandt mit den Schriften der hebräischen Bibel; ihre Themen sind seine Themen: der Messias, Israel, das Gesetz, das Reich Gottes und die Prophetie. Jüdisches Gedankengut und jüdische Begriffe durchziehen seinen gesamten Bericht. Das Zeugnis dieses Evangeliums hätte keinen Eindruck hinterlassen bei einem Römer, für den Markus sein Evangeliums schrieb, oder bei einem Griechen, für den Lukas sein Evangelium

schrieb; aber ein Jude konnte sich seiner Aussagekraft nicht entziehen.«[10]

Besonderheiten im Matthäusevangelium

Nur bei Matthäus vorkommende Inhalte

Jeder Evangelist wählte zielgerichtet Material aus dem Leben Jesu aus. Natürlich kommen manche Berichte oder Lehrinhalte bei mehr als einem Autor vor. (Ein Beispiel: Alle vier Evangelisten erwähnen die wundersame Speisung der Fünftausend.) Aber anderes Material ist nur in jeweils einem Evangelium zu finden. Bei Matthäus ist etwa 42 Prozent seines Materials einzigartig. Zu diesen nur bei ihm vorkommenden 42 Prozent gehören Berichte über Wunder, Lehren und bestimmte Ereignisse.

Jesus wirkte viele Hundert Wunder, aber nur 36 werden in den Evangelien ausführlich erwähnt, 20 davon bei Matthäus. Weitere zwölf Texte enthalten eine Zusammenfassung der Wunder Jesu (z. B. Mt 4,23-24; 8,16; 9,35). Von den 20 Wunderberichten sind nur vier allein bei Matthäus zu finden, und zwar die Heilung der beiden Blinden (9,27-31), die Heilung des stummen Besessenen (9,32-33), die Befreiung des blinden und stummen Besessenen (12,22) und der Fisch mit der Münze im Maul (17,24-27).[11]

Etwa 60 Prozent des Matthäusevangeliums befassen sich mit den Lehren des Herrn Jesus. In diesem Evangelium sind sechs bedeutende Reden festgehalten. Es ist schwer feststellbar, welche Teile dieser Reden allein von Matthäus stammen, weil viele der darin erwähnten Themen in den anderen Evangelien aufgegriffen werden. Aber von der Länge der Reden her unterscheidet sich Matthäus von Markus und Lukas. (Auch Johannes schreibt längere Reden nieder, allerdings mit anderem Inhalt.) Bei den sechs bedeutenden Reden im Matthäusevangelium handelt es sich um die Bergpredigt (Mt 5,1–7,29), die Aussendung der zwölf Apostel (Mt 10,1-42), die Gleichnisse vom Reich Gottes (13,1-52), die Lehre von wahrer Größe und Vergebung (Mt 18,1- 35), den Tadel an der religiösen Führung (23,1-39) und die Ölbergrede (24,1–25,46).

Zwölf Gleichnisse kommen nur im Matthäusevangelium vor. Die meisten von ihnen sind eingebettet in die oben erwähnten sechs bedeutenden Reden. Drei davon sind jedoch nicht in diesen Reden enthalten. Es handelt sich um das Gleichnis von den Arbeitern im Weinberg (20,1-16), das Gleichnis von den ungleichen Söhnen (21,28-32) und das Gleichnis vom Hochzeitsmahl des Königs (22,1-14).

Matthäus berichtet auch über Ereignisse, die nur in seinem Evangelium zu finden sind. Dazu gehören

a) das Geschlechtsregister Jesu (1,1-17)
b) die Geschichte von den Weisen aus dem Morgenland (2,1-12)
c) der Kindermord zu Bethlehem (2,16-18)
d) die Flucht nach Ägypten (2,13-15.19-23)
e) Petrus, der auf dem Wasser geht (14,28-33)
f) die Erwiderung Jesu auf das Bekenntnis des Petrus (16,17-19)
g) die Geschehnisse um Judas Iskariot (26,14-16; 27,3-10)
h) Geschehnisse im Zusammenhang mit der Auferstehung (27,51-53)
i) das Ausharren der Frauen am Grab (27,57-61)
j) die Bestechung der Soldaten am Grab (28,11-15)
k) die Erscheinung des Auferstandenen vor den Frauen (28,9-10)

Die Verwendung des Alten Testaments im Matthäusevangelium

Mehr als jeder andere Evangelist griff Matthäus auf die Schriften des Alten Testaments zurück. Sein Evangelium enthält 53 direkte alttestamentliche Zitate und 76 Anspielungen auf die Sprache des Alten Testaments.[12] (Über die genaue Anzahl herrscht jedoch Uneinigkeit.) Die Mehrheit der Zitate und Anspielungen kommt von den Lippen des Herrn Jesus (99 von den oben erwähnten 129) und sind in den Erzähltext von Matthäus eingestreut.

Bezeichnenderweise wurde bei der überwiegenden Mehrheit der Zitate das Alte Testament von Matthäus und auch von Jesus Christus im wörtlichen Sinn angewendet, mit besonderem Augenmerk auf die grammatische und historische Bedeutung der alttestamentlichen Texte. »Im Matthäusevangelium wurde das Alte Testament überwiegend in einem wörtlichen Sinn verwendet, ohne Rückgriff auf allegorische Bedeutungen, wie es in der rabbinischen Exegese üblich war. Die vergleichsweise wenigen typologischen Verwendungsweisen in den eigenen, erzählenden Texten des Autors sind nicht weit hergeholt, sondern spiegeln ein gewisses Empfinden für das Wesen der biblischen Prophetie wider.«[13]

Die Verwendung des Ausdrucks »Reich Gottes« im Matthäusevangelium

Da Matthäus in seinem Evangelium Jesus vor allem als König darstellt, ist es nicht überraschend, dass bei ihm häufig vom Reich Gottes die Rede ist (etwa 38 Mal). Das griechische Wort für Reich Gottes lautet *basileia*, ein Substantiv, das den Gedanken von Souveränität, Herrschaft oder Regieren vermittelt.[14] Wenn es in der Bibel verwendet wird, enthält es drei grundlegende Elemente: »Erstens ein Herrscher mit entsprechender Autorität und Macht; zweitens ein Reich mit Untertanen und drittens die Ausübung der Herrschaft.«[15]

Im Allgemeinen bezieht sich der Begriff *Reich* auf die Herrschaft Gottes über seine Schöpfung. Im Matthäusevangelium werden verschiedene Aspekte dieses Reiches erwähnt.

a) Es gibt ein geistliches Reich (vgl. 6,33; 19,23). »Das geistliche Reich, das eng mit dem universalen Reich Gottes zusammenhängt, setzt sich zusammen aus den Erwählten aller Zeitalter, die durch die Kraft des Heiligen Geistes eine Neugeburt erfahren haben. Der Zugang zu diesem Reich erfolgt nur durch eine Neugeburt.«[16] Dieser Aspekt des Reiches Gottes ist immer gegenwärtig, da die Erlösten auch immer anwesend sind.

b) Das Wort *Reich* bezieht sich auch auf das buchstäbliche, irdische Reich des Messias (das auch als *Millennium* bezeichnet wird). Mit diesem irdischen Reich erfüllt sich der Bund, den Gott mit König David geschlossen hatte (vgl. 2Sam 7). Der Herr Jesus wird in der Zukunft als König herrschen und somit die göttliche Verheißung erfüllen. Diese Phase des Reiches Gottes wurde als *»nahe gekommen«* verkündet, als Jesus zum ersten Mal auf diese Erde kam (vgl. 3,2; 4,17; 10,5-7). Dieser Aspekt des Reiches Gottes wurde Israel angeboten, aber dieses Angebot wurde abgelehnt. Obwohl dieses irdische Reich auch einen geistlichen Aspekt beinhaltet, ist es hauptsächlich als buchstäbliches Reich zu sehen und nicht als abstrakte Vorstellung. Die Juden in der Zeit Jesu wussten, dass dieses Reich noch nicht da war, aber schließlich kommen würde.

c) Eine weitere Bedeutung des von Matthäus verwendeten Begriffs »*Reich Gottes*« ist das Geheimnis, das in den Gleichnissen vom Reich Gottes zum Ausdruck kommt (vgl. 13,1-52). Diese Form des Reiches Gottes war bis zu diesem Zeitpunkt noch nicht offenbart worden. Aber als Israel Jesus als seinen Messias und König ablehnte, wurde das Angebot des buchstäblichen Reiches Gottes jener Generation von Israeliten genommen (21,43), und eine andere Form des Reiches Gottes wurde eingeführt. Für diese Form war ein bestimmter Zeitraum vorgesehen.

> »Der Zeitraum, der von den Gleichnissen in Matthäus 13 abgedeckt wird, erstreckt sich von der Zeit, als Israel den Messias abgelehnt hat, bis in die Zukunft, wenn Israel ihn annehmen wird. Das bedeutet, dass dieser Plan seinen Anfang hatte, als Christus noch auf Erden war, und dass er sich bis zu seiner Rückkehr in Macht und großer Herrlichkeit erstrecken wird. Dieser Zeitraum umfasst auch die Zeit von Pfingsten in Apostelgeschichte 2 bis zur Entrückung, also das Zeitalter der Gnade. ... Obwohl auch das Zeitalter der Gemeinde in diesen Abschnitt fällt, erstreckt sich dieser Zeitraum darüber hinaus, weil die in den Gleichnissen in Matthäus 13 erwähnte Zeit vor Pfingsten beginnt und sich bis nach der Entrückung hinzieht. ... Die Gleichnisse zeigen die bis dahin nicht offenbarte Form, in der die Herrschaft Gottes in einem vorher nicht offenbarten Zeitalter ausgeübt wird. Beides wurde notwendig wegen der ablehnenden Haltung Israels Christus gegenüber.«[17]

Deshalb ist es zutreffend, dass Matthäus von einem gegenwärtigen Reich Gottes spricht, aber auch von einer Form des Reiches Gottes, die noch in der Zukunft liegt. Jesus ist zwar jetzt schon König, aber sein Königtum ist auch zukünftig.

Zusammenfassung des Matthäusevangeliums

Jesus der König wird vorgestellt (1,1–4,11)

Die Geburt des Königs (1,1–2,23)

Um den Anspruch Jesu auf das Königtum über Israel zu verdeutlichen, beweist Matthäus am Beginn seines Evangeliums, dass Jesus aus dem Königsgeschlecht Davids stammt (1,1-17). Von Abraham über David und dann durch Josef (dem juristischen Vater Jesu) weist Matthäus den legitimen Anspruch Jesu auf den Thron nach. (Im Stammbaum von Lukas wird die tatsächliche Abstammung Jesu von David durch Maria nachvollzogen.)[18] Schon von seiner Abstammung her war Jesus von Nazareth als König Israels geeignet.

In seinem Bericht über die Geburt Jesu bekräftigt Matthäus zwei Mal, dass Jesus vom Heiligen Geist gezeugt wurde (1,18.20). Jesus wurde von der Jungfrau Maria geboren, und damit erfüllte sich die Prophezeiung in Jesaja 7,14. Es wird uns nicht berichtet, was Maria dem Josef von ihrer Schwangerschaft erzählte, aber Josef akzeptierte ihre Version der Vorgänge nicht und war fest entschlossen, die nicht öffentliche Scheidung einzuleiten (den verbindlichen Verlobungsvertrag aufzulösen), wahrscheinlich mit der erforderlichen Mindestanzahl von zwei Zeugen. Bevor er diese Absicht in die Tat umsetzen konnte, erschien ihm ein Engel, der Marias Schilderung bestätigte und Josef die Anweisung gab, Maria unter seinen Schutz zu nehmen, indem er sie sofort heiratete. Zwei Mal wurde angeordnet, dem Kind den Namen *Jesus* zu geben, also »der Herr rettet«. Aus dem von Matthäus niedergeschriebenen Stammbaum hätte man auch schließen können, dass Jesus lediglich ein politischer Führer oder ein Befreier seines Volkes sein würde. Aber die Betonung, die auf seinen Namen gelegt wurde, verdeutlichte auch die geistliche Befreiung, die der Messias seinem Volk durch die Erlösung bringen sollte (durch den neuen Bund).

Nach der Geburt Jesu kamen weise Männer aus dem Osten. Sie waren auf der Suche nach dem neugeborenen König der Juden (2,1-12). Diese Männer, die Experten für das Studium von Sternkonstellationen waren, hatten offenbar ein übernatürliches Zeichen am Himmel gesehen und dieses als den Stern des Messias identifiziert (2,2). Sie gingen davon aus, dass Jerusalem der richtige Ort für ihre Suche war. (Anscheinend war ihnen der Text über den Geburtsort des Messias in Micha 5,2 nicht bekannt.) Schließlich fanden die weisen Männer das Kind in einem Haus in Bethlehem. Sie beteten Jesus an und brachten ihm kostbare Geschenke. (Dieses Ereignis fand wahrscheinlich etwa ein Jahr nach der Geburt Jesu statt.) Vielleicht hat Matthäus diesen Bericht über die Nichtjuden aus dem Osten, die den König der Juden anbeteten, in sein Evangelium aufgenommen, weil er ein treffendes Bild für das Millennium ist, wenn Menschen aus allen Nationen den Messias Israels anbeten werden.

Weil König Herodes diesen neugeborenen »Thronrivalen« hasste, erhielten die weisen Männer die Anweisung, in ihre Heimat zurückzukehren, ohne Herodes über den genauen Ort zu informieren, an dem er Jesus hätte finden können. Voller Wut versuchte König Herodes, Jesus auszulöschen, indem er in Bethlehem alle Kleinkinder töten ließ (2,13-18). Aber Josef hatte vorher im Traum eine Warnung erhalten und den Befehl, zusammen mit Maria und Jesus nach Ägypten zu fliehen. Später, nach der Rückkehr der Familie, bekam Josef die Anweisung, sich von Judäa fernzuhalten und nach Galiläa zurückzukehren (2,19-23).

Der Herold des Königs (3,1-12)

Im Matthäusevangelium wird über die Kindheit Jesu nichts berichtet. Seine Erzählung nimmt den Faden etwa dreißig Jahre nach dem Bericht über die Geburt wieder auf. In seinem Evangelium widmet sich Matthäus sehr stark dem Dienst von Johannes dem Täufer. Er verkündete die Nähe des messianischen Reiches, das noch nicht da war, aber *»nahe gekommen«* (3,2). In seiner Botschaft verdeutlichte Johannes die Notwendigkeit einer persönlichen Umkehr, damit man zu diesem Reich gehören kann. Weil sie das auserwählte Volk Gottes waren und von Abraham abstammten, gingen die Juden davon aus, dass sie automatisch zum Reich des Messias gehörten (3,8-9). Johannes taufte diejenigen, die ihre Sünden bereuten, um sie auf die Ankunft des Messias vorzubereiten.

Die Bestätigung des Königs (3,13–4,11)

Als Jesus am Jordan erschien, um sich taufen zu lassen, lehnte Johannes dieses Anliegen zunächst ab, weil er wusste, dass Jesus keine Sünden zu bereuen hatte. Aber Jesus betonte Johannes gegenüber, dass er getauft werden müsse, um alle göttlichen Anforderungen zu erfüllen (3,15). Jesus war beschnitten worden, gab den Zehnten, nahm an den jährlichen Festen teil und gehorchte allen anderen Forderungen des Gesetzes. Die Taufe des Johannes gehörte zu diesen Anforderungen, die erfüllt werden mussten. Johannes erkannte die Weisheit dieser Argumentation und taufte Jesus. Als Jesus aus dem Wasser stieg, kam der Heilige Geist in Gestalt einer Taube auf ihn herab. Wie die Könige im Alten Testament mit Öl gesalbt wurden (als Symbol für den Heiligen Geist, der auf sie herabkam), wurde Jesus bei diesem Anlass als König Israels bestimmt. Er empfing nicht das symbolische Salböl, sondern die Fülle des Geistes in ihrer realen Form (vgl. Joh 3,34).

Nach seiner Taufe wurde Jesus von demselben Heiligen Geist in die judäische Wüste geführt, um dort von Satan versucht zu werden. Er bestand diese Prüfungen und zeigte dadurch, dass er die moralischen und geistlichen Voraussetzungen mitbrachte, um Israels König zu sein.

Die Lehren des Königs (4,12–7,29)

Der Dienst des Königs (4,12-25)

Matthäus beginnt seine Ausführungen über den Dienst Jesu mit dessen Rückkehr nach Galiläa und der Errichtung seiner »Ausgangsbasis« in Kapernaum. Seit der Versuchung Jesu war etwa ein Jahr vergangen. Matthäus fasst diesen Zeitraum zusammen mit den Schilderungen über die Berufung der Jünger, die Jesus bei seinem Dienst helfen sollten, sowie mit dem Bericht über die Predigten und vielen Wunder Jesu.

Die Predigt des Königs (5,1–7,29)

Johannes der Täufer hatte die Nähe des Reiches Gottes verkündet und die Notwendigkeit einer Umkehr, damit dieses Reich kommen könne.

In der Bergpredigt (5,1–7,29) lehrte Jesus, der König, das Volk Israel über den Zugang in sein Reich. Er verdeutlichte, dass dafür Gerechtigkeit (5,20), sogar bis hin zur Vollkommenheit (5,48) erforderlich sei. In den Seligpreisungen (5,3-12) belehrte er seine Zuhörer über die Notwendigkeit, Schmerz über die Sünde zu empfinden und die eigene geistliche Armut zu erkennen, um zu seinem Reich zu gehören. (Hier ist zu beachten, dass für den Zugang zum Reich Gottes bei jedem der genannten Aspekte der Glaube notwendig ist.) In der Bergpredigt werden viele Anforderungen und Belohnungen für ein Leben nach den Kriterien des Reiches Gottes erwähnt. Diese großartige Botschaft des Königs lässt sich zwar auf viele Bereiche des heutigen Lebens anwenden, aber sie richtet sich vor allem an die Juden in der Zeit Jesu im Hinblick auf das kommende messianische Reich.

Die Macht des Königs (8,1–11,1)

In diesem Abschnitt seines Evangeliums führt Matthäus Beispiele für die Macht und Autorität Jesu an. Hier fehlt eine chronologische Reihenfolge. Matthäus erwähnt Beispiele aus verschiedenen Zeiten im Dienst Jesu und stellt sie in diesem Teil seines Berichts zusammen. Besonders hervorgehoben werden seine Autorität über Menschen und seine Macht über Dämonen sowie Krankheiten.

Die Wunder Jesu sollten den Obersten Israels die Ankunft des Messias bewusst machen (s. dazu Anhang C: Wunder in den Evangelien und der Apostelgeschichte). Als er zum Beispiel einen Aussätzigen heilte (8,2-4), befahl Jesus dem Mann, sich dem Priester zu zeigen, wie es das Gesetz vorschrieb. Dadurch sollte dem Priester die Gegenwart des Messias bezeugt werden. Als Jesus einen Gelähmten heilte (9,1-8), wollte er damit seinen Anspruch bekräftigen, dass er die Autorität zur Sündenvergebung hatte. Die Zeugen dieses Wunders waren sich der Tragweite eines solchen Anspruchs bewusst.

Die Wunder des Königs waren auch Vorschattungen seines Reiches. Jesaja 35 und anderen prophetischen Texten zufolge soll es im Reich des Messias keine Krankheit und Missbildungen geben. Deshalb überrascht es nicht, dass bei den Wundern Christi häufig die Blinden sehend wurden, die Gelähmten wieder gehen konnten, die Tauben hörten sowie weitere Krankheiten und Missbildungen verschwanden (vgl. 8,14-17; 9,1-7.32-35). Weiter sollte aufgezeigt werden, wie sich das Reich des Messias ohne die Anwesenheit von Satan und seinen Finsternismächten zu voller Blüte entfalten würde. Im Millennium werden Satan und die Dämonen in den Abgrund verbannt. Dort werden sie keinen Schaden mehr anrichten können (Offb 20,1-3). In vielen Wundern Jesu kam diese zukünftige Realität schon zum Ausdruck. Wieder und wieder erwies sich seine Macht und Autorität über Dämonen (vgl. 8,16.28-34).

In diesem Abschnitt des Matthäusevangeliums wird wieder auf die Notwendigkeit des Glaubens hingewiesen. Die Segnungen im kommenden Reich Gottes sind untrennbar verbunden mit dem Glauben des Einzelnen (vgl. 8,9-13.26; 9,2.22.29).

Der Widerstand gegen Jesus, den König (11,2–16,12)

Die Ablehnung des Königs (11,2–12,50)

In der gesamten Zeit seines Dienstes hatte der Herr Jesus von einigen in Israel einen gewissen Widerstand erfahren. Aber nun hatte dieser Widerstand stark zugenommen und einen Höhepunkt erreicht. Matthäus berichtet am Beginn dieses Abschnitts, wie Johannes der Täufer, der Vorläufer des Messias, abgelehnt wurde (11,2-19). Vor dem Hintergrund dieses Widerstandes, den Johannes und auch Jesus selbst erfuhren, begann Jesus mit seinen Weherufen über diejenigen, die seine Worte gehört und seine Werke gesehen hatten (11,20). Der Widerstand wurde heftiger, als die religiöse Führung ihn beschuldigte, er habe gegen das Gesetz verstoßen, weil er das Sabbatgebot nicht eingehalten habe (12,1-14; vgl. Joh 5,1-18). (In Wirklichkeit verstieß Jesus lediglich gegen die Traditionen der religiösen Führung.) Dieser angebliche Verstoß gegen das Gesetz war das Hauptthema bei der Ablehnung Jesu durch die Pharisäer.

Ein entscheidender Moment im Dienst Jesu Christi war die Heilung eines blinden und stummen Besessenen. Jesus trieb den Dämonen aus und befreite den Mann dadurch von seiner Blindheit und Stummheit. Diese spektakuläre Demonstration der Macht Gottes wurde von den

Pharisäern zurückgewiesen. Sie leugneten nicht, dass hier ein Wunder stattgefunden hatte, aber sie behaupteten, Jesus wirke seine Wunder durch die Macht Satans (12,22-24).

> »Mit dieser Anklage erreichte der Widerstand der religiösen Führung in Israel einen neuen Höhe- und Wendepunkt ... wenn man zugibt, dass seine in ihren eigenen heiligen Schriften vorhergesagten Wunder echt sind, und ihm dann vorwirft, er habe diese Wunder durch die Macht der Hölle gewirkt, und somit dem fleischgewordenen Messias Bosheit unterstellt – das war in der Menge der vom auserwählten Volk begangenen Sünden etwas Neues und Schreckliches. Diese Anklage entlockte dem Sohn Gottes ein mit einer solch beispiellosen Strenge ausgesprochenes Ultimatum, dass es in den Berichten der Evangelien ein einzigartiges Zeugnis darstellt über die schrecklichen Ausmaße menschlicher Sünde angesichts der Gnade Gottes.«[19]

Als die Obersten des Volkes diesen Standpunkt über die Wunder Jesu einnahmen und die Meinung vertraten, er handle in der Vollmacht Satans, war der Weg ihres Widerstandes klar vorgezeichnet. »Dieser Vorfall markierte den großen Wendepunkt im Leben Jesu. Von diesem Punkt bis hin zum Kreuz sind sich die Evangelien einig in ihrer Sicht, dass die Nation Israel Jesus als Messias abgelehnt hat. Die inoffizielle Ablehnung der Führung sollte ihren offiziellen Charakter bekommen, als dieser Prozess am Kreuz seinen Abschluss fand.«[20]

Die Folgen dieser Entscheidung wirkten sich nicht nur auf die Zukunft des Volkes aus, sondern in mehrfacher Hinsicht auch auf den weiteren Dienst Jesu. Erstens veränderten sich seine Lehrmethoden. Von da an verwendete er Gleichnisse, während er vorher »offen gesprochen« hatte. Zweitens dienten seine Wunder nicht mehr als Zeichen für das ganze Volk, sondern Einzelnen. Drittens verlagerte sich der Schwerpunkt seines Dienstes weg von den großen Menschenmengen hin zu den von ihm erwählten Jüngern. Und viertens begann Jesus, von der Gemeinde und von seinem Tod zu sprechen und seine Lehren angesichts seiner Ablehnung zu formulieren.

Die Gleichnisse vom Reich Gottes (13,1-52)

An dieser Stelle hätte man sich eine wichtige Frage stellen müssen, nämlich: »Was geschieht mit dem Reich Gottes, wenn Israel seinen Messias abgelehnt hat?« Das messianische Reich war Bestandteil eines unwiderruflichen Bundes, und deshalb konnte es nicht einfach aufgegeben werden. In Matthäus 13 wird das Reich Gottes vor dem Hintergrund der Ablehnung Jesu dargestellt. Dieser in Kapitel 13 hervorgehobene Aspekt war im Alten Testament noch nicht offenbart und wird deshalb auch als *»die Geheimnisse des Reiches Gottes«* (13,11) bezeichnet. Begonnen hat dieser Aspekt mit der Ablehnung Christi, und er wird weitergeführt bis zu seiner Wiederkunft.

In diesem Abschnitt erzählt Jesus neun Gleichnisse, die ersten fünf vor einer Menschenmenge und die letzten vier nur vor den Jüngern und in einem Haus. Diesen Gleichnissen zufolge wird in dieser Zeit das Wort Gottes ausgesät, aber die Mächte Satans werden ebenfalls ihren gegenläufigen Samen ausstreuen. Das Reich Gottes wird in diesem Zeitalter nach außen hin wachsen, aber nach innen hin werden seine Lehren verfälscht. Dennoch wird der Herr für sich selbst einen besonderen Schatz (Israel) und einen unbezahlbaren Schatz (die Gemeinde) erwerben. Dieses Zeitalter wird mit Trennung und Gericht enden.

Die weitere Ablehnung des Königs (13,53–16,12)

Trotz der deutlichen Lehren Jesu und der großen Wunder, die er gewirkt hatte, nahm der Widerstand gegen ihn weiter zu. Die Einwohner von Nazareth lehnten ihn ab (13,53-58), Herodes Antipas ließ Johannes den Täufer hinrichten (14,1-13) und die Führung Israels griff Jesus weiter an (15,1-14; 16,1-12). In diesem Stadium zog sich Jesus zusammen mit seinen Jüngern an Orte zurück, die weit weg vom Einflussbereich der jüdischen Obrigkeit lagen.

Die Vorbereitung der Jünger vor dem Hintergrund der Ablehnung (16,13–20,34)

Weil der Widerstand gegen Jesus weiter zunahm und sich die Kreuzigung bereits bedrohlich ankündigte, lehrte er seine Jünger viele wichtige Wahrheiten. Er offenbarte sich erneut als der Messias, der Sohn Gottes (16,13-16), aber er sprach auch über seinen bevorstehenden Tod (16,21-26). Er sprach über die Gemeinde, die er bauen würde (16,17-20), aber auch über zahlreiche andere Themen wie Vergebung, Ehescheidung und geistliche Autorität (17,22–20,34). Die vielleicht bedeutendste Lehre wurde während der Verklärung erteilt, als drei seiner Jünger einen Blick auf die Herrlichkeit Jesu werfen konnten (16,28–17,9). Mit diesem Ereignis zeigte Gott seine deutliche Zustimmung Jesus gegenüber, auch wenn Menschen ihn ablehnten. Es war aber auch eine Vorschattung der Herrlichkeit Christi im messianischen Reich. Für Jesus und seine Jünger war die Verklärung eine große Ermutigung. Die Jünger sollten dieses Erlebnis niemals vergessen (vgl. 1Petr 1,16-18).

Der König wird zum letzten Mal vorgestellt und abgelehnt (21,1–27,66)

Das öffentliche Auftreten Jesu (21,1-22)

Nur ein paar Tage vor dem Passahfest kehrte Jesus nach Jerusalem zurück, um sich offiziell als der Messias vorzustellen. Der triumphale Einzug in Jerusalem war die öffentliche Erklärung, dass er der König Israels war, weil er damit auch die Prophezeiung in Sacharja 9,9 erfüllte (21,1-17). Auch die Reinigung des Tempels gehörte zu seiner offiziellen Amtseinführung, weil er dadurch das Haus seines Vaters in dessen Namen in Besitz nahm (21,12-13). Er heilte die Kranken und demonstrierte dadurch erneut seine Autorität (21,14). Der letzte Akt seiner Amtseinführung war der Jubel des Volkes, den er entgegennahm (21,15-17). Aber weil er als König bereits abgelehnt worden war, zog er sich aus Jerusalem zurück. Die Verfluchung des Feigenbaums war eine Zeichenhandlung. Diese Generation der Israeliten, symbolisiert durch den Feigenbaum, war reif für das göttliche Gericht.[21]

Der Konflikt mit den Obersten Israels (21,23–22,46)

Am Dienstag jener letzten Woche stellte die Führung Israels die Autorität und die Lehren Jesu mit Spitzfindigkeiten in Frage. Jesus reagierte auf ihre Fragen mit erstaunlicher Erkenntnis, aber auch mit ernsten Warnungen über die große Gefahr, in der sich die Führung und die ganze Nation befanden.

Die Ablehnung des Königs durch die Nation (23,1-39)

Als Reaktion auf die ablehnende Haltung der Schriftgelehrten und Pharisäer folgten die in allen Berichten der Evangelien wohl leidenschaftlichsten Anklagereden Jesu. Er tadelte diese Männer öffentlich wegen ihres Stolzes, ihrer Heuchelei und geistlichen Blindheit. Aber sogar in dieser Gerichtsbotschaft war das tiefe Mitgefühl des Herrn erkennbar (23,37-39).

Die Prophezeiungen des Königs (24,1–25,46)

Nach dieser Auseinandersetzung mit der Führung verließ Jesus Jerusalem, überquerte den Bach Kidron und ließ sich auf dem Ölberg nieder. Hier stellten ihm die Jünger eine Reihe von Fragen über die Zukunft und seine Rückkehr, um die Herrschaft anzutreten. Der Herr Jesus beantwortete diese Fragen mit der Ölbergrede, der einzigen längeren prophetischen Predigt in den Evangelien. Diese Rede gliedert sich in folgende Punkte auf:

1. Der Rahmen der Predigt (24,1-3)
2. Die erste Hälfte der Trübsalszeit (24,4-8)
3. Die zweite Hälfte der Trübsalszeit (24,9-25)
4. Die Wiederkunft Christi (24,26-30)
5. Die letzte Sammlung Israels (24,31)
6. Eine eingeschobene Ermahnung zur Wachsamkeit (24,32-51)
7. Die Gerichte über die Lebenden am Ende der Trübsalszeit (25,1-46)

Der Tod des Königs (26,1–27,66)

Wie die anderen Evangelisten berichtet Matthäus über viele Geschehnisse vor der Kreuzigung Jesu, darunter der Verrat des Judas, die Festnahme in Gethsemane und die Vernehmungen vor den Vertretern der jüdischen und römischen Obrigkeit (s. dazu die Aufstellung auf den Seiten 78-79).

Die Geschehnisse erreichen einen Höhepunkt, wenn Matthäus berichtet, wie die Inschrift »*Dies ist Jesus, der König der Juden*« (27,37) über dem Kreuz angebracht wird. Diese Inschrift, die auf Wunsch des römischen Statthalters Pilatus angefertigt wurde, sprach Bände über das, was damals in Israel geschah.

Der überzeugendste Beweis für das Anrecht Jesu auf das Königtum (28,1-20)

Die Auferstehung Jesu Christi war (und ist) der überzeugendste Beweis dafür, dass der himmlische Vater das Werk seines Sohnes am Kreuz angenommen hat, und dafür, dass Christus ein Anrecht auf das Königtum hat. Die Gültigkeit seiner Ansprüche wurde durch die Auferstehung bestätigt (s. die Aufstellung über die Erscheinungen des Auferstandenen auf S. 79). Eines Tages wird Jesus als »*König der Könige und Herr der Herren*« (Offb 19,16) zurückkehren, um sein Reich für sich zu beanspruchen. Bis zu diesem Tag sollen seine Jünger jedoch in seiner Autorität in alle Welt gehen und die frohe Botschaft verkündigen (28,19-20).

JERUSALEM IN NEUETESTAMENTLICHER ZEIT

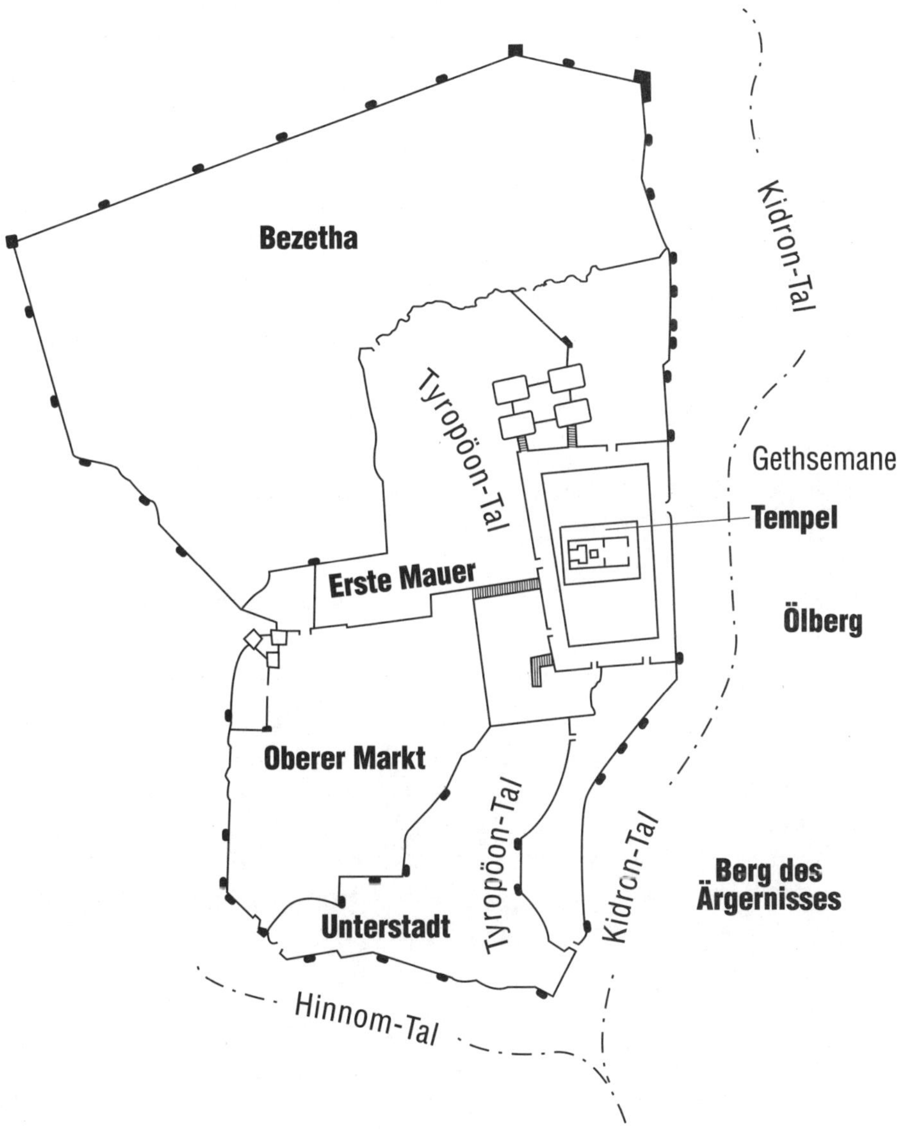

KAPITEL 6
DAS EVANGELIUM NACH MARKUS

Einführung in das Markusevangelium

DER VERFASSER DES MARKUSEVANGELIUMS

Obwohl das zweite Evangelium keinen Hinweis auf den Autor enthält, schreiben es die Zeugen der frühen Gemeinde einstimmig Markus zu. Papias, Irenäus, Klemens von Alexandria, Origines und Hieronymus erklären alle, dass Markus dieses Evangelium verfasst habe.

> »Die Tradition über Markus als Verfasser geht zurück auf den Beginn des zweiten Jahrhunderts und stammt aus den drei Zentren des frühen Christentums, nämlich Asien, Rom (mit Gallien) und Alexandria. Die Stichhaltigkeit dieser Überlieferung wird bestärkt durch die Tatsache, dass es keinen Grund gibt, die Verfasserschaft einer unbedeutenden Figur wie Markus zuzuschreiben, wenn er nicht der Autor gewesen wäre. Die alte Überschrift *Kata Markon* (nach Markus) bestätigt diese einheitliche Tradition.«[1]

Markus wird in Apostelgeschichte 12,12 zum ersten Mal namentlich erwähnt (*»Johannes mit Beinamen Markus«*). Johannes war sein hebräischer, Markus (Marcus) sein lateinischer Name. Im Neuen Testament wird er drei Mal mit beiden Namen erwähnt (Apg 12,12.25; 15,37), zwei Mal wird er Johannes genannt (Apg 13,5.13) und fünf Mal Markus (Apg 15,39; Kol 4,10; Phim 24; 2.Tim 4,11; 1Petr 5,13). Obwohl sein Name unerwähnt bleibt, sind viele Kommentatoren der Meinung, dass Markus der *»junge Mann«* war, der bei der Gefangennahme des Herrn aus dem Garten Gethsemane geflohen war (Mk 14,51-52).

Markus wohnte in Jerusalem. Er war der Sohn einer ebenfalls in dieser Stadt lebenden Witwe. Offenbar war seine Mutter wohlhabend. »Mit großer Wahrscheinlichkeit war seine Mutter vermögend, da nach

Apostelgeschichte 12 ihr Haus für viele Mitglieder der Urgemeinde als Treffpunkt galt.«[2] Markus war ein Neffe der bekannten Führungspersönlichkeit Barnabas (Kol 4,10). Als Barnabas und Paulus Jerusalem verließen, um nach Antiochia zurückzukehren, nahmen sie Markus mit (Apg 12,25). Danach begleitete Markus die beiden auf ihrer ersten Missionsreise (Apg 13,5). Aus unbekannten Gründen brach er jedoch die Reise ab, bevor ihr Dienst beendet war. Darüber war Paulus verärgert. Später, beim Aufbruch des Paulus zu einer zweiten Missionsreise, wollte Barnabas Markus wieder mitnehmen. Paulus weigerte sich jedoch, und so trennten sich die beiden. Markus begleitete Barnabas schließlich auf eine Missionsreise nach Zypern (Apg 15,36-39).

Etwa elf Jahre vergingen, bis Markus erneut in der Bibel erwähnt wird. Bis zu diesem Zeitpunkt hatte Markus sich auch in den Augen des Apostels Paulus bewährt. Er bezeichnete ihn als *»Mitarbeiter«* (Phim 24). Damals schrieb Paulus auch an die Mitglieder der Gemeinde in Kolossä und ließ ihnen Grüße von Markus ausrichten (Kol 4,10). Als Paulus in Rom aus dem Gefängnis entlassen wurde (von dort aus verfasste er den Brief an die Kolosser und an Philemon), verließ er die Stadt, aber offenbar blieb Markus dort zurück und diente den Gläubigen in Rom. Markus traf sich dann mit dem Apostel Petrus, als dieser nach Rom kam (1Petr 5,13). »Diese Zusammenarbeit mit Petrus und Paulus gleichermaßen gehört zu den Besonderheiten dieses Mannes.«[3] Danach wird Markus erneut von Paulus erwähnt, als dieser während seiner zweiten Gefangenschaft in Rom den Tod erwartete (2Tim 4,11). Paulus zufolge war er *»nützlich«* für den Dienst. Es ist auffallend, dass Markus sein anfängliches Versagen überwunden hatte und später zu einem geschätzten Diener am Evangelium wurde.

DIE ÖRTLICHE UND ZEITLICHE EINORDNUNG DES MARKUSEVANGELIUMS

Obwohl für die Entstehung dieses Evangeliums mehrere Zeiträume vorgeschlagen werden, ist ein Datum von etwa 64-68 n. Chr. am wahrscheinlichsten. Diese Auffassung stützt sich vor allem auf eine Aussage des Kirchenvaters Irenäus. Er meinte, Markus habe sein Evangelium nach dem Tod des Apostels Petrus verfasst. Da Petrus während der Christenverfolgung unter Nero starb (diese begann im

Jahr 63 n. Chr.), kann man als den frühesten Zeitpunkt das Jahr 64 annehmen.

Die meisten Ausleger sind sich einig, dass Markus sein Evangelium in Rom mit besonderem Augenmerk auf eine römische Leserschaft verfasst hat. Das war zumindest die einstimmige Meinung der frühen Gemeinde, und der Inhalt des Markusevangeliums könnte eine solche Tradition stützen. »Er übersetzte aramäische Redewendungen, um sie seinen Lesern verständlich zu machen (3,17; 5,41; 7,34; 14,36; 15,34). Es ist noch bezeichnender, dass er griechische Ausdrücke mit ihren lateinischen Entsprechungen erklärte (12,42; 15,16) und eine Reihe von lateinischen Begriffen verwendete.«[4] »Ein noch stärkerer Beweis für den Ursprung des Evangeliums in Rom ist die Erwähnung des Simon von Kyrene als ›*Vater von Alexander und Rufus*‹ (15,21). Diese Männer waren den Lesern des Markusevangeliums wohl persönlich bekannt. Aus Römer 16,13 lässt sich schließen, dass Rufus ein Mitglied der Gemeinde in Rom war.«[5]

Die Zielsetzung des Markusevangeliums

Mit seinem Evangelium wollte Markus den Römern eine Sichtweise über Jesus Christus vermitteln, die ihrem Denken entsprach. Er wollte den Erlöser, den Sohn Gottes, so darstellen, dass seine römischen Leser sich zu ihm hingezogen fühlen konnten (1,1). Clemens von Alexandria (ein Kirchenvater aus dem zweiten Jahrhundert) sagte, das Markusevangelium sei verfasst worden, als Römer um einen schriftlichen Bericht über das Leben und den Dienst Christi baten. Die Römer waren (der Überlieferung zufolge) so angetan von der mündlichen Verkündigung des Evangeliums, dass sie es in schriftlicher Form wünschten, um es sich immer wieder vergegenwärtigen zu können.[6]

Gliederung des Markusevangeliums

I. Der Knecht des Herrn wird vorgestellt (1,1-13)
   A. Johannes der Täufer als sein Vorläufer (1,1-8)
   B. Seine Taufe (1,9-11)
   C. Seine Versuchung (1,12-13)

II. Der Knecht des Herrn wird offenbar (1,14–3,6)
  A. Sein Dienst der Verkündigung in Galiläa (1,14-22)
  B. Sein Dienst der Heilung in Galiläa (1,23-45)
  C. Seine Auseinandersetzungen mit den Schriftgelehrten (2,1–3,6)

III. Der Knecht des Herrn erfährt Widerstand (3,7–8,13)
  A. Die wachsende Beliebtheit des Knechts (3,7-20)
  B. Der wachsende Widerstand gegen den Knecht (3,21-35)
  C. Seine Lehren im Hinblick auf den Widerstand gegen ihn (4,1-34)
  D. Die zahlreichen Werke des Knechts (4,35–8,13)

IV. Die Belehrung der Jünger vor dem Hintergrund des Widerstands gegen ihn (8,14–10,52)
  A. Die Belehrung in Galiläa (8,14–9,50)
  B. Die Belehrung auf dem Weg nach Jerusalem (10,1-52)

V. Der Knecht des Herrn wird abgelehnt (11,1–15,47)
  A. Sein triumphaler Einzug in Jerusalem (11,1-26)
  B. Seine Streitgespräche mit der Führungsschicht (11,27–12,44)
  C. Seine prophetischen Reden (13,1-37)
  D. Die Ereignisse vor der Kreuzigung (14,1-11)
  E. Das Passahmahl (14,12-25)
  F. Im Garten Gethsemane (14,26-52)
  G. Die Gerichtsverhandlungen (14,53–15,20)
  H. Die Kreuzigung (15,21-41)
  I. Die Grablegung (15,42-47)

VI. Der Knecht des Herrn steht von den Toten auf (16,1-20)

Das Thema des Markusevangeliums

Jesus wird als der »Knecht des Herrn« dargestellt. Dieses Motiv kennen auch die alttestamentlichen Propheten (z.B. Jes 42,1; 53,1-11; Sach 3,8). In seinem Evangelium hob Markus die Werke Christi als

Knecht des Herrn hervor. Diese Schilderung entsprach dem römischen Denken. Der Römer war ein Mensch der Tat, ohne großes Interesse an den Weissagungen der alttestamentlichen Propheten oder den Weisheiten der griechischen Philosophie. Markus betonte die wirkungsvollen Taten Jesu, hatte aber relativ wenig über seine Worte zu sagen. (Schließlich sind die Menschen bei einem Knecht vor allem an seinen Fähigkeiten und nicht unbedingt an seinen Worten interessiert.) Die Wunder und die guten Taten Jesu an Einzelpersonen sind die Schwerpunkte dieses Evangeliums. Deshalb ist der Vers in Markus 10,45 sowohl dessen Höhepunkt als auch dessen Zusammenfassung. »*Denn auch der Sohn des Menschen ist nicht gekommen, um bedient zu werden, sondern um zu dienen und sein Leben zu geben als Lösegeld für viele.*«

Besonderheiten im Markusevangelium

Stilistische Merkmale

Das Markusevangelium ist ein von Aktion gekennzeichneter Bericht. Vielleicht spiegelt sich darin die Persönlichkeit des Apostels Petrus wider. Er war der Mentor von Markus. Der Evangelist wollte in seinem Werk vor allem die erstaunliche, unablässige Dynamik im Dienst Jesu und weniger seine Lehren vermitteln. Deshalb ist der Schreibstil von Markus abrupt, lebendig und erfasst immer das Wesentliche. In den 678 Versen seines Evangeliums wird das Wort *und* etwa 1.300 Mal verwendet. Dadurch entsteht der Eindruck, als ob Markus es eilig hätte, seine Geschichte zu erzählen. Über vierzig Mal erklärt er, dass etwas »*sogleich*« oder »*sofort*« geschah. Etwa 150 Mal verwendet Markus bei Verben die Zeitform des *historischen Präsens*. Damit wird die Schilderung eines Ereignisses lebendiger, weil es so dargestellt wird, als ob es noch nicht abgeschlossen ist. So schreibt Markus zum Beispiel: »*Und als er ihren Glauben sah, **spricht** er ...*« (2,5), und: »*Und Jesus hörte es und spricht zu ihnen ...*« (2,17). Im Gegensatz dazu verwenden Matthäus und Lukas bei der Schilderung des gleichen Ereignisses die einfache Vergangenheitsform, um zum Ausdruck zu bringen, dass etwas geschehen war.

Der von Markus bevorzugte Schreibstil wirkt auf den Leser kraftvoll, auch durch die Verwendung von doppelten Verneinungen, von Bildersprache und lebendigen Aussagen. Damit vermittelt er seine Botschaft auf bildhafte Weise. Die auffallende Kürze seines Evangeliums, verbunden mit dessen anschaulichem Stil, hatte bestimmt eine prägnante Wirkung auf die römischen Leser.

Der Inhalt des Markusevangeliums

Es handelt sich nicht nur um das kürzeste Evangelium, sondern auch um das mit der geringsten Menge an eigenem Material. Nur etwa sieben Prozent des von Markus verwendeten Materials sind einzigartig, während 93 Prozent in den anderen Evangelien vorkommen. Die etwa fünfzig Verse, die nur im Markusevangelium stehen, sind über das ganze Evangelium verstreut und fügen den Parallelberichten der anderen Evangelien weitere Details hinzu. Nur zwei Wunder sind allein bei Markus zu finden, und zwar die Heilung des Taubstummen (7,31-37) und die Heilung des Blinden in Betsaida (8,22-26). Von den Gleichnissen stehen ebenfalls nur zwei allein bei Markus, und zwar das Gleichnis vom Aufwachsen der Saat (4,26-29) und vom Türhüter (13,34-37). Es gibt keine bedeutenden Reden Jesu, die nur bei Markus vorkommen.

Die Beziehung des Evangelisten Markus zum Apostel Petrus

Bibelausleger sind sich im Allgemeinen darüber einig, dass das Markusevangelium in gewissem Sinne das Evangelium des Apostels Petrus ist. Obwohl nicht das gesamte Material von Petrus stammte, spielte der Überlieferung nach der Apostel eine prägende Rolle bei der Niederschrift des zweiten Evangeliums. Der frühen Überlieferung zufolge fungierte Markus als »Dolmetscher« von Petrus, als er die Worte und Taten des Herrn Jesus niederschrieb, so wie Petrus sie erzählte.[7] Markus schrieb dieser Tradition nach die Botschaften des Apostels Petrus auf, als er ihn begleitete.

> »Die Gliederung dieses Evangeliums entspricht in etwa der Geschichte, die Petrus in Apostelgeschichte 10,34-43 erzählt. Deshalb gibt es gute Gründe für die Annahme, dass im Markusevan-

gelium die Verkündigung des Apostels Petrus katechetisch erweitert wird. Aber deshalb hat Markus sich bei der Niederschrift seines Evangeliums vermutlich nicht bewusst darauf beschränkt, die Predigt des Petrus zu reproduzieren. Schließlich war Markus schon früh auch mit der Verkündigung der Apostel in Jerusalem vertraut gewesen. Der Predigtdienst des Petrus war sicherlich seine Hauptquelle, aber schon vor seiner Zeit als Helfer des Apostels wusste er eine Menge über Jesus.«[8]

In 1. Petrus 5,13 sprach der Apostel Petrus von Markus als seinem »*Sohn*«. Nach Apostelgeschichte 12,12-17 war Petrus eine bekannte Figur im Haus des Markus. Dieser Text schildert, wie die Magd Rhode die Stimme des Apostels erkannte. Deshalb liegt es nahe, dass Markus den Apostel Petrus und seine Verkündigung schon aus der Frühzeit der Urgemeinde kannte, da dieser offenbar ein häufiger Gast in seinem Elternhaus war.

Zusammenfassung des Markusevangeliums

Der Knecht des Herrn wird vorgestellt (1,1-13)

Im Einklang mit seinem Thema »Jesus als Knecht« geht Markus in seinem Bericht sofort zum Dienst Christi über. Er erwähnt weder seine Präexistenz, seine Abstammung und Geburt noch seine Kindheits- und Jugendjahre. Diese Details wären für einen Knecht auch ziemlich unbedeutend gewesen, weil es in diesem Fall nicht wichtig ist, wo er herkommt, sondern was er tun kann. In Kurzform fasst Markus den Dienst von Johannes dem Täufer zusammen, dann streift er rasch die Taufe und Versuchung Christi, um sich darauf gründlicher mit dem Wirken Jesu auseinanderzusetzen. Hier ist zu beachten, dass Lukas für das Material, das Markus in dreizehn Versen abhandelt, 183 Verse benötigt.

Der Dienst des Knechtes (1,14–3,6)

In diesem Abschnitt greift Markus den Dienst Christi in der Zeit auf, in der dieser bereits ein Jahr lang tätig ist. Er fasst die Verkündigung Jesu zusammen (1,14-15), erwähnt die Berufung der vier Fischer (1,16-20), und beginnt dann mit einem Bericht über die Wunder Jesu (wie die Heilung eines Gelähmten und die Reinigung eines Aussätzigen). Mit diesen und weiteren Wundern wurde die Autorität Christi eindeutig bestätigt.

Der Widerstand gegen den Knecht des Herrn (3,7–8,13)

Obwohl in diesem Abschnitt weiter über die großen Taten Christi berichtet wird, wird darin auch der wachsende Widerstand gegen den Herrn Jesus deutlich. Der entscheidende Vorwurf seiner Feinde, er würde durch die Macht Satans Wunder wirken, ist hier nachzulesen (3,22-30). Auch der Bericht über die Ablehnung Jesu durch die Einwohner von Nazareth steht in diesem Teil des Markusevangeliums (6,1-6). Als der Bekanntheitsgrad Jesu stieg und viele Menschen an ihn glaubten, opponierten viele aus der religiösen Führungsschicht gegen ihn.

Die Belehrung der Jünger vor dem Hintergrund des Widerstands gegen ihn (8,14–10,52)

Als dieser Widerstand stärker wurde, sprach Jesus häufiger von seinem Tod und der Notwendigkeit, die strengen Anforderungen wahrer Jüngerschaft zu erfüllen. Viele seiner Belehrungen waren Antworten auf Fragen, die ihm seine Jünger stellten (z.B. 9,11 und 9,18), oder aber sie wurden erforderlich in Situationen, in denen die Jünger eine Orientierung brauchten (z.B. 8,32-38; 10,35-45). In anderen Fällen nutzte der Herr bestimmte Ereignisse zur Veranschaulichung (wie die Verklärung [9,2-8] und die Heilung eines Fallsüchtigen [9,17-29]).

Der Knecht des Herrn wird abgelehnt (11,1–15,47)

Wie in den anderen Evangelien legt Markus den Schwerpunkt seines Berichts auf die letzte Woche im Leben Jesu, als die Ablehnung der Führungsschicht in der Kreuzigung ihren Höhepunkt fand. Auch Markus berichtet über den triumphalen Einzug in Jerusalem, die Gefangennahme in Gethsemane und andere Geschehnisse, die zum Tod Jesu führten. Für Markus ist der Tod Christi das größte Werk, das der Knecht des Herrn verrichtet. Obwohl Markus an dieser Stelle nicht allzu viel neue Details hinzufügt, gibt er seinen Lesern ein paar hilfreiche Hinweise über bestimmte Zeitpunkte. Dadurch können wir die zeitliche Abfolge der Ereignisse in der Passionswoche besser verstehen.

Der Knecht des Herrn steht von den Toten auf (16,1-20)

Markus beendet sein Evangelium mit dem bedeutendsten Beweis, dass Jesus uns Menschen erretten kann: Er stand von den Toten auf! Der Evangelist berichtet, wie die Engel den Frauen erscheinen und ihnen verkünden, dass der Herr Jesus auferstanden ist.

Anmerkung: Markus 16,9-20 ist ein umstrittener Bibelabschnitt, weil er in einigen frühen griechischen Handschriften fehlt. Aufgrund dieser Textzeugen und wegen Aussagen von einigen frühen Kirchenvätern sind viele Theologen der Meinung, diese Verse seien nicht authentisch, sondern spätere Hinzufügungen. Andere wieder halten diese Verse für echt, weil sie in der Mehrheit der alten Handschriften enthalten sind.

> »Diese letzten zwölf Verse des Markusevangeliums finden sich nicht in den beiden ältesten griechischen Handschriften des Neuen Testaments, den Codices *Vaticanus* und *Sinaiticus* (aus dem vierten Jahrhundert). Eusebius, dessen Werk ebenfalls aus dem vierten Jahrhundert stammt, schreibt, dass sie ›in fast allen vorhandenen Abschriften des Evangeliums‹ fehlen, ›zumindest den exakten‹. Hieronymus (etwa 400 n. Chr.) dagegen meint, sie seien ›in ein paar Evangelien‹ enthalten, fehlten aber ›in fast allen griechischen Abschriften‹.«[9]

Die Handschriften des Markusevangeliums enden auf unterschiedliche Weise. Es ist deshalb nicht sicher, ob das Evangelium mit dem achten Vers von Kapitel 16 abschließt oder ob eine der Textvarianten den echten Abschluss des Markusevangeliums enthält. Es gibt momentan keine definitive Antwort auf diese Frage, aber dabei handelt es sich um ein Textproblem und nicht um ein Problem der Inspiration. Es stellt sich hier nicht die Frage, ob das Markusevangelium von Gott inspiriert ist oder nicht, sondern ob die Verse 9 bis 20 aus dem 16. Kapitel zum ursprünglichen, inspirierten Text gehören. Allerdings sind die wesentlichen inhaltlichen Aussagen aus diesen Versen auch in den anderen Evangelien zu finden.

KAPITEL 7
DAS EVANGELIUM NACH LUKAS

Einführung in das Lukasevangelium

DER VERFASSER DES LUKASEVANGELIUMS

Bereits in der Frühzeit der Kirchengeschichte wurde das dritte Evangelium Lukas zugeschrieben, obwohl sein Name darin nicht erwähnt wird. Die meisten Theologen sind sich einig, dass der Verfasser des Lukasevangeliums identisch ist mit dem Autor der Apostelgeschichte. Beide Bücher wenden sich an einen Empfänger namens Theophilus, beide weisen sprachliche und stilistische Ähnlichkeiten auf, und die Apostelgeschichte nimmt Bezug auf das dritte Evangelium.[1] Offenbar war der Autor der beiden Bücher ein Begleiter des Apostels Paulus, wie aus den Abschnitten der Apostelgeschichte in der »Wir-Form« zu entnehmen ist (Apg 16,10.11; 20,5; 21,1). In diesen Texten begleitet der Verfasser den Apostel Paulus auf seinen Reisen. Deshalb muss man nur den richtigen Begleiter des Paulus identifizieren, um den Autor der beiden Bücher zu ermitteln. Einigen Bibeltexten zufolge war Lukas ein enger Freund von Paulus (Kol 4,12-14; 2Tim 4,11; Phim 24). Wenn man alle namentlich bekannten Begleiter des Apostels Paulus berücksichtigt und alle historischen Daten analysiert, passen die biblischen Informationen am ehesten zu Lukas.[2] Auch der Überlieferung nach ist Lukas der Verfasser des Evangeliums. Die frühen Kirchenväter bezeugen einstimmig, dass Lukas, der aus Antiochia in Syrien stammte, das dritte Evangelium niedergeschrieben hat. Irenäus (etwa 185 n. Chr.), Justin der Märtyrer (etwa 150 n. Chr.), der *Kanon Muratori* (etwa 195 n. Chr.) und eine Vielzahl anderer Quellen sind sich über die Verfasserschaft des Lukasevangeliums einig.[3]

Die Verwendung von medizinischen Ausdrücken lässt ebenfalls auf den Arzt Lukas als Autor schließen. Lukas war gebildet und konnte deshalb das Evangelium und auch die Apostelgeschichte in einem guten Griechisch schreiben. Manchen Bibelauslegern zufolge hatte Lukas seine Ausbildung in Tarsus, an der Antiochia am nächsten gelegenen Bildungseinrichtung absolviert. Möglicherweise hörte er dort über Saulus, einen jungen Intellektuellen aus Tarsus, vom Erlöser. Natürlich sind diese Vermutungen reine Spekulation, aber sie liegen durchaus im Bereich des Möglichen.

Lukas war ein enger Freund und Vertrauter des Apostels Paulus. In Troas schloss er sich dem Apostel auf seiner zweiten Missionsreise an. Nachdem Paulus in Philippi eine Gemeinde gegründet hatte, blieb er offenbar dort und wurde zu einer entscheidenden Figur in dieser neuen Gemeinde (Apg 16). Paulus setzte seine Reise fort, aber etwa sechs Jahre später kehrte er bei seiner dritten Missionsreise nach Philippi zurück. Damals begleitete Lukas ihn auf seinem Weg nach Judäa. Während dieser sechs Jahre in Philippi diente Lukas nicht nur der dortigen Gemeinde, sondern fungierte offenbar als Beauftragter des Apostels Paulus in Mazedonien. Einige Bibelausleger sind der Meinung, dass Lukas der »*Bruder*« ist, »*dessen Lob wegen der Verkündigung des Evangeliums*« in diesem Gebiet verbreitet war (2Kor 8,18).[4] Als Paulus zwei Jahre lang in Cäsarea gefangen war, blieb Lukas bei ihm. Dann begleitete er ihn nach Rom (Apg 28).

Aus dem Zusammenhang von Kolosser 4 kann man schließen, dass Lukas als Nichtjude an Jesus Christus glaubte. Er gehörte nicht zu denen, die »*aus der Beschneidung*« waren, also Juden. Lukas ist deshalb der einzige nichtjüdische Autor biblischer Bücher. Der Umfang der beiden von ihm niedergeschriebenen Werke beträgt etwa 25 Prozent des Neuen Testaments.

DIE ÖRTLICHE UND ZEITLICHE EINORDNUNG DES LUKASEVANGELIUMS

Im Gegensatz zu vielen neutestamentlichen Büchern lässt sich das genaue Datum für die Entstehung des Lukasevangeliums nur schwer bestimmen. Im Laufe der Zeit hat es mehrere Vorschläge für eine Datierung gegeben, aber nur zwei von ihnen sind am wahrscheinlichsten. Der einen Sichtweise zufolge wurde das Lukasevangelium um 58 n. Chr. verfasst, und zwar während der Gefangenschaft des Paulus in Cäsarea. Ein anderes mögliches Datum wäre kurz vor 65 n. Chr. in Rom. Die meisten Theologen sind der Meinung, dass die Apostelgeschichte vor der Zerstörung Jerusalems im Jahr 70 n. Chr. niedergeschrieben wurde und das Lukasevangelium vor der Apostelgeschichte entstand. Deshalb ließe es sich entweder um das Jahr 58 oder um das Jahr 65 n. Chr. datieren.

Die Zielsetzung des Lukasevangeliums

In der Einleitung zu seinem Evangelium erklärt Lukas klar und deutlich, warum er dieses Buch verfasst hat. Er wollte einen historisch präzisen und chronologisch korrekten Bericht über Leben und Dienst Jesu Christi niederschreiben, damit seine Leser im Glauben fest gegründet sind.

Gliederung des Lukasevangeliums

I. Der Prolog (1,1-4)

II. Das Kommen Jesu, des Menschensohnes (1,5–4,13)
   A. Der Menschensohn kommt in die Welt (1,5–2,52)
   B. Der Menschensohn wird dem Volk Israel vorgestellt (3,1–4,13)

III. Der Dienst des Menschensohnes (4,14–9,50)
   A. Sein Dienst beginnt (4,14-30)
   B. Seine Autorität wird unter Beweis gestellt (4,31–6,11)
   C. Seine Jünger werden ausgewählt (6,12-49)
   D. Die Vielfalt seines Dienstes (7,1–9,50)

IV. Der Dienst des Menschensohns in Zeiten der Ablehnung (9,51–19,27)
   A. Sein letzter Weg nach Jerusalem (9,51-62)
   B. Anweisungen im Hinblick auf seine Ablehnung (10,1–19,27)

V. Das Leiden und der Opfertod des Menschensohnes (19,28–23,56)
   A. Sein triumphaler Einzug in Jerusalem (19,28-44)

B. Seine Streitgespräche mit der religiösen Führungsschicht (19,45–21,38)
C. Sein Verrat und seine Gefangennahme (22,1-54)
D. Die Verhöre (22,55–23,25)
E. Sein Tod (23,26-56)

VI. Die endgültige Bestätigung des Menschensohnes (24,1-53)
A. Sein leeres Grab (24,1-12)
B. Seine Jünger auf dem Weg nach Emmaus (24,13-35)
C. Sein Erscheinen als Auferstandener (24,36-49)
D. Seine Himmelfahrt (24,50-53)

Das Thema des Lukasevangeliums

Die vier Evangelien vermitteln jeweils vier unterschiedliche Perspektiven von Jesus Christus. Lukas sieht Jesus als den wahren Menschen. Jesus Christus war der vollkommene Mensch, ein Ebenbild des nicht in Sünde gefallenen Menschen. Lukas verwendet in seinem Evangelium vierundzwanzig Mal den Ausdruck »*Menschensohn*«. Auch Jesus nannte sich häufig selbst so, um sein Menschsein hervorzuheben, insbesondere wenn er von seinem Leiden und Tod sprach, aber auch weil eine Verbindung besteht zwischen diesem Ausdruck und dem Text in Daniel 7,13, der dort eine eindeutig messianische Bedeutung hat. Deshalb betonte Jesus mit diesem Titel sowohl sein Menschsein als auch seine Messianität.[5] Lukas scheint bei der Niederschrift seines Evangeliums eine bestimmte Leserschaft ansprechen zu wollen, nämlich die Griechen. Sein Denkansatz und seine Sichtweise über Jesus Christus waren ansprechend für einen griechisch denkenden Menschen, da dieser immer auf der Suche nach dem idealen Menschen war. Lukas beschreibt in seinem Evangelium deshalb den sündlosen, vollkommenen »*Menschensohn*«.

Das Lukasevangelium betont die Breitenwirkung der Botschaft von Jesus Christus in dem Sinne, dass die Erlösung nicht nur für den Juden, sondern auch für den Nichtjuden zur Verfügung steht.

Besonderheiten im Lukasevangelium

Jedes der vier Evangelien hat bei der Darstellung über das Leben Jesu seine Besonderheiten. Über die Hälfte des Lukasevangeliums besteht aus Material, das bei anderen Autoren nicht zu finden ist. Ohne Lukas wären uns manche Abschnitte im Leben Jesu unbekannt. Nur Lukas macht wichtige chronologische Vermerke (2,1; 3,2; 3,23), und er legt ein stärkeres Augenmerk auf Personen als die anderen Evangelien. So erwähnt Lukas dreizehn Frauen, die bei den anderen Evangelisten nicht vorkommen. Das Lukasevangelium ist von seinem inhaltlichen Umfang her umfassender als die anderen Evangelien. Es beginnt mit den Ankündigungen der Geburt von Johannes dem Täufer und von Jesus und endet mit der Himmelfahrt.

Nur bei Lukas vorkommende Wunder

Es lässt sich nur schwer abschätzen, wie viele Wunder Jesus Christus in der Zeit seines Dienstes gewirkt hat, weil über viele von ihnen zusammenfassend berichtet wird und eine Vielzahl wohl nie niedergeschrieben wurden (Joh 20,30; 21,25). In den Evangelien werden insgesamt sechsunddreißig Wunder detailliert geschildert, zwanzig bei Lukas. Die nachfolgend aufgeführten sieben Wunder kommen nur im Lukasevangelium vor.[6]

a) Der wundersame Fischzug (5,1-11)
b) Die Auferweckung des Jünglings von Nain (7,11-17)
c) Die Austreibung eines Dämons (11,14)
d) Die Heilung einer verkrüppelten Frau (13,10-17)
e) Die Heilung eines Wassersüchtigen (14,1-4)
f) Die Heilung der zehn Aussätzigen (17,11-19)
g) Die Heilung des Knechtes Malchus (22,49-51)

Nur bei Lukas vorkommende Gleichnisse

Die Lehren Jesu waren angefüllt mit anschaulichen Beispielen aus dem Alltagsleben. Viele von ihnen könnte man auch in die Kategorie der Gleichnisse einordnen. Wenn es sich um Beispiele im erweiterten Erzählstil handelt, kommt man auf eine Zahl von etwa 51 solcher

»Gleichnisse«. Natürlich ist diese Anzahl nicht bindend, weil Uneinigkeit besteht, wenn es um die Frage geht, wie ein Gleichnis zu definieren ist. Aber von den 51 als Gleichnisse kategorisierten Beispielen stehen 35 bei Lukas. Die nachfolgend aufgeführten 19 kommen nur im Lukasevangelium vor.

a) Die beiden Schuldner (7,41)
b) Der barmherzige Samariter (10,30)
c) Der Freund um Mitternacht (11,5)
d) Der reiche Tor (12,13)
e) Die wachsamen Knechte (12,35)
f) Der treue Verwalter (12,41)
g) Der unfruchtbare Feigenbaum (13,6)
h) Die ersten Plätze (14,7)
i) Das große Gastmahl (14,16)
j) Der unvollendete Turm (14,28)
k) Der nicht geführte Krieg (14,31)
l) Die verlorene Münze (15,8)
m) Der verlorene Sohn (15,11)
n) Der ungerechte Verwalter (16,1)
o) Der reiche Mann und der arme Lazarus (16,19)
p) Die unnützen Knechte (17,7)
q) Der ungerechte Richter (18,1)
r) Der Pharisäer und der Zöllner (18,9)
s) Die anvertrauten Pfunde (19,11)

Nur bei Lukas vorkommende Ereignisse

Manche Geschehnisse im Leben Jesu und manche seiner schriftlich niedergelegten Lehren sind sich sehr ähnlich. Trotz dieser starken Ähnlichkeit zeigt eine sorgfältige Analyse dieser Berichte, dass sie zu unterschiedlichen Zeiten oder an verschiedenen Orten stattfanden. In der nun folgenden Aufstellung finden sich Ereignisse, die nicht zur Kategorie der Gleichnisse oder Wunder gehören, die aber nur bei Lukas berichtet werden.

a) Die Ankündigung der Geburt von Johannes dem Täufer und Jesus (1,5-56)
b) Die Berichte über Geburt von Johannes dem Täufer und Jesus (1,57–2,20)

c) Die Darstellung Jesu im Tempel (2,21-38)
d) Der Bericht über den zwölfjährigen Jesus im Tempel (2,39-52)
e) Der Zeitpunkt, als Johannes der Täufer mit seinem Dienst beginnt (3,1-2)
f) Die Wirkung des Dienstes von Johannes dem Täufer (3,10-15)
g) Der Stammbaum Jesu (3,23-38)
h) Die Ablehnung Jesu in der Synagoge von Nazareth (4,15-30)
i) Die Salbung Jesu im Haus des Simon (7,36-50)
j) Die Frauen, die Jesus finanziell unterstützten (8,1-3)
k) Der Wunsch des Jakobus und Johannes, die Samariter mit Feuer zu vernichten (9,51-56)
l) Die Aussendung der Siebzig (10,1-12)
m) Jesus im Haus von Maria und Marta (10,38-42)
n) Jesus zu Gast bei einem Pharisäer (11,37-54)
o) Rede vor einer großen Volksmenge (12,1-53)
p) Der Mord des Pilatus an einigen Galiläern (13,1-5)
q) Belehrung über die Zahl der Erlösten (13,22-30)
r) Belehrung über Bedingungen der Nachfolge (14,25-35)
s) Fragen über das Reich Gottes (17,20-37)
t) Das Gespräch Jesu mit Zachäus (19,1-10)
u) Die Warnung Jesu an seine Jünger (22,31-38)
v) Die Geschehnisse im Garten Gethsemane (22,43-44)
w) Die Anklage Jesu vor Herodes (23,6-12)
x) Die Worte Jesu an die Frauen von Jerusalem (23,27-31)
y) Der reumütige Schächer (23,39-43)
z) Die Erscheinung des Auferstandenen auf dem Weg nach Emmaus (24,13-35)
aa) Die Erscheinung des Auferstandenen vor den Jüngern (24,37-49)
bb) Die Himmelfahrt Jesu (24,50-53)

Zusammenfassung des Lukasevangeliums

Der Prolog des Lukasevangeliums (1,1-4)

Lukas wendet sich mit seinem Evangelium an den »*hochedlen Theophilus*« (1,3). Diese Anrede lässt vermuten, dass dieser nichtjüdische

Freund von Lukas ein hohes Amt innehatte. Lukas wollte mit seinen Worten an Theophilus ihm und allen Lesern seines Evangeliums die Gewissheit geben, dass ihr Glaube auf einer soliden historischen Grundlage beruhte. Die Formulierung »*der Reihe nach*« (1,3) ist ein Hinweis auf eine logische Darstellungsweise und auch eine präzise chronologische Abfolge.

Offenbar verwendete Lukas als Stoffsammlung für sein Evangelium drei Quellen. Erstens studierte er eine Vielzahl der verfügbaren Dokumente, die von Augenzeugen verfasst worden waren (1,1). Zweitens sprach Lukas mit Personen, die den Dienst Jesu noch erlebt hatten (1,2). Drittens erhielt er Informationen von »*Dienern des Wortes*« (1,2). Viele Bibelausleger sind der Auffassung, dass diese Persönlichkeiten mit der Zustimmung der Apostel als Träger der Überlieferung fungierten und in den Jahren, als die Evangelien niedergeschrieben wurden, Wahrheiten über Christus in einer festgelegten Form weitergaben.[7]

Das Kommen des Menschensohnes (1,5–4,13)

Der Menschensohn kommt zur Welt (1,5–2,52)

Lukas berichtet, wie das göttliche Schweigen, das seit der Zeit des Propheten Maleachi herrschte, gebrochen wird. Als Gott den Engel Gabriel sandte, um die Geburt von Johannes dem Täufer und von Jesus anzukündigen, endeten die »vierhundert Jahre des Schweigens«. Gabriel erschien eines Tages im Tempel, um einem alten Priester namens Zacharias mitzuteilen, dass er und seine Frau Elisabeth einen Sohn bekommen würden, aber dieser Junge sollte kein gewöhnliches Kind sein, sondern der prophezeite Vorläufer des lange erwarteten Messias (Jes 40,3; Mal 3,1). Viele Menschen in Israel sahen die Geburt von Johannes als Zeichen für ein erneutes Wirken Gottes an seinem Volk.

Als Elisabeth im sechsten Monat schwanger war (1,24-26), erschien der Engel Gabriel ein zweites Mal, und zwar einem jungen Mädchen in Nazareth. Er erschreckte Maria mit der Ankündigung, dass sie die Mutter des Messias sein sollte. Sie sollte das Kind nicht auf natürlichem Weg empfangen, sondern der Schöpfergott würde in ihrer Gebärmutter Leben entstehen lassen (1,35). Ihr Kind sollte nicht nur ihr leiblicher

Sohn sein (wahrer Mensch), sondern auch der »Sohn Gottes« (wahrer Gott). Sie sollte ihm den Namen »Jesus« (»der Herr ist Erlösung«) geben, um damit sein großes Werk der Erlösung für die Menschheit zum Ausdruck zu bringen. Darüber hinaus sollte er vom Thron Davids aus über Israel herrschen und auf diese Weise den Bund Gottes mit David erfüllen (2Sam 7). Diese Worte des Engels Gabriel über das herrliche Reich des Messias werden erst dann ihre Erfüllung finden, wenn er als König der Könige und Herr der Herren wiederkommt.

Ein paar Monate nach der Geburt von Johannes dem Täufer kam Jesus zur Welt. Lukas informiert seine Leser, dass Gott einen Erlass der Römer benutzte, damit Maria und ihr Mann von Nazareth nach Bethlehem zogen, um die Prophezeiung über den Geburtsort des Messias zu erfüllen (Mi 5,2). Engel verkündeten die Geburt Jesu einer Gruppe von Hirten, die sich in der Nähe aufhielten (2,9-11). Sie waren die ersten Menschen, die anderen erzählten, dass der Messias geboren war.

In den Jahren nach seiner Geburt wuchs Jesus zu einem unauffälligen Menschen heran. Seine geistige, körperliche, religiöse und soziale Entwicklung verlief normal (2,40-52). Offenbar hielt ihn niemand für etwas Besonderes. Seine Zeitgenossen zeigten nicht auf ihn und riefen aus: »Da ist Gott!«

Der Menschensohn wird dem Volk Israel vorgestellt (3,1–4,13)

Weil Jesus von Nazareth offenbar ein »gewöhnlicher« Mensch war, wurde der Dienst von Johannes dem Täufer notwendig. Johannes verkündete dem Volk Israel, dass Jesus der Messias war. Seine Botschaft sollte Israel auf das Erscheinen seines Messias vorbereiten. In nur wenigen Monaten hatten der Dienst und die Botschaft von Johannes dem Täufer eine starke Wirkung auf das ganze Volk (3,1-20).

Johannes taufte Jesus im Jordan (3,21-22). Mit dieser Handlung wurde Jesus öffentlich als Messias Israels erkennbar. (Das Matthäusevangelium berichtet ausführlicher über dieses Geschehen.) Nach seiner Taufe ging Jesus in die Wüste. Dort wurde er vierzig Tage lang von Satan versucht, der Jesus in die Sünde verstricken wollte (4,1-13). Bei dieser Erfahrung stellte sich heraus, dass Jesus alle Voraussetzungen mitbrachte, um der Messias und der Erlöser der Menschheit zu sein.

Der Dienst des Menschensohnes (4,14–9,50)

Sein Dienst beginnt (4,14-30)

Zu Beginn seines Berichts über das Wirken Jesu Christi beschreibt er in zwei Versen das Wesen dieses Dienstes. Lukas erwähnt die zwei wichtigsten Elemente, nämlich seine Lehrtätigkeit und seine Wunder (»*die Kraft des Geistes*«). Die beiden zusammenfassenden Verse im Lukasevangelium umfassen in Wirklichkeit ein ganzes Jahr im Dienst des Herrn. Nur das Johannesevangelium enthält ausführlichere Informationen über dieses erste Jahr. Wenn Lukas über den Dienst Jesu Christi berichtet, beginnt er damit etwa ein Jahr nach der Taufe und der Versuchung. Der erste konkrete Vorfall im Bericht des Lukas ist die Verkündigung Jesu in der Synagoge seines Heimatortes Nazareth (4,16-30). Anhand des Textes aus Jesaja 61 erklärte Jesus, dass er diese messianische Prophezeiung erfüllt habe. Seine Zuhörer zweifelten an der Wahrheit seiner Worte, und Jesus trat diesem Zweifel entgegen. Dieser Bericht zeigt, dass Jesus in seinem Dienst auf Widerstand stoßen und damit die Weissagung erfüllen würde, die ausgesprochen wurde, als er noch ein Säugling war (2,34-35).

Die Autorität des Menschensohnes (4,31–6,11)

Die Stadt Kapernaum am Nordufer des Sees Genezareth wurde im darauf folgenden Jahr zum Ausgangspunkt für den Dienst des Herrn Jesus. Weil viele Männer aufgetreten waren und behaupteten, der Messias oder ein Vertreter Gottes zu sein, musste Jesus seinen Anspruch auf Messianität bestätigen. Deshalb wirkte er Wunder in der Kraft des Heiligen Geistes. Dieser Abschnitt des Lukasevangeliums berichtet über eine Vielzahl dieser Machtbeweise. Jesus zeigte seine Autorität über Dämonen (4,31-37), über Krankheit und Leiden (4,38-44), über die Naturgewalten (5,1-11), über den Aussatz (5,12-13) und sogar über Menschen und deren Traditionen (5,13–6,11).

Der Menschensohn erwählt seine Jünger (6,12-49)

Jesus hatte viele hundert Jünger. Aus dieser großen Gruppe erwählte er zwölf, die er als Apostel bezeichnete (»die mit Autorität Gesandten«). Das war eine folgenschwere Entscheidung, weil Jesus viel Zeit und Kraft investieren sollte, um diese Männer für einen künftigen, bedeutenden Dienst auszubilden.

Die Vielfalt im Dienst des Menschensohnes (7,1–9,50)

In diesem Abschnitt hebt Lukas sowohl die Worte als auch die Taten des Herrn Jesus hervor. Dabei zeigt er ein erstaunlich weites Spektrum der Menschen auf, denen Jesus erfolgreich diente, von einer trauernden Witwe (7,11-17) bis hin zu einer reuigen Prostituierten (7,36-50), von einem gottesfürchtigen römischen Hauptmann (7,1-10) bis hin zu seinen verängstigten Jüngern (8,22-25). Er lehrte die Mächtigen und die einfachen Menschen (8,40-56). Mit seiner großen Menschenkenntnis diente er sowohl einem Mann Gottes als auch Menschen, die unter der Herrschaft Satans waren (7,18-35; 8,26-39). Für sein Wirken gab es keine gesellschaftlichen Barrieren.

Der Dienst des Menschensohns in Zeiten der Ablehnung (9,51–19,27)

Seine letzte Reise nach Jerusalem (9,51-62)

An diesem Punkt im Lukasevangelium verlässt Jesus Galiläa und macht sich auf den Weg nach Jerusalem. An mehreren Stellen erwähnt Lukas, dass Jesus nach Jerusalem wollte (9,51-53; 13,22.33; 17,11; 18,31; 19,11.28). Die genaue Reiseroute ist nicht bekannt, da Lukas bei den Schilderungen des zeitlichen Ablaufs und der Örtlichkeiten vage bleibt. Aber in einem Punkt lässt Lukas keine Fragen offen: Seitdem Jesus Galiläa verlassen hatte, beherrschten Kreuz und Leiden sein ganzes Denken. Bis zur Kreuzigung sind es noch etwa drei bis vier Monate.

Dieser Abschnitt gehört zum bedeutendsten Beitrag des Evangelisten Lukas zu unserem Wissen über den Dienst Jesu, weil Lukas darin hauptsächlich die Lehren Jesu behandelt, so wie er im vorherigen Teil seines Evangeliums die Taten des Menschensohnes beschrieben hat. Viele Gleichnisse und Lehren Jesu kommen nur hier vor. Dazu gehören die wertvollen Geschichten vom verlorenen Sohn und vom barmherzigen Samariter.

Die nachfolgende Aufstellung veranschaulicht den Beitrag, den der Evangelist Lukas zu unserem Verständnis über das Leben und den Dienst Christi geleistet hat.

Chronologische Schwerpunkte im Lukasevangelium				
Kapitel	1,1–2,52	3,1–9,50	9,51–19,27	19,28–24,53
Zeitabschnitt	Etwa 30 Jahre	Drei Jahre	Drei bis vier Monate	Acht Tage

Seine Verkündigung vor dem Hintergrund seiner Ablehnung (10,1–19,27)

Als das Ende seines Dienstes absehbar war, gab es noch immer viele Städte und Dörfer, die der Herr besucht hatte. Deshalb sandte er siebzig seiner Jünger in Zweiergruppen aus. Sie sollten predigen und Kranke heilen. Später sollte Jesus selbst in diese Orte kommen, aber dieser erste Kontakt mit den Jüngern bereitete die Menschen dort auf das persönliche Erscheinen des Herrn vor (10,1-24).

Dieser Zeitabschnitt von drei Monaten diente vor allem zur Belehrung derer, die Jesus bereits nachfolgten, um sie auf die vor ihnen liegenden schweren Tage vorzubereiten. Viele von den bemerkenswertesten Lehren Jesu stammen aus dieser Zeit, auch seine Belehrungen über das Gebet (11,1-13), über Jüngerschaft (14,25-35), die Verlorenen (15,1-32), über Reichtum (16,1-31), die Erlösung (18,15-30) und das Reich Gottes (19,11-27).

LEIDEN UND OPFERTOD DES MENSCHENSOHNES (19,28–23,56)

Sein triumphaler Einzug in Jerusalem (19,28-44)

Als Jesus auf einem Esel reitend (und damit die alttestamentliche Prophezeiung in Sacharja 9,9 erfüllte) in Jerusalem einzog, reagierten die Menschen mit gemischten Gefühlen. Viele Bewohner Jerusalems liebten ihn und sahen ihn als den Messias an oder zumindest als einen Propheten Gottes. Aber viele andere hassten ihn und wollten seinen Tod. Jesus wusste jedoch, dass dieser triumphale Einzug in der Stadt notwendig war, damit er sich dem Volk Israel in aller Öffentlichkeit zeigen konnte. Da die Nation ihn bereits abgelehnt hatte, sollten mit diesem Geschehen hauptsächlich prophetische Aussagen über ihn als Messias erfüllt werden.

Seine Streitgespräche mit der Führungsschicht (19,45–21,38)

Weil die führenden Leute keinen stichhaltigen Anklagegrund gegen Jesus hatten, versuchten sie, ihn mit Fragen in eine Falle zu locken, damit er etwas sagte, was sie gegen ihn verwenden könnten. Aus diesen Streitgesprächen ging Jesus jedoch siegreich hervor.

Sein Verrat und seine Gefangennahme (22,1-54)

Weil die jüdischen Amtsträger keinen Anklagegrund gegen Jesus fanden, waren sie froh, als Judas Iskariot, einer der Jünger Jesu, sich bereit erklärte, seinen Herrn für eine Geldsumme zu verraten. Das Komplott gegen Jesus kam zum Höhepunkt, als seine Feinde ihn im Garten Gethsemane (wohin Judas die Volksmenge führte) gefangen nahmen.

Die Verhöre (22,54–23,25)

Vor seiner Kreuzigung musste Jesus sechs Verhöre über sich ergehen lassen (s. dazu die Aufstellung auf S. 78). Drei dieser Anhörungen fanden vor den jüdischen Amtsträgern statt und drei weitere vor den Römern. Lukas berichtet von fünf Verhören und lässt die Anhörung vor Hannas weg. Diese Anhörungen waren eine Farce, weil es sich nicht um faire Gerichtsverfahren handelte. Sie hätten in dieser Form niemals stattfinden dürfen. Trotzdem wurde Jesus schließlich zum Tod durch Kreuzigung verurteilt.

Sein Tod (23,26-56)

Auch auf dem Weg zum Tod am Kreuz warnte Jesus das Volk Israel vor dem künftigen göttlichen Gericht. Sogar als er bereits am Kreuz hing, wurde seine Sorge um seine Mitmenschen deutlich, als er für den reumütigen Verbrecher Worte des Trostes fand.

Die endgültige Bestätigung des Menschensohnes als Messias (24,1-53)

Sein leeres Grab (24,1-12)

Die Auferstehung Jesu Christi durchdringt das gesamte Neue Testament und ist das Fundament für den christlichen Glauben (1Kor 15,12-20). Einer der wohl bedeutendsten Beweise für dieses Geschehen ist in diesem Kapitel des Lukasevangeliums zu finden, und zwar die radikale Veränderung im Leben der Jünger. Ihre Niedergeschlagenheit verwandelte sich in Freude und ihre Angst in Kühnheit. Dieses Kapitel enthält auch Berichte über Erscheinungen des Auferstandenen (s. auch die Aufstellung über die Erscheinungen des auferstandenen Christus auf Seite 79).

Die Jünger auf dem Weg nach Emmaus (24,13-35)

Nur Lukas berichtet über die beiden Jünger, die am Abend des Auferstehungstages dem auferstandenen Christus begegneten. Nachdem sie aufgrund seiner Belehrung zu einem vollkommen neuen Verständnis über die prophetischen Aussagen der Heiligen Schrift gelangt waren und erkannten, dass Jesus tatsächlich lebte, gehörten sie zu den ersten Zeugen der Auferstehung Christi.

Die Erscheinungen des Auferstandenen (24,36-49)

In diesem Abschnitt berichtet Lukas, wie der auferstandene Christus den Jüngern erschien. Sein besonderes Augenmerk gilt dem Leib des Auferstandenen. Es war zwar sein Körper, aber er war dennoch andersartig. Man konnte ihn berühren, und er konnte Speisen zu sich nehmen, aber er konnte auch plötzlich erscheinen und genauso plötzlich wieder verschwinden.

Seine Himmelfahrt (24,50-53)

Der irdische Dienst des Herrn war zu Ende, und der Sohn Gottes, der vor über dreißig Jahren Mensch geworden war, kehrte zu seinem Vater in die Herrlichkeit zurück. Die Seinen konnten nicht anders - sie mussten ihm Lob und Anbetung entgegenbringen.

Lukas begann und beendete sein Evangelium im Tempel, aber am Ende hatte eine große Veränderung stattgefunden. Der Alte Bund hatte dem Neuen Bund Platz gemacht, mit seiner Hoffnung, Macht und Wirklichkeit.

KAPITEL 8

DAS EVANGELIUM NACH JOHANNES

Einführung in das Johannesevangelium

DER VERFASSER DES JOHANNESEVANGELIUMS

In diesem Evangelium wird der Name des Autors ebenfalls nicht erwähnt. Die traditionelle Auffassung, dass der Apostel Johannes der Verfasser ist, wird jedoch schon frühzeitig unterstützt. Irenäus (120-202 n. Chr.) und Theophilus von Antiochia (115-188 n. Chr.) bezeichnen Johannes als den Autor des vierten Evangeliums. Das Zeugnis des Irenäus ist besonders interessant. Er behauptet, er habe diese Information von Polykarp erhalten, einem Jünger des Apostels Johannes.[1] Obwohl auch andere Verfasser favorisiert werden, sprechen die Beweise eher für Johannes.[2]

Auch die Beweise im Evangelium selbst bestätigen die Vermutung, dass der Apostel Johannes es niedergeschrieben hat. Der Autor hat den Dienst Jesu Christi als Augenzeuge miterlebt. Er schreibt, dass er die Herrlichkeit des Herrn Jesus gesehen habe (1,14), bei der Kreuzigung dabei war (19,35) und als Jünger dieses Evangelium verfasst habe (21,24). Wenn man dem normalen Wortsinn von Johannes 21,20 folgt, ist der Autor *»der Jünger, den Jesus liebte«*, derjenige, der sich während des letzten Abendmahls an die Brust des Herrn gelehnt hatte. Von den drei engsten Jüngern, auf die diese Beschreibung zutreffen könnte (Petrus, Jakobus und Johannes) fällt die Wahl auf Johannes. Petrus kommt nicht in Frage, da er im Text selbst vom *»Jünger, den Jesus liebte«*, unterschieden wird. Jakobus ist ebenfalls ungeeignet für die Rolle des Verfassers. Sein Tod war zu früh, als dass sich das Gerücht, er werde nicht sterben, verbreiten konnte (s. dazu 21,23).[3]

Auch andere Argumente sprechen für die Verfasserschaft des Apostels Johannes. Der Autor war offenbar ein aus Israel stammender Jude mit einem profunden Wissen über jüdische Bräuche und Geschichte sowie die Geografie Israels. Außerdem konnte nur ein Augenzeuge so detailliert berichten.[4] Wenn überzeugende interne und externe Beweise auf den Apostel Johannes als Verfasser des Evangeliums hinweisen, kann man auch Aussagen über dessen Persönlichkeit machen. Johannes war ein Sohn des Zebedäus. Zusammen mit seinen Brüdern, seinem Vater und ihren Partnern Petrus und Andreas arbeiteten sie als Fischer auf dem See Genezareth (Mk 1,19-20; Lk 5,10). Offenbar brachte die Fischerei so viel ein, dass sie Tagelöhner beschäftigten konnten (Mk 1,20). Die Mutter von Johannes war Salome, wahrscheinlich eine Schwester von Maria, der Mutter Jesu (vgl. Mt 27,55-56; Mk 15,40; Joh 19,25).

Höchstwahrscheinlich war Johannes ein Jünger von Johannes dem Täufer, bevor er sich Jesus Christus anschloss (Joh 1,40). Nachdem er Jesus über ein Jahr lang gefolgt war, wurde er zusammen mit elf anderen Jüngern zum Apostel erwählt (Lk 6,12-16). Von da an gehörte er zum »inneren Kreis« um Jesus und hatte das Vorrecht, bestimmte Ereignisse aus nächster Nähe mitzuerleben, wie zum Beispiel die Verklärung des Herrn (Lk 9,28), die Auferweckung der Tochter des Jairus (Lk 8,51) und die persönlichen Momente im Garten Gethsemane (Mk 14,33). Er war von den Aposteln der einzige Augenzeuge der Kreuzigung (Joh 19,26). Als die Gemeinde Jesu entstand, war Johannes bei mehreren Gelegenheiten an der Seite von Petrus (Apg 3,1-4,22; 8,14-17), und er wurde in der Gemeinde in Jerusalem zu einer bedeutenden Figur (Gal 2,9). Als er alt war, wurde er wegen seines Zeugnisses über Jesus Christus von den Römern auf die Insel Patmos in die Verbannung geschickt (Offb 1,9). Dort schrieb er die Offenbarung, das letzte Buch des Neuen Testaments.

Die örtliche und zeitliche Einordnung des Johannesevangeliums

Wie bei den anderen Evangelien gibt es auch beim Johannesevangelium verschiedene Meinungen über Ort und Datierung. Die stichhaltigsten Beweise sprechen für ein spätes Datum gegen Ende des ersten Jahrhunderts, wohl um das Jahr 85-95 n. Chr. Aus dem Inhalt des Johannesevangeliums lässt sich schließen, dass Johannes bei seinen Lesern eine Kenntnis der synoptischen Evangelien voraussetzte und sein Evangelium deshalb viel später entstanden sein muss. Weil 92

Prozent seines Materials nicht in den synoptischen Evangelien vorkommen, hat Johannes eine Wiederholung des bereits Bekannten bewusst vermieden.

Bestimmte Details im Johannesevangelium deuten ebenfalls auf eine spätere Entstehung hin. So muss es länger gedauert haben, bis sich das Gerücht, Johannes werde nicht sterben, in der Gemeinde Jesu verbreitet hat (vgl. Joh 21,23). Auch in diesem Fall gibt uns das Zeugnis der Kirchenväter weiteren Aufschluss. Irenäus zufolge schrieb Johannes das Evangelium, als er in Ephesus lebte. Auch diese Aussage spricht für ein späteres Datum, weil Johannes sich erst gegen Ende des ersten Jahrhunderts in Ephesus aufhielt.

Der Ort der Niederschrift ist nach allgemeiner Auffassung Kleinasien und höchstwahrscheinlich Ephesus. »Es wurde offenbar in einer nichtjüdischen Umgebung verfasst, weil die Feste und Bräuche der Juden für diejenigen Leser erklärt werden, denen sie nicht vertraut waren (Joh 2,13; 4,9; 19,31).«[5]

Aus diesen Informationen kann man schließen, dass der Apostel Johannes das vierte Evangelium gegen Ende des ersten Jahrhunderts aus der Sicht eines älteren Mannes in Kleinasien niedergeschrieben hat.

Die Zielsetzung des Johannesevangeliums

Johannes erklärt deutlich die Absicht, die er mit der Niederschrift seines Evangeliums verfolgt (20,30-31). Er hat es verfasst, um die frohe Botschaft weiterzugeben. Johannes legt seinen Lesern Beweise vor, damit sie an Jesus Christus glauben und das ewige Leben empfangen können.

Gliederung des Johannesevangeliums

I. Einleitung (1,1-51)
   A. Die Person Jesu Christi (1,1-18)
   B. Der Verkünder Jesu Christi (1,19-28)
   C. Das Zeugnis über Jesus Christus (1,29-34)
   D. Die Jünger Jesu Christi (1,35-51)

II. Das Wirken Jesu für das Volk Israel (2,1–12,50)
  A. Der Beginn des Wirkens (2,1-25)
  B. Der Anfang des Dienstes (3,1–4,54)
  C. Die Person Jesus Christus (5,1-47)
  D. Jesus als Brot des Lebens (6,1-71)
  E. Jesus als Wasser des Lebens (7,1-53)
  F. Jesus als das Licht der Welt (8,1–9,41)
  G. Jesus als der gute Hirte (10,1-42)
  H. Jesus als die Auferstehung und das Leben (11,1-57)
  I. Das Ende des Wirkens für Israel (12,1-50)

III. Belehrung für die Jünger (13,1–17,26)
  A. Über das Dienen (13,1-38)
  B. Über wahre Gemeinschaft (14,1-31)
  C. Über die wahre Liebe (15,1-16,4)
  D. Über den Heiligen Geist (16,5-33)
  E. Das Gebet Jesu für seine Jünger (17,1-26)

IV. Erlösung für die Welt (18,1–19,42)
  A. Erniedrigung und Leiden (18,1–19,16)
  B. Kreuzigung und Begräbnis (19,17-42)

V. Offenbarung für die Gläubigen (20,1–21,25)
  A. Die Offenbarung des Auferstandenen (20,1-31)
  B. Die Offenbarung seiner Macht (21,1-25)

Das Thema des Johannesevangeliums

Wie bereits festgestellt, sieht jeder der vier Evangelisten den Herrn Jesus Christus aus einer anderen Perspektive. Johannes stellt Jesus Christus als wahren Gott dar. Überall in seinem Evangelium stellt er die Gottheit Jesu unter Beweis. Das Evangelium beginnt mit der Erklärung, dass Jesus Gott ist (1,1), und es endet mit den verblüffenden Worten des Apostels Thomas: »*Mein Herr und mein Gott*« (20,28).

Jesus selbst ließ seine Zuhörer nicht im Unklaren über sein wahres Wesen. Manchmal erwähnt er deutlich sein Einssein mit dem Vater, und an anderen Stellen verdeutlicht er, dass er mehr ist als nur ein gewöhnlicher Mensch, weil er eine einzigartige Beziehung zum himmlischen Vater hat oder Dinge tut, die nur Gott tun kann. (Siehe dazu die Texte in Kap. 2,16; 3,13; 5,17-25; 6,35-38; 6,46; 7,18; 8,18-19; 8,46-58; 9,35-37; 10,15; 10,18; 10,28-36; 11,25-26; 13,19; 14,1; 14,6; 14,7-11; 14,20; 15,23; 16,7; 16,15; 17,1-6; 17,21-23; 18,6; 19,7; 20,23.) Auch die Wunder, die er wirkte, sollten als weitere Beweise für seine Gottessohnschaft dienen.

Besonderheiten im Johannesevangelium

Die Erlösung

Weil das Johannesevangelium den Menschen die erlösende Erkenntnis über Jesus Christus bringen sollte, enthält es wichtige Wahrheiten über die Lehre von der Erlösung.

a. Erlösung ist zweiseitig.
Im Johannesevangelium gibt es bei der Erlösung des Menschen ein wunderbares Gleichgewicht zwischen dem Wirken Gottes und der Notwendigkeit einer menschlichen Reaktion darauf. In einundzwanzig Texten wird die Erlösung als Handeln Gottes gesehen, weil er die Menschen erwählt und zu sich zieht (vgl. 5,21; 6,37; 6,44). In ungefähr fünfundzwanzig Texten liegt die Betonung auf der Notwendigkeit, dass ein Mensch auf das Angebot Gottes reagieren und den Schritt des Glaubens machen muss (vgl. 1,12; 3,14-16; 5,24). Johannes versucht nicht, diese beiden Wahrheiten zu vermischen, sondern er lässt sie nebeneinander stehen. Für den Menschen ist es vielleicht problematisch, wenn er versucht, diese Wahrheiten miteinander in Einklang zu bringen, aber Gott in seiner alles überragenden Weisheit hat diese Schwierigkeit nicht.

b. Erlösung geschieht aus Gnade.
Erlösung wird als Geschenk Gottes dargestellt (vgl. 3,16; 4,10), nicht als etwas, was sich der Mensch erarbeiten muss, sondern als etwas, was empfangen wird. Das Werk Jesu am Kreuz reichte aus, um den

Preis für die Sünde der Menschheit zu bezahlen (19,30). Deshalb muss der Mensch zu seiner Erlösung keinerlei Werke beitragen.

c. Die Erlösung ist ein Angebot.
Johannes verdeutlicht, dass diejenigen, die an Jesus Christus glauben, erlöst werden (20,31). Das Wort glauben (griech.: *pisteuo*) wird im Johannesevangelium 99 Mal verwendet, meistens als Verb in »glauben an« oder »glauben, dass«. »*Pisteuo* ... glauben, also von etwas überzeugt sein und deshalb sein Vertrauen setzen in (etwas oder jemanden), vertrauen, bedeutet in diesem Sinn des Wortes eine Beziehung der Abhängigkeit und keinen bloßen Glauben im Sinne einer Unsicherheit.«[6] Erlösender Glaube beinhaltet deshalb immer den Gedanken des Vertrauens, eine vollständige Abhängigkeit allein von Christus. Erlösender Glaube nimmt das Geschenk der Erlösung für sich in Anspruch. (So sollte die Frau am Jakobsbrunnen das Wasser des Lebens »trinken« - vgl. 4,14. Die Menschen sollten das Brot, das vom Himmel herabgekommen ist, »essen« - vgl. 6,51.) Wichtig ist in diesem Zusammenhang, dass man das Angebot der Erlösung annehmen oder für sich in Anspruch nehmen muss. Erlösender Glaube besteht aus diesen drei Elementen:

1) Glaube beinhaltet ein intellektuelles Element. Bestimmte Tatsachen müssen erkannt und geglaubt werden (20,31).
2) Glaube beinhaltet ein Element des Willens. Der Mensch trifft eine Entscheidung, sein Vertrauen auf Jesus als seinen Erlöser zu setzen.
3) Glaube beinhaltet ein emotionales Element, das Gefühl der Verlorenheit und des Bedürfnisses nach einem Erlöser. Johannes zufolge muss der Mensch sich vor allem von der Sünde des Unglaubens abwenden.

d. Erlösung ist wirksam.
Johannes betont, dass der erlösende Glaube das ewige Leben zur Folge hat (etwa 35 Mal spricht er vom ewigen Leben). Ewiges Leben besitzt schon jetzt der Mensch, der glaubt (5,24). Es handelt sich dabei nicht einfach um eine endlose Existenz, denn diese ist auch den Unerlösten gewiss. Ewiges Leben ist eine neue und andersartige, ja göttliche Lebensqualität.

Der Evangelist Johannes stellt die Erlösung als Geschenk dar, das dem Menschen durch den einen und einzigen Erlöser Jesus Christus angeboten wird (14,6). Nur der Mensch gewordene Gott kann durch sein vollständiges Erlösungswerk am Kreuz ewiges Leben geben. Wenn Menschen diese Gabe des ewigen Lebens empfangen wollen, müssen sie an Jesus Christus glauben.

Johannes' besondere Beiträge

Wie bereits festgestellt, findet man 92 Prozent des Materials aus dem Johannesevangelium nicht bei anderen Autoren. Vermutlich kannte Johannes den Inhalt der synoptischen Evangelien ziemlich gut, weil er in seinem Buch eine Vielzahl von bedeutenden Ereignissen aus dem Leben Jesu weglässt (wie zum Beispiel die Versuchung und die Verklärung) und nur in acht Prozent aller Fälle Parallelen zu den drei anderen Evangelien erkennbar sind. Bei einem so großen Prozentsatz an eigenem Material ist es uns in dieser Studie nicht möglich, auf alle nur bei Johannes vorkommenden Texte detailliert einzugehen. Deshalb wollen wir uns auf ein paar Beispiele beschränken.

a. Sieben Zeichen

Johannes berichtet über insgesamt sieben zeichenhafte Wunder, die einem Menschen helfen sollten, zum Glauben an Jesus Christus zu kommen. Fünf von ihnen sind nur bei Johannes zu finden, und zwar

(1) die Verwandlung von Wasser zu Wein (2,1-11)
(2) die Heilung des Sohnes eines königlichen Beamten (4,46-54)
(3) die Heilung eines Kranken am Teich Betesda (5,1-9)
(4) die Heilung eines Blinden (9,1-7)
(5) die Auferweckung des Lazarus (11,38-44)

b. Feste

Das Johannesevangelium ist äußerst hilfreich, wenn es darum geht, für das Wirken Jesu eine Chronologie zu erstellen, weil Johannes in seinem Bericht bestimmte jüdische Feste erwähnt (siehe Tabelle auf Seite 136).

c. Die Reden Jesu

Die Einzigartigkeit des Johannesevangeliums ist auch an den vielen von Johannes niedergeschriebenen Reden Jesu erkennbar. Obwohl er manche (wie die Bergpredigt) weglässt, enthält sein Evangelium viele Reden, die in den synoptischen Evangelien nicht vorkommen. Dazu gehören

(1) die neue Geburt (3,3-21)
(2) das Wasser des Lebens (4,10-26)
(3) die Person und das Wirken Christi (5,17-47)
(4) das Brot des Lebens (6,32-59)
(5) das Licht der Welt (8,12-20)
(6) der wahre Glaube (8,31-58)
(7) der gute Hirte (10,1-18)
(8) das Einssein Jesu mit dem Vater (10,25-38)
(9) die Abschiedsrede Jesu (14,1–16,33)

CHRONOLOGIE FÜR DAS WIRKEN JESU		
Text	**Fest**	**Zeitraum vor der Kreuzigung**
2,13	Passah	Drei Jahre
5,1	Passah (oder Laubhüttenfest)	Zwei Jahre (oder anderthalb Jahre)
6,4	Passah	Ein Jahr
7,2	Laubhüttenfest	Sechs Monate
10,22	Tempelweihe	Drei Monate
12,1	Passah	Derselbe Tag

Zusammenfassung des Johannesevangeliums

DIE EINLEITUNG (1,1-51)

Die Person Jesu Christi (1,1-18)

Bei der Ausgestaltung seines Themas, dass Jesus Christus Gott ist, macht Johannes gleich zu Beginn eine Aussage über die Gottheit Jesu

(1,1). Johannes verkündet drei Grundwahrheiten über Christus: Erstens ist er ewig (»*Im Anfang **war** das Wort*«). Zweitens ist er eine eigenständige göttliche Person (»*das Wort war **bei** Gott*«) und drittens ist er vom Wesen her identisch mit Gott (»*das Wort **war** Gott*«). Johannes erklärt, dass Christus der Schöpfer aller Dinge ist. Diese Aussage ist eine tiefgründige Feststellung über die Gottheit Christi (1,3; vgl. 1Mo 1,1). Wenn er über die Person Jesu Christi spricht, erwähnt Johannes einen Zeitpunkt in der Geschichte, als dieser ewige Gott Fleisch wurde und er seiner Göttlichkeit das wahre Menschsein hinzufügte (1,14). Johannes stellt Jesus Christus als den menschgewordenen Gott dar.

Der Wegbereiter Jesu Christi (1,19-28)

Johannes lässt Schilderungen über Geburt und Kindheit weg und beginnt seinen Bericht über das Leben Jesu mit dem Wirken von Johannes dem Täufer, der eine so starke Wirkung auf das Volk Israel hatte, dass die Angehörigen der religiösen Führungsschicht ihn über seine Person und Ziele befragten. Johannes verneinte die Frage, ob er der Messias sei. Er sei lediglich der Wegbereiter des Messias.

Das Zeugnis des Täufers über Jesus Christus (1,29-34)

In diesem Abschnitt schreibt Johannes die Erinnerungen Johannes des Täufers an die Taufe Jesu nieder, jenen Zeitpunkt, zu dem Jesus als Messias identifiziert und als Israels Erlöser und König gesalbt wurde.

Die Jünger Jesu Christi (1,35-51)

Johannes empfand bei der Niederschrift dieses Abschnitts wohl jene große Zuneigung, die er bei seiner ersten Begegnung mit dem Herrn Jesus spürte. In diesem Bericht treffen fünf Männer zum ersten Mal mit Jesus zusammen. Diese Fünf waren Jünger von Johannes dem Täufer, und später sollten sie zu den zwölf Aposteln gehören.

DAS WIRKEN JESU FÜR DAS VOLK ISRAEL (2,1–12,50)

Johannes beginnt seinen Bericht über das Wirken Christi mit jenen Ereignissen, die gleich nach der Taufe und Versuchung Jesu stattfanden. (Hier ist zu beachten, dass die synoptischen Evangelien nicht über das erste Jahr des Wirkens Jesu berichten). Sobald Jesus als der Messias Israels offenbar und mit dem Heiligen Geist gesalbt wurde (3,34), wirkte er sein erstes Wunder als Bestätigung seiner Messianität. Die Verwandlung von Wasser in Wein bei der Hochzeit zu Kana war das erste in einer langen Reihe von Wundern (2,1-11). Wenn er über die Wunder Christi spricht, verwendet Johannes das griechische Wort *semeion* (Zeichen).

> »*Semeion* ... wenn der Begriff auf ein Wunder angewendet wird, soll damit in der Regel ausgesagt werden, dass hinter der Tat ein Machtbeweis oder ein Sinn liegt, der ihr die eigentliche Bedeutung verleiht. ... Deshalb schildert Johannes die Wunder nicht nur als übernatürliche Taten oder als Erscheinungsformen einer übernatürlichen Macht und auch nicht als Ausnahmeerscheinungen, sondern als wesentliche Zeugnisse über eine grundlegende Wahrheit. ... Darüber hinaus waren diese Taten beredte Zeugen von etwas Außergewöhnlichem in der Persönlichkeit Christi und wiesen somit den Weg in eine neue Richtung.«[7]

Als er begann, Wunder zu wirken (2,11), erregte er sofort die Aufmerksamkeit der religiösen Führungsschicht. Zunächst schienen die meisten Vertreter dieser Gruppe ihm wohlgesonnen zu sein (3,2), aber diese Haltung sollte sich schnell ändern.

Die Höhepunkte im ersten Jahr des Wirkens Jesu waren die erste Reinigung des Tempels, sein Gespräch mit Nikodemus und mit der Samariterin (2,13–4,42). Weil er wusste, dass die synoptischen Evangelien ausführlich über das zweite Jahr von Jesu Wirken berichten, gleicht der Bericht des Johannes über diesen Zeitabschnitt einem Zeitraffer. Allerdings werden vier der sieben Zeichen in seinem Evangelium erwähnt. Auch die bedeutenden Reden über Person und Wirken Christi sowie die Predigt über das Brot des Lebens gehören in das zweite Jahr des Wirkens Jesu. Obwohl Johannes aus diesem Zeitabschnitt nicht allzu viel berichtet, erwähnt er zwei strategische Punkte, die unter der religiösen Führungsschicht einen großen Hass auf Jesus auslösten. Dabei ging es erstens um die Ansprüche Jesu im Hinblick auf seine Göttlichkeit und seine besondere Beziehung zum himmlischen Vater und zweitens darum, dass er am Sabbat arbeitete. Die Vertreter der religiösen Führungsschicht glaubten, Jesus habe sich der Gotteslästerung schuldig gemacht. Deshalb versuchten sie mehrmals, ihn umzubringen. Sie hielten ihn auch für einen Gesetzesbrecher, weil er angeblich das göttliche Sabbatgebot übertrat. (Natürlich übertrat Jesus nicht die Gesetze Gottes, aber er wendete sich gegen die Traditionen der Pharisäer.) Diese Fragen waren von großer Bedeutung. Zumindest aus menschlicher Sicht sollten sie letztendlich zum Tod Jesu am Kreuz beitragen.

Im Bericht des Johannes über das dritte Jahr des Wirkens Jesu dreht sich alles um seine Lehrreden, darunter auch die Reden über den guten Hirten, das Licht der Welt sowie die Auferstehung und das Leben (7,1–11,57). Nicht nur die darin vermittelten Botschaften waren von Bedeutung, sondern auch die Reaktionen der Zuhörer. Johannes verdeutlicht, dass es im Verlauf seines Wirkens zu einer Polarisierung der Meinungen über Jesus von Nazareth kam. Kaum jemand konnte in Bezug auf seine Person neutral bleiben. Jesus wurde entweder als Gesandter Gottes oder aber als Werkzeug Satans gesehen. In Kapitel 12 (V. 36-43) fasst Johannes das öffentliche Wirken Jesu zusammen.

Belehrung für die Jünger (13,1–17,26)

Die letzte Woche vor seiner Kreuzigung verbrachte Jesus hauptsächlich mit den Jüngern. Im Johannesevangelium ist der Höhepunkt dieser Woche der Abend vor der Kreuzigung, als Jesus mit seinen Jüngern das Passahfest feierte. In jenen Stunden offenbarte Jesus viele neue Wahrheiten über den Heiligen Geist, die Gemeinde und die Beziehung der Jünger zu ihm. Dieser Abschnitt endet mit dem berühmten Gebet Jesu für seine Jünger (17,1-26). Jesus bat Gott für die Seinen um Einheit, Heiligung und Schutz.

ERLÖSUNG FÜR DIE WELT (18,1–19,42)

Nach diesen letzten Stunden mit seinen Jüngern ging Jesus in den Garten Gethsemane. Nachdem er dort die Zeit im Gebet verbracht hatte, kamen seine Feinde und nahmen ihn gefangen. Hier und auch an anderen Stellen in seinem Evangelium lässt Johannes keinen Zweifel daran, dass Jesus seine Gefangennahme und Kreuzigung zugelassen hatte. Weil er bereits im Voraus wusste, was geschehen sollte, war er kein Opfer der Umstände, sondern er übernahm die Führung, und er gab sich freiwillig hin, um die Menschheit zu erlösen. Wichtig in diesem Zusammenhang sind die folgenden Texte: Kap. 2,4.19; 3,14; 6,51.64; 7,6.8.30; 8,20; 10,11.15.17.18; 12,23.27; 13,1.3.11; 14,2; 18,4.11; 19,28.30. Diese Abschnitte verdeutlichen, dass Jesus kein hilfloser Märtyrer war, dass er nicht von den Ereignissen überrascht wurde und dass Menschen keine Macht über ihn hatten, es sei denn, er ließ es zu. (Siehe auch die Aufstellung auf S. 78 über die Reihenfolge der Ereignisse während der Passionswoche und über den Beitrag des Johannesevangeliums zu unserem Verständnis über diesen Zeitabschnitt.)

OFFENBARUNG FÜR DIE GLÄUBIGEN (20,1–21,25)

Johannes berichtet über vier der elf uns bekannten Erscheinungen des auferstandenen Christus. (Siehe dazu auch die Aufstellung auf S. 79 über die Erscheinungen des Auferstandenen.) Die einzige nur bei Johannes vorkommende ist die Erscheinung des Herrn vor den sieben Jüngern am Ufer des Sees Genezareth.

Johannes beendet sein Evangelium mit Informationen, die an keiner anderen Stelle vorkommen (21,1-25). Dieser Epilog dient zur Verdeutlichung der Rolle, die die Apostel spielen sollten, und der Beziehung zwischen Christus und seinen Jüngern.

TEIL 3

Die Apostelgeschichte: Der Neue Bund wird erzählt

KAPITEL 9

APOSTELGESCHICHTE

Einführung in die Apostelgeschichte

Das Buch der Apostelgeschichte ist der einzige historische Bericht über die Entstehungszeit der Gemeinde Jesu. Obwohl das Wirken der Apostel und anderer, die das Evangelium verbreiteten, aus den neutestamentlichen Briefen entnommen werden kann, ist die Apostelgeschichte unsere einzige Informationsquelle über die Geschehnisse in den ersten dreißig Jahren der Kirchengeschichte.

DER VERFASSER DER APOSTELGESCHICHTE

Sowohl interne Beweise als auch externe Quellen bezeichnen Lukas als den Autor der Apostelgeschichte. Dem einstimmigen Zeugnis der Überlieferung zufolge hat Lukas dieses Buch verfasst. »Klemens von Alexandria, Tertullian und Irenäus sprechen alle von LUCAS oder St. Lukas als dem Autor, als ob es darüber keinen Zweifel gäbe. Der Kanon Muratori berichtet, dass die Taten aller Apostel in einem Buch niedergeschrieben worden seien und Lukas seinen Bericht für den hochedlen Theophilus zusammengestellt habe, weil etliche von ihnen sich in seiner Gegenwart abgespielt hätten.«[1]

Das Buch selbst enthält Hinweise auf Lukas als Autor. Eindeutig war der Verfasser ein Begleiter des Apostels Paulus. Das ist an den Abschnitten in der Wir-Form erkennbar (16,10-17; 20,6-21,18; 27,1–28,18). An der Verwendung der ersten Person Plural ist erkennbar, dass der Autor mit dem Apostel Paulus zusammen die im Bericht erwähnten Ereignisse erlebt hat. Wenn man eine Liste der in den Abschnitten in Wir-Form erwähnten Begleiter des Apostels Paulus zusammenstellt, kommt man auf insgesamt siebzehn Namen. Wendet man dann das Ausschluss-Verfahren an, bleibt Lukas übrig (so unterscheiden sich beispielsweise Timotheus, Trophimus, Aristarchus und andere in Kapitel 20,4 aufgeführte Personen von dem »*wir*« in Kapitel 20,6. Deshalb kommen diese Männer nicht als Autoren des Buches in Frage). Die Abschnitte in Wir-Form entsprechen in Sprache und Stil dem übrigen Buch. Deshalb kann man davon ausgehen, dass nur eine Person, und zwar Lukas, die gesamte Apostelgeschichte verfasst hat.[2]

Wenn Lukas das dritte Evangelium niedergeschrieben hat, ist er auch der Autor der Apostelgeschichte. Beide Bücher waren an Theophilus gerichtet, und das zweite bezieht sich auf das erste (»*den ersten Bericht*«). Beide Werke ähneln sich von Wortwahl und Stil her.

> »Seine Vertrautheit mit der griechischen Sprache und Literatur zeigt sich auch in seinem Vokabular. Er verwendet gerne seltene, häufig klassische und poetische Wörter. Fast in jedem Abschnitt stoßen wir auf sprachliche Besonderheiten. So gibt es im Neuen Testament etwa 750 Wörter, die nur bei Lukas vorkommen, und 440 davon tauchen nur in der Apostelgeschichte auf.«[3]

Viele dieser Wörter kommen nur in der Apostelgeschichte und im Lukasevangelium, aber nicht in den anderen Büchern des Neuen Testaments vor. Deshalb sprechen alle Beweise für Lukas als Verfasser der Apostelgeschichte. Eine weitere Bestätigung ist die Verwendung medizinischer Begriffe, die nur ein Arzt wie Lukas in seinen Bericht einflechten kann (1,3; 3,7ff.; 9,18.33; 13,11; 28,1-10). (Zur Person des Lukas s. die Einführung in das Lukasevangelium in Kapitel 7.)

Die örtliche und zeitliche Einordnung der Apostelgeschichte

Der Bericht des Lukas endet mit der Gefangenschaft des Apostels Paulus in Rom. Paulus kam um das Jahr 61 n. Chr. nach Rom und blieb zwei Jahre lang dort (28,30). Deshalb endet die Apostelgeschichte im Jahr 63 n. Chr., dem möglichen Datum der Niederschrift. Diese zeitliche Einordnung scheint logisch zu sein, weil in der Apostelgeschichte die Christenverfolgung unter Kaiser Nero (64 n. Chr.) nicht erwähnt wird ebensowenig der spätere Märtyrertod des Apostels Paulus und die Zerstörung Jerusalems im Jahr 70 n. Chr. Da Lukas in jener Zeit zusammen mit Paulus in Rom war, hat er dort wohl auch die Apostelgeschichte niedergeschrieben.

Die Zielsetzung der Apostelgeschichte

Offenbar hatte Lukas mehrere Gründe für die Niederschrift der Apostelgeschichte. Entscheidend für die Frage nach der Zielsetzung seines Buches ist eine erneute Betrachtung seiner erklärten Absicht über die Zusammenstellung seines Evangeliums (Lk 1,1-4). Da das Lukasevangelium und die Apostelgeschichte zwei Teile eines literarischen Ganzen sind, ist die Zielsetzung offensichtlich. Lukas wollte mit den beiden Bänden vor allem einen genauen und systematischen Bericht über die Entstehung des Christentums vorlegen.

In Band eins (dem Lukasevangelium) überliefert Lukas dem Theophilus die Worte und das Wirken Jesu Christi. In Band zwei (der Apostelgeschichte) erzählt er die Geschichte der Worte und Taten Christi durch seine Apostel. Deshalb berichtet die Apostelgeschichte vom Zeugnis der Apostel über den auferstandenen Herrn Jesus Christus. Die ersten dreißig Jahre des Christentums werden chronologisch aufgezeichnet, indem Lukas von der Verbreitung des Evangeliums von Jerusalem nach Rom erzählt.

Eine zweite Absicht von Lukas bestand darin, seinen Lesern eine schriftliche Verteidigung des Christentums in die Hand zu geben. In der Apostelgeschichte gibt es einen eindeutig apologetischen Schwerpunkt. Ein besonderes Interesse von Lukas galt der Beschreibung, wie die Menschen die Gemeinde Jesu wahrnahmen. Überall, wo das Christentum Fuß fasste, schien es begleitet zu sein von Unruhe und Verwirrung. In der Apostelgeschichte versuchte Lukas, diese falsche Wahrnehmung zu korrigieren, indem er einen klaren und präzisen Bericht über die Geschehnisse verfasste und dabei auch die Rolle erwähnte, die die feindselig eingestellte jüdische Führungsschicht spielte.

Drittens sollte die Apostelgeschichte dem neuen Glauben eine gewisse Stabilität verleihen. Lukas wollte seinen Lesern vermitteln, dass das Christentum als Bewegung nicht nur durch die Bemühungen von begeisterten Menschen entstanden ist. Deshalb legte er einen Schwerpunkt auf das Wirken des Heiligen Geistes. Er schilderte die

Auswirkungen dieses Wirkens auf das Leben der Christen und auch seine übernatürlichen Machtbekundungen.

GLIEDERUNG DER APOSTELGESCHICHTE

Zweifellos ist Apostelgeschichte 1,8 der Schlüssel zu diesem Buch. Dieser Vers bildet die von Gott inspirierte Grundlage für die Apostelgeschichte und den Bericht des Lukas über den Weg des Christentums von Jerusalem nach Rom.

I. Einführung (1,1–2,4)
   A. Der Prolog (1,1-5)
   B. Die Himmelfahrt Jesu (1,6-11)
   C. Die Vorbereitung des Zeugnisses (1,12–2,4)

II. Das Zeugnis in Jerusalem (2,5–8,3)
   A. Zu Pfingsten (2,5-47)
   B. Petrus und Johannes (3,1–4,31)
   C. Die Apostel (4,32–5,42)
   D. Stephanus (6,1–8,3)

III. Das Zeugnis in Judäa und Samaria (8,4–12,25)
   A. Philippus (8,4-40)
   B. Saulus (Paulus) (9,1-31)
   C. Petrus (9,32–11,18)
   D. Die Gemeinde (11,19–12,25)

IV. Das Zeugnis bis an das Ende der Erde (13,1–28,31)
   A. Die erste Missionsreise (13,1–14,28)
   B. Das Apostelkonzil (15,1-35)
   C. Die zweite Missionsreise (15,36–18,22)
   D. Die dritte Missionsreise (18,23–21,16)
   E. Die Reise nach Rom (21,17–28,31)

Das Thema der Apostelgeschichte

Apostelgeschichte 1,8 ist ein Schlüssel zu diesem Buch, weil dieser Vers den großen Missionsauftrag offenbart. Christen sollen Zeugen Jesu sein und die gute Nachricht verbreiten, dass er gestorben und auferstanden ist, um die Menschheit zu erlösen. Die Verbreitung des Evangeliums in der ganzen Welt ist das große Thema der Apostelgeschichte.

Besonderheiten in der Apostelgeschichte

Wichtige Texte für das Verständnis des Buches

Bei der Niederschrift seines Buches setzte Lukas bei seinen Lesern offenbar ein tiefes Verständnis über bestimmte Wahrheiten voraus. Diese Hintergründe werden in manchen Bibeltexten zusammenfassend dargestellt. Matthäus 16,18 berichtet uns die Prophezeiung Jesu über die künftige Gemeinde. Diese Gemeinde (die damals, als Jesus diese Aussage machte, noch nicht existierte) sollte »*gebaut*« werden und den Sieg über Satan davontragen. Die Apostelgeschichte schildert den Beginn und den Bau dieses neuen Gebildes, das unter dem Namen »*Gemeinde*« bekannt werden sollte.

In Matthäus 12,38-40 sagte Jesus Christus den Vertretern der religiösen Führungsschicht, dass Israel nur noch ein weiteres Zeichen erhalten sollte, nämlich seine Auferstehung. Tod und Auferstehung Christi bilden den Hintergrund und die Grundlage für die Apostelgeschichte.

In Lukas 21,23-24 sagt der Herr die Zerstörung Jerusalems voraus. Jene Generation der Israeliten befand sich unter dem Gericht Gottes, weil die Nation ihren Messias abgelehnt hatte. Die Botschaft der Apostel an die Juden enthielt eine gewisse Dringlichkeit. Sie sollten sich retten lassen aus diesem verkehrten Geschlecht (Apg 2,40). Auch in Matthäus 21,43 verkündet der Herr, dass das Reich Gottes von Israel (jener Generation) genommen und einem anderen Volk (den Nichtjuden/der Gemeinde) gegeben werden sollte. Obwohl Gott in der Zukunft noch immer seine Bundesverheißungen an Abraham und David erfüllen würde, hatte jene Generation die Gelegenheit verpasst, die Erfüllung dieser Verheißungen zu erleben. In der Einleitung der Apostelgeschichte werden diese Wahrheiten vorausgesetzt und nicht bestritten.

Zur Auslegung der Apostelgeschichte

Mit dem Tod und der Auferstehung Jesu begann der neue Bund, aber in Kraft gesetzt wurde er zu Pfingsten, als der Heilige Geist ausgegossen wurde und die Gemeinde entstand. Der alte Bund mit allen seinen Gesetzen und Verordnungen wurde aufgehoben. Obwohl man zwischen dem Beginn des neuen und dem Ende des alten Bundes eine Trennungslinie erkennen kann, zeigt die Erfahrung, dass solche Veränderungen immer eine gewisse Zeit brauchen. Deshalb ist die Apostelgeschichte das Buch, das von diesem Übergang vom alten zum neuen Bund berichtet.

Die Apostelgeschichte schildert den Niedergang des alten und den Aufstieg des neuen Systems. Bei der Auslegung dieses Buches muss man diese Tatsache berücksichtigen. Dabei ist es ausschlaggebend, sich zu vergegenwärtigen, wer die jeweils beschriebene Person ist und über welches Wissen er oder sie verfügt. Beispielsweise gab es bereits im Zeitalter der Gemeinde (in der Ära des neuen Bundes) Juden mit einem echten Glauben an den Gott Israels, aber sie hatten keine Kenntnis über Jesus Christus. Wieder andere hatten auf das Wirken von Johannes dem Täufer positiv reagiert, aber sie wussten fast nichts über den Einen, den Johannes angekündigt hatte. Deshalb ist es wichtig, bei der Auslegung zunächst festzustellen, an welche Personen sich der jeweilige Text richtet, weil die Apostelgeschichte auf einzigartige Weise einen Übergang in der Heilsgeschichte schildert.

Zeichen und Wunder in der Apostelgeschichte

Nur selten wird in der Bibel berichtet, wie Gott seine Naturgesetze außer Kraft setzt und durch einen von ihm erwählten Menschen Wunder wirkt. Aber die Apostelgeschichte enthält viele Berichte über das machtvolle Wirken des Heiligen Geistes durch bestimmte Personen. Warum geschahen in der Zeit, von der die Apostelgeschichte erzählt, so viele Wunder? Für diese Häufung übernatürlicher Geschehnisse gibt es wohl zwei wichtige Gründe.

Erstens dienten diese Wunder als Bekräftigung der neuen, von den Aposteln verkündeten Botschaft. Angesichts der Vielfalt an religiösem Gedankengut in jener Zeit und der zahlreichen Behauptungen bestimmter Menschen, sie seien von Gott gesandt, wäre der Anspruch der Apostel nur einer unter vielen gewesen. Aber die Wunder machten diesen neuen Glauben zu etwas Besonderem, weil sie auf aussagekräftige Art dessen göttlichen Ursprung unter Beweis stellten. (Hier ist zu beachten, wie sorgfältig der Apostel Petrus die wundersamen Geschehnisse in seine Predigten integrierte. Siehe dazu Kapitel 2,15; 3,3; 3,12; 4,16). Wunder dienten als Bestätigung, dass diese Männer eine Botschaft von Gott verkündeten. In diesem Zusammenhang ist zu beachten, wie Gott am Berg Sinai den Alten Bund durch Wunder bekräftigte. Dadurch wurde deutlich, dass sowohl die Botschaft als auch der Bote (Mose) von Gott gesandt war. Deshalb ist es logisch, von Gott eine ähnliche Bestätigung für seinen Neuen Bund zu erwarten, und das geschah dann auch.

Zweitens sollten die Wunder der neu entstandenen Bewegung einen Zusammenhalt geben. Die Gemeinde hätte sich angesichts bestehender Vorurteile leicht spalten können, wenn die Wunder nicht Juden, Samaritern und Nichtjuden verdeutlicht hätten, dass sie zu einer Einheit zusammenwachsen sollten. Durch Wunder überzeugte Gott die Gläubigen von ihrer Gleichheit innerhalb der Gemeinde. Sie alle mussten wissen, dass es im Neuen Bund keine Gruppierungen geben sollte, die den anderen überlegen ist. Für die Juden, die im Alten Bund den Vorrang vor anderen hatten, war es besonders wichtig, diese neue Gleichheit aller Gläubigen zu verstehen.

Zusammenfassung der Apostelgeschichte

Einleitung (1,1–2,4)

Der Prolog (1,1-5)

Ähnlich wie den ersten Band beginnt Lukas den zweiten mit einem langen Satz zur Einführung. Im ersten Prolog fasst er sein Evangelium zusammen, aber er deutet bereits die drei Leitmotive des zweiten, noch nicht niedergeschriebenen Bandes an. Erstens sollte darin ein

Bericht über die Worte und das Wirken Christi nach seiner Himmelfahrt stehen. Zweitens sollte dieses künftige Wirken durch die Apostel weitergeführt werden, jene Männer, die Jesus erwählt hatte, damit sie ihn auf Erden vertreten und das Evangelium predigen sollten. Drittens sollte dieser künftige Dienst der Apostel und anderer durch die Vollmacht des Heiligen Geistes geschehen.

Lukas berichtet auch über die beiden wichtigsten Ziele, die in den vierzig Tagen zwischen der Auferstehung und der Himmelfahrt Jesu erreicht wurden. Erstens bewies der Herr seinen Jüngern, dass er lebte und leiblich aus dem Grab auferstanden war. Diese Wahrheit bildete natürlich die Grundlage für die Botschaft der Apostel, und sie verlieh dem christlichen Glauben Glaubwürdigkeit (vgl. 1Kor 15,12-20). Ohne die Auferstehung hätte es kein Christentum gegeben.

Zweitens führte Jesus in jenen Tagen nach der Auferstehung die Belehrung der Jünger weiter. Bevor sie seinen Tod und seine Auferstehung erlebt hatten, konnten sie viele Wahrheiten nicht richtig verstehen. Wenn sie aber diese Grunderfordernisse des Glaubens verinnerlicht hätten, wären sie auch in der Lage, weitere Grundwahrheiten zu erfassen. Viele frühere Lehren Jesu ergaben plötzlich einen Sinn. Viele Voraussagen der alttestamentlichen Propheten wurden für die Jünger zum ersten Mal verständlich, und sie konnten auch die Lehren des Neuen Bundes besser begreifen. Jene vierzig Tage vor der Himmelfahrt Jesu waren entscheidend für die Apostel und die Gemeinde, die bald danach entstehen sollte.

Die Himmelfahrt Jesu (1,6-11)

Dieses Ereignis fand bei Betanien auf der Ostseite des Ölbergs statt (Lk 24,50). Kurz vor seiner Rückkehr in den Himmel stellten die Jünger dem Herrn die Frage, ob er zu jener Zeit das Reich für Israel wieder aufrichten werde. In seiner Antwort leugnete Jesus nicht eine zukünftige Aufrichtung des Reiches, aber er verdeutlichte, dass die Entscheidung über den Zeitpunkt bei Gott läge. Stattdessen beauftragte der Herr seine Jünger mit der weltweiten Verkündigung des Evangeliums. Er ermutigte sie mit der Tatsache, dass sie durch die Kraft des Heiligen Geistes dazu in der Lage sein würden. Als er ihnen klar und deutlich gesagt hatte, worin ihre Aufgabe bestünde, verließ er sie und kehrte zu seinem himmlischen Vater zurück. Die Himmelfahrt offenbart die Zustimmung des Vaters für das Werk seines Sohnes. Nachdem der Herr aus ihrem Blickfeld verschwunden war, sahen die Apostel ihm noch immer nach. Sie wurden von zwei Engeln aus ihrer nachdenklichen Stimmung gerissen. Diese himmlischen Boten sprachen von der »seligen Hoffnung« auf eine Rückkehr des Herrn.

Die Vorbereitung auf das Zeugnis (1,12–2,4)

Die erste Aufgabe der Apostel stand bereits fest. Sie sollten nach Jerusalem zurückkehren und dort warten. Sie verbrachten dort viel Zeit im Gebet mit anderen Gläubigen, die sich gemeinsam mit ihnen versammelt hatten (1,14). In jenen Tagen widmeten sie sich auch der praktischen Frage nach einem Ersatz für Judas Iskariot. Höchstwahrscheinlich hatte der Herr ihnen eine entsprechende Anweisung gegeben. Petrus übernahm die Führung. Seiner Meinung nach war diese Situation bereits in der alttestamentlichen Prophetie vorausgesagt worden (Ps 69,26; 109,8). Ein Ersatz für Judas musste zwei wesentliche Voraussetzungen mitbringen, und zwar musste er erstens ein Zeuge der Auferstehung Jesu sein und zweitens den Dienst Jesu von der Zeit Johannes des Täufers bis hin zur Auferstehung miterlebt haben. Zwei Männer erfüllten diese Voraussetzungen. Deshalb überließen die Apostel Gott die Entscheidung, und so wurde Matthias einer der Zwölf (vielleicht brauchte man für die zukünftige Herrschaft im Reich Gottes einen zwölften Mann; vgl. Mt 19,28).

Es scheint, als ob die Apostel am Pfingstfest ein Eingreifen Gottes erwarteten. Jesus hatte ihnen verheißen, dass nach seiner Himmelfahrt nicht viel Zeit vergehen sollte, bis er ihnen den Heiligen Geist senden würde (1,5), und das geschah am Tag des Pfingstfestes. Da der Geist Gottes unsichtbar ist, ist es nicht möglich zu wissen, wenn er kommt, es sei denn, es gibt einen Beweis für sein Kommen. Deshalb hörten die Gläubigen das Geräusch eines gewaltigen Windes (der Wind ist ein Sinnbild für das Wirken des Geistes Gottes; vgl. Hes 37,9.14; Joh 3,8). Dann sahen sie, wie über jedem von ihnen Feuerzungen erschienen (in der Bibel ist Feuer häufig ein Sinnbild für die Gegenwart Gottes; vgl. 2Mo 3,2; 40,34-38). Als der Geist Gottes über sie kam, sprachen sie in anderen Sprachen. Dieses Wunder benutzte

Gott schließlich als »Türöffner« für die Verkündigung des Evangeliums (s. dazu Anhang D. *Die Gabe der Sprachen*).

DAS ZEUGNIS IN JERUSALEM (2,5–8,3)

Zu Pfingsten (2,5-47)

Die in der Diaspora lebenden Juden kamen scharenweise nach Jerusalem, um dort die wichtigsten jüdischen Feste zu feiern. Neben ihren jeweiligen Dialekten beherrschten sie wohl auch Griechisch und Aramäisch. Diese Pilger waren verblüfft, als sie hörten, wie eine kleine Gruppe Galiläer Gott pries und sie ihre jeweiligen Dialekte verstanden (2,6-8). Durch diese Sensation wurde unter den Juden großes Interesse und Verwirrung ausgelöst, weil sie wissen wollten, wie so etwas möglich war.

Als Sprecher der Apostel führte Petrus seine Zuhörer sofort zum Buch des Propheten Joel, um zwei Wahrheiten zu vermitteln. Erstens gießt Gott seinen Geist tatsächlich auf Menschen aus. Zweitens wird jeder errettet, der den Namen des Herrn anruft. Dann erinnerte er seine Zuhörer an das jüngste Geschehen in Jerusalem und daran, dass Israel Jesus von Nazareth in den Tod geschickt hatte. Aber Gott hatte das Wirken Jesu durch Zeichen und Wunder und schließlich durch seine Auferstehung bekräftigt. Dann legte Petrus die Worte von König David aus und zeigte auf, dass dieser auf das Geschehen der Auferstehung gewartet habe. Das Wunder der Sprachen sei nur eine erneute Bestätigung der Tatsache, dass Jesus jetzt zur Rechten des Vaters sitze und den Heiligen Geist auf Menschen ausgegossen habe (2,33). Petrus kam zum Höhepunkt seiner Predigt: Gott hat diesen Jesus, den Israel gekreuzigt hat, zum Herrn und Messias gemacht.

Die Botschaft des Apostels Petrus hinterließ einen nachhaltigen Eindruck, als der Menschenmenge die Größe des Verbrechens deutlich wurde, das Israel an seinem Messias begangen hatte. Hilflos und ohne Hoffnung riefen die Menschen: »*Was sollen wir tun?*« (2,37). Petrus wies sie auf die Notwendigkeit einer Umkehr hin (2,38). Die nationale Entscheidung, die zur Kreuzigung Jesu geführt hatte, hatte aus ihm einen Gotteslästerer und ein Werkzeug des Teufels gemacht. Die Menschen mussten aber ihre Meinung ändern und ihn als ihren Messias annehmen. Dann mussten sie sich durch die Wassertaufe öffentlich mit ihm identifizieren. Etwa dreitausend Menschen reagierten positiv auf die Predigt des Petrus, und sie wurden der Gemeinde hinzugefügt.

Als diese Menschen zum Glauben kamen, schnitten sie sich von vielen Bereichen im gesellschaftlichen und religiösen Leben des Judentums ab. Für diese neuen Gläubigen wurde die Gemeinde nun zum Lebensmittelpunkt. In den nächsten Monaten verbrachten sie viel Zeit miteinander. Sie wurden in den Lehren des Neuen Bundes unterrichtet, lobten Gott, beteten und dienten einander (2,42-47). Die von den Aposteln gewirkten Wunder, die Einheit unter den Gläubigen und ihre echte Liebe zueinander wirkten anziehend auf viele, die der Herr der Gemeinde hinzufügte.

Das Zeugnis von Petrus und Johannes (3,1–4,31)

Lukas berichtet, dass die Apostel viele Zeichen und Wunder wirkten (2,43). Dann erwähnt er ein solches Zeichen, um zu veranschaulichen, dass diese Wunder die Botschaft der Apostel bestätigten und der Verkündigung des Evangeliums die Türen öffneten. Der Tempel wurde von den Aposteln als Ort der Lehre und Verkündigung benutzt. Sie folgten damit dem Beispiel des Herrn Jesus. Innerhalb des Tempelkomplexes heilten Petrus und Johannes einen Mann, der etwa vierzig Jahre lang gelähmt war (vgl. 4,22). Dieses echte Wunder verblüffte die Augenzeugen, und es war für Petrus eine Gelegenheit, erneut die Auferstehung Jesu zu verkündigen (3,11-26). Die Reaktion seiner Zuhörer war wieder positiv, und die Jerusalemer Gemeinde zählte bald fünftausend Menschen (4,4). Aber dieser Vorfall gab den Apostel auch einen ersten Vorgeschmack einer Verfolgung durch die religiöse Führungsschicht. Als die Regierenden sie befragten, antwortet Petrus mit einer Botschaft, die die gleichen Grundelemente enthielt wie seine beiden vorherigen Predigten. Er erwähnte, dass seine Zuhörer sich des Mordes an ihrem Messias schuldig gemacht hätten, dass Gott das Opfer Jesu angenommen und ihn deshalb von den Toten auferweckt habe und dass sie zu ihm kommen müssten, weil er der einzige Weg zur Erlösung sei (4,8-12). Die Ältesten und Priester waren verblüfft über die Kühnheit und Schriftauslegung der Apostel. Sie konnten die

Gültigkeit des Wunders nicht leugnen. Dennoch ordneten sie an, dass es nicht erlaubt sei, im Namen Jesu von Nazareth zu predigen (4,18). Aber Petrus und Johannes hatten vor, aus Gehorsam gegenüber Gott dieses Gebot nicht zu beachten (4,19-20). Sie kehrten zu den anderen Gläubigen zurück, um mit ihnen wegen dieser Angelegenheit zu beten und von Gott Kühnheit zu erbitten (4,23-31).

Das Zeugnis der Apostel (4,32–5,42)

In der Zeit danach war die Gemeinde geprägt von Einigkeit, Liebe, Kraft und Wachstum (4,32-35), und dadurch wurden die Tore der Hölle angegriffen. Der Gegenangriff Satans auf die Gemeinde kam nicht nur von außen (Verfolgung durch die religiöse Führungsschicht), sondern auch von innen (Versuche, die Einheit und Reinheit der Gemeinde durch Sünde innerhalb der Versammlung zu unterminieren). Die Geschichte von Hananias und Saphira ist ein Beispiel für einen solchen Angriff von innen (5,1-11). Dieses Ehepaar machte sich einer vorsätzlichen Lüge schuldig, und beide bezahlten für diese Sünde mit ihrem Leben. Dieses strenge und dramatische Handeln Gottes an den beiden Gläubigen war ein deutliches Signal für seinen Wunsch nach Reinheit in seiner Gemeinde (diese Lektion scheint die moderne Gemeinde Jesu nicht mehr lernen zu wollen). Alle, die von diesem Vorfall hörten, wurden von großer Furcht erfüllt.

Auf den Tod dieses Ehepaars folgte ein erneuter Wachstumsschub im Leben der Gemeinde. Viele Menschen kamen zum Glauben an Jesus Christus (5,12-16). Als die Apostel viele Wunder wirkten und im Tempel mit Vollmacht das Evangelium verkündigten, wurden sie von der religiösen Führungsschicht erneut gefangen genommen. Diese Aktion zeigte die Entschlossenheit der Regierenden. Wieder konfrontierte Petrus sie mit der Wahrheit über den Mord an ihrem Messias und dessen Auferstehung von den Toten. Wegen dieser Botschaft wollten einige aus der religiösen Führungsschicht die Apostel töten lassen (5,33), aber der Rat des großen Gelehrten Gamaliel verhinderte deren Ermordung. Daraufhin wurden die Apostel gegeißelt. Mit dieser Maßnahme hoffte die religiöse Führungsschicht, sie zum Schweigen zu bringen. Aber das war nicht der Fall. Die Apostel verkündigten weiter das Evangelium (5,42).

Das Zeugnis des Stephanus (6,1–8,3)

Lukas macht seine Leser jetzt mit Stephanus bekannt, indem er weiter von der Verbreitung des Christentums erzählt. Infolge eines organisatorischen Problems bei der Versorgung der Witwen gerät Stephanus in das Blickfeld der Apostelgeschichte. Er hatte einen guten Ruf und eine herausragende Weisheit (6,3), und so löste er (gemeinsam mit den anderen zu Diakonen erwählten Männern) nicht nur das Problem in der Gemeinde, sondern er verkündete auch das Wort Gottes und wirkte Wunder. Sein Dienst brachte ihn auch in die Synagoge der Libertiner (6,9). Dort debattierte er über die von Jesus vertretenen Ansprüche. Die Anwesenden konnten gegen seine Weisheit und den Geist, in dem er redete, nicht ankommen. Deshalb wurde er ungerechterweise der Gotteslästerung angeklagt und vor den Hohen Rat geführt. In seiner Verteidigungsrede (7,2-53) widerlegte Stephanus geschickt die Vorwürfe seiner Ankläger. Am Ende seiner Botschaft richtete er eine harte Anklage an die religiöse Führungsschicht. Diese kühne Rede führte zu seinem Tod, als die wutentbrannten Mitglieder des Hohen Rates Stephanus aus dem Gebäude zerrten und ihn steinigten. Die Gemeinde Jesu hatte ihren ersten Märtyrer. Mit dem Tod des Stephanus begann eine große Verfolgung der Gemeinde in Jerusalem (8,2). Angeführt wurde diese Verfolgung von einem Mann namens Saulus (8,3).

Das Zeugnis in Judäa und Samaria (8,4–12,25)

Das Zeugnis des Philippus (8,4-40)

Zum ersten Mal verlässt die Gemeinde die Umgebung von Jerusalem und breitet sich in anderen Gebieten aus. Die Verfolgung der Gemeinde hatte bewirkt, dass noch mehr Menschen vom Evangelium hörten. In diesem Bericht geht es vor allem um Philippus, der zu den sieben gewählten Diakonen gehörte (Kap. 6). Philippus reiste nach Samarien, um dort das Evangelium zu predigen und Wunder zu wirken. Sein Dienst führte zur bemerkenswerten Bekehrung von zahlreichen Menschen. Als die Apostel von der Verkündigung des Evangeliums unter den Samaritern hörten, schickten sie Petrus und Johannes in das Gebiet, um sich über das dortige Geschehen zu vergewissern. Durch Wunder zeigte der Herr den Aposteln, dass die Bekehrung der Samariter echt war und sie wie die anderen auch zur Gemeinde Jesu zählten. Diese einzigartige Erfahrung in Samarien war erforderlich für den Zusammenhalt der jungen Bewegung und die Einheit der Gemeinde.

Das Zeugnis des Saulus (Paulus) (9,1-31)

Lukas greift nun seinen Bericht aus Kapitel 8 Vers 3 wieder auf und erzählt von Saulus, einem Angehörigen der religiösen Führungsschicht. Er gab sich mit der Verfolgung der Gläubigen in Jerusalem nicht zufrieden. Deshalb erbat und erhielt er Auslieferungsbefehle für Christen, die sich an anderen Orten aufhielten. Man hatte ihn wohl über eine größere Gruppe von Christen in Damaskus informiert. Deshalb machte er sich auf den Weg dorthin. Als Saulus und seine Mitreisenden sich Damaskus näherten, sah er den verherrlichten, auferstandenen Christus. Obwohl seine Reisegefährten wussten, dass etwas Besonderes geschah, sah und hörte nur Saulus den Herrn Jesus Christus. Saulus kam zum Glauben an den Einen, den er verfolgt hatte. Weil er vorübergehend erblindet war, musste er nach Damaskus geführt werden. Dort half ihm ein Mann namens Ananias in seinem neu gefundenen Glauben weiter. Dann verbrachte Saulus einige Zeit in Arabien. Später kehrte er nach Damaskus zurück (vgl. Gal 1,15-17). Saulus (der unter seinem Zweitnamen Paulus berühmt wurde), begann zu predigen, dass Jesus der Messias sei. Damit verursachte er einen Aufruhr unter den Juden in Damaskus. Sie wollten ihn töten. Der große Christenverfolger war zu einem kraftvollen Verkündiger jenes Glaubens geworden, den er vorher vernichten wollte. Dann offenbarte der Herr dem Paulus (Saulus), dass er ihn für einen besonderen Dienst unter den Nichtjuden ausersehen habe. (Weitere Informationen über das Bekehrungserlebnis des Paulus finden sich in Apostelgeschichte 22,3-21 und 26,6-23.) Paulus floh aus Damaskus, reiste zuerst nach Jerusalem und von dort aus nach Tarsus (9,26-30).

Das Zeugnis des Petrus (9,32–11,18)

Petrus wirkte in vielen Städten, aber der Vorfall in Cäsarea war besonders beachtenswert. Dort kamen einige Nichtjuden (die keine jüdischen Proselyten waren) zum Glauben an Jesus Christus. Nachdem sie die Botschaft des Petrus positiv aufgenommen hatten, bestätigte der Heilige Geist die Echtheit ihres Glaubens durch übernatürliche Zeichen - ähnlich denen, die die Juden zu Pfingsten erlebt hatten. Dadurch wurde den jüdischen Gläubigen bewusst, dass Gott in der Gemeinde Nichtjuden und Juden gleichstellte. (Diese Lektion musste in späteren Jahren immer wieder neu gelernt werden.)

Das Zeugnis der Gemeinde (11,19–12,25)

Das Leben der Gemeinde tritt in eine neue Phase ein, als das Evangelium nach Antiochia in Syrien kommt. Paulus spielt jetzt eine wichtige Rolle bei der Verkündigung des Evangeliums unter Nichtjuden (11,19-26). Die Gemeinde in Antiochia war die erste Gemeinde, die überwiegend aus Nichtjuden bestand. Dort war auch der Ort des ersten gemeinsamen Wirkens von Paulus und Barnabas unter Nichtjuden.

Zu dieser Zeit wurde die Jerusalemer Gemeinde von einer weiteren Verfolgungswelle getroffen. Mit dieser Verfolgung wollte Herodes Agrippa I. (ein Enkel von Herodes dem Großen) sich offenbar bei der jüdischen Führungsschicht einschmeicheln. Jakobus, der erste Märtyrer unter den Aposteln, wurde getötet, und Petrus wurde ins Gefängnis geworfen. Für die Gemeinde Jesu war das eine düstere Zeit, aber das Wirken Gottes war noch immer machtvoll, und das Evangelium breitete sich weiter aus (12,24).

Bis an die Enden der Erde (13,1–28,31)

Die erste Missionsreise (13,1–14,28)

Im Zeitplan Gottes war jetzt der Moment gekommen, in dem sich das Evangelium wie noch nie zuvor in der Welt verbreiten sollte. Während sie beteten und fasteten, erfuhren die Gläubigen in Antiochia, was der Wille Gottes war. Vielleicht geschah es durch jemanden mit der Gabe der Prophetie, aber auf jeden Fall wurden Paulus und Barnabas für eine besondere Aufgabe erwählt. Dieser Dienst sollte sie mit dem Evangelium in neue Gebiete führen. Das erste Ziel der beiden Missionare war die Insel Zypern. Dort verkündeten sie in den Städten Salamis und Paphos das Evangelium. Dann segelten sie zur Küste von Kleinasien und machten sich auf den Weg ins Landesinnere zu den Städten Antiochia (in Pisidien), Ikonion, Lystra und Derbe. In jeder Stadt verkündeten sie das Evangelium und gründeten Gemeinden. Aber sie bekamen auch den Hass und die Verfolgung der Juden zu spüren. Die beiden Missionare kehrten zu ihrer Heimatgemeinde in Antiochia (in Syrien) zurück und berichteten dort über alle Wunder, die Gott gewirkt hatte.

Die Apostelversammlung in Jerusalem (15,1-35)

Während ihrer Lehrtätigkeit in Antiochia gerieten Paulus und Barnabas in eine Debatte mit Juden aus Judäa, weil diese verkündeten, dass alle Gläubigen, auch Nichtjuden, sich beschneiden lassen und das mosaische Gesetz halten müssten, um die Erlösung zu erlangen. Paulus und Barnabas waren anderer Meinung, und so wurden hitzige Streitgespräche geführt. Diese Frage war von so großer Wichtigkeit, dass man sich entschloss, nach Jerusalem zu reisen und dort gemeinsam mit den Aposteln eine Lösung zu finden. Für die Geschichte der Gemeinde Jesu war dieser Vorfall von entscheidender Bedeutung, weil diese theologische Frage wie ein Keil war, der die Gemeinde leicht in zwei Lager hätte spalten können. Wenn die Rituale des Judentums mit dem Neuen Bund verbunden worden wären, wäre es wohl schon zu diesem Zeitpunkt zu einer Spaltung der Gemeinde gekommen.

Nachdem sie sich mit dieser Frage auseinandergesetzt und die Zeugnisse von Petrus, Paulus und Barnabas gehört hatten, entschieden die Apostel, dass Nichtjuden nicht das mosaische Gesetz einhalten müssten, um die Erlösung zu erlangen. Nichtjüdischen Christen wurde jedoch nahegelegt, die Gefühle der jüdischen Gläubigen zu respektieren und nicht vorsätzlich zu verletzen.

Die zweite Missionsreise (15,36–18,22)

Paulus erkannte, dass er die während seiner ersten Reise gegründeten Gemeinden wieder aufsuchen musste. Als sein Begleiter Barnabas seinen Neffen Johannes Markus auf diese zweite Missionsreise mitneh-

ERSTE UND ZWEITE MISSIONSREISE DES PAULUS

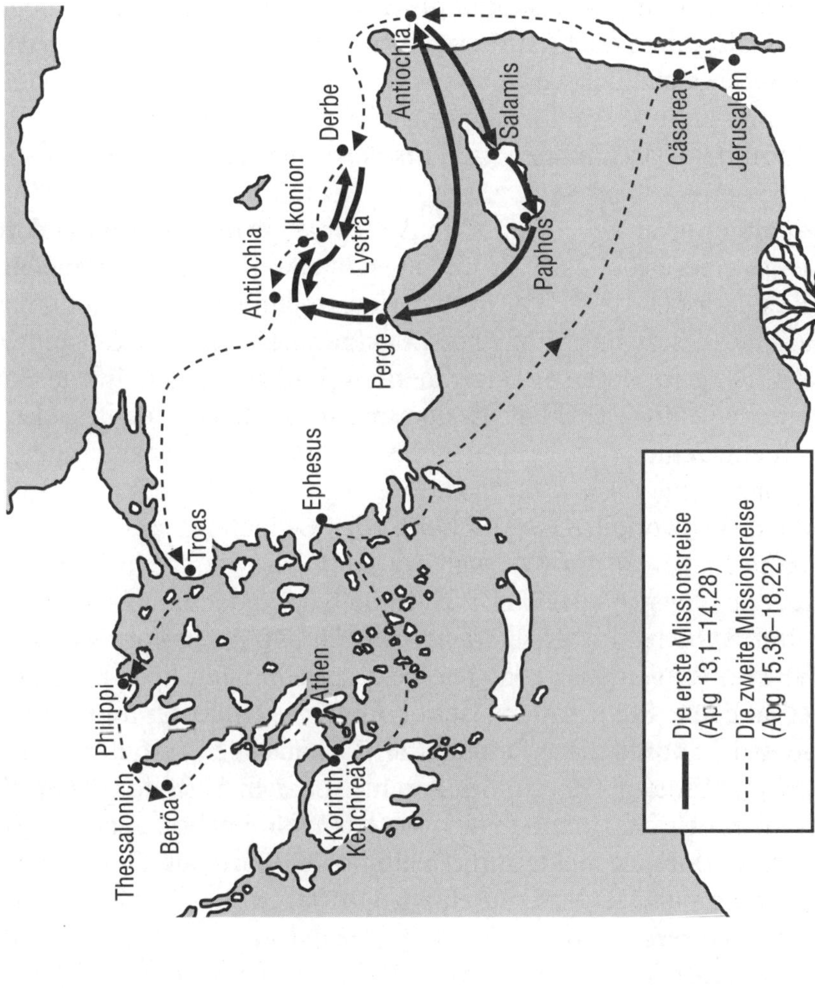

men wollte, verweigerte Paulus seine Erlaubnis, weil Markus die Gruppe der Missionare während ihrer ersten Reise verlassen hatte. Diese Entscheidung des Paulus führte zu einer Trennung der beiden Männer. Barnabas nahm Markus zu einem erneuten Besuch auf Zypern mit. Paulus machte Silas zu seinem neuen Begleiter, und die beiden Männer stärkten die während der ersten Reise gegründeten Gemeinden in Kleinasien. Dort schloss sich ihnen Timotheus an. Nachdem der Heilige Geist ihnen die Weiterreise in bestimmte Provinzen verwehrt hatte (16,6-7), erreichten die Missionare Troas. Hier schloss sich Lukas der Gruppe an, und Paulus empfing den Ruf nach Mazedonien in einer Vision. Die Missionare besuchten dort die Städte Philippi, Thessalonich, Beröa, später auch Athen und Korinth. Wenn es in diesen Städten eine Synagoge gab, ging Paulus zunächst dorthin und verkündete die Botschaft von Jesus. Er sprach so lange in den Synagogen, bis man ihn von dort vertrieb. Oft wandte er sich dann den Nichtjuden zu, die seine Verkündigung häufig besser aufnahmen. Paulus blieb anderthalb Jahre lang in Korinth. Das war bei seiner zweiten Reise der längste Aufenthalt in einer Stadt. In den meisten Orten, die er besuchte, entstanden Gemeinden.

Die dritte Missionsreise (18,23–21,16)

Nachdem er sich eine Weile in Antiochien (Syrien) aufgehalten hatte, nahm Paulus seine Reisetätigkeit wieder auf. Als er die Gebiete Galatien und Phrygien durchzogen hatte, kam er nach Ephesus. Sein Wirken in dieser Stadt dauerte etwa drei Jahre, länger als an jedem anderen Ort während dieser dritten Reise, aber sein Dienst hatte auch eine enorme Wirkung (19,20). Dann kehrte er nach Mazedonien und Griechenland zurück, damit er sich um das Wohlergehen der dortigen Gemeinden kümmern konnte. Er besuchte Troas, als er sich auf dem Rückweg nach Jerusalem befand. Dort endete seine Reise. Auf dem Weg nach Jerusalem wurde Paulus wiederholt gewarnt, dass ihn dort Schwierigkeiten erwarten würden. Schließlich wurde er in Jerusalem festgenommen, und es begann eine etwa vierjährige Zeit der Gefangenschaft.

DRITTE MISSIONSREISE DES PAULUS UND DIE REISE NACH ROM

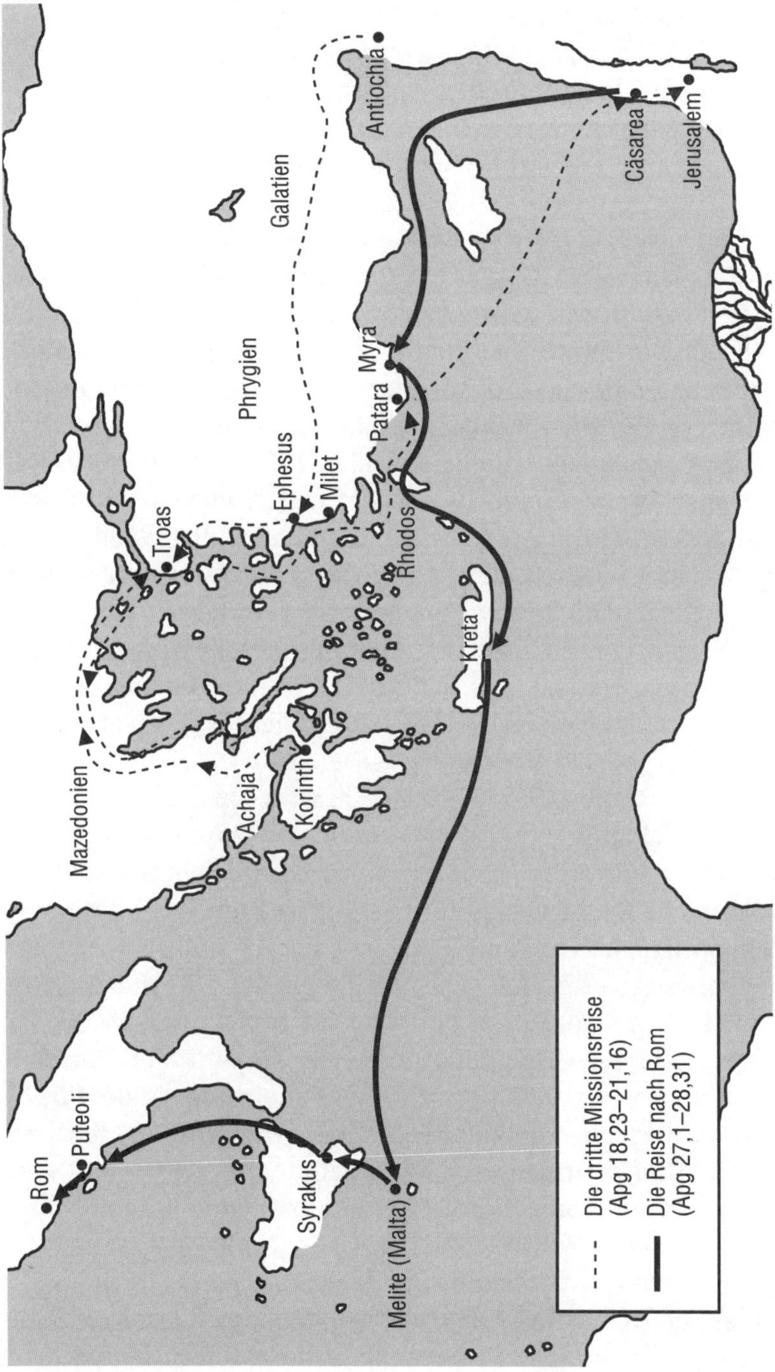

Die Reise nach Rom (21,17–28,31)

Vor jüdischen und römischen Amtsträgern hielt Paulus mehrere Verteidigungsreden. In Jerusalem befand er sich in Lebensgefahr, und deshalb wurde er in die von Römern beherrschte Stadt Cäsarea verlegt.

Nachdem er sich vor Festus, Felix und Agrippa verteidigt hatte, forderte Paulus als römischer Bürger ein Gerichtsverfahren in Rom. Weil das sein gutes Recht war, wurde er dorthin gebracht. Das Schiff, auf dem der Apostel mitfuhr, verließ den Hafen zu einem späten Zeitpunkt im Jahr und somit zu einer ungünstigen Zeit für eine Durchquerung des Mittelmeers. Ein starker Sturm brachte das Schiff von seinem Kurs ab und trieb es etwa 700 Kilometer weiter. Es kam zu einem Schiffbruch auf der Insel Malta. Nach etwa drei Monaten wurde Paulus nach Rom gebracht. Dort wurde der Apostel unter Hausarrest gestellt, aber er hatte die Freiheit, seinen Besuchern das Evangelium zu verkündigen. Höchstwahrscheinlich war Paulus nach zwei Jahren frei und konnte seine Missionsreisen fortsetzen. Aber mit seinem Bericht über die Ankunft des Evangeliums in Rom hat Lukas das Ziel seines Buches erreicht, und deshalb endet die Apostelgeschichte an dieser Stelle.

Der Apostel Paulus

Man kann zu Recht behaupten, dass niemand eine größere Wirkung auf die christliche Gemeinde hatte als der Apostel Paulus. Auf seinen Missionsreisen verbreitete sich das Evangelium in die zu seiner Zeit bekannte Welt. Seine Briefe bildeten eine breite theologische Basis für die Gemeinde Jesu Christi. Gott bereitete diesen Mann für seine Rolle als Heidenapostel sorgfältig vor. Seine Bekehrung auf der Straße nach Damaskus war ein spektakuläres, übernatürliches Geschehen, aber sie war nicht der Ausgangspunkt für seine Vorbereitung auf seine Aufgabe als Apostel Gottes für die Heiden bzw. Nichtjuden.

> »Die Berufung des Paulus war der Endpunkt in einem langfristigen Plan, den Gott im Verlauf des Geschehens Schritt für Schritt zur Ausführung brachte. Bereits vor seiner Geburt wurde Paulus als

Chronologie der Apostelgeschichte und der Briefe

Jahr (n. Chr.)	33	47	48	50	53	57	58	60	62	64 100
Petrus und Paulus	Wirken des Petrus, Bekehrung des Paulus	1.Missionsreise des Paulus	Jerusalemer Apostelversammlung: Petrus und Paulus	2.Missionsreise des Paulus	3.Missionsreise des Paulus	Festnahme des Paulus: Jerusalem	Paulus in Gefangenschaft: Cäsarea	Paulus in Gefangenschaft: Rom	Letzte Reisen des Paulus, Märtyrertod	Keine Angaben
Neutestamentliche Briefe	Jakobus	Galater		1. Thessalonicher 2. Thessalonicher	1. Korinther 2. Korinther Römer			Epheser Kolosser Philemon Philipper	1. Timotheus Titus 2. Timotheus	Verfasst vor 70 n. Chr.: 1. Petrus 2. Petrus Hebräer Verfasst nach 70 n. Chr.: Judas 1., 2., 3. Johannes Offenbarung
Kapitel in derApostelgeschichte	1–2	13–14	15	15–18	18–21	21–24	24–26	27–28	Keine	Keine

> Heidenapostel erwählt. Als der richtige Zeitpunkt gekommen war, offenbarte Gott seinen Plan im Herzen und Verstand dieses Mannes. Es handelte sich nicht um die plötzliche und unberechenbare Erwählung eines menschlichen Werkzeuges, sondern um das Ende eines Prozesses der Erwählung und Vorbereitung, der lange vor der Geburt dieses Mannes begonnen hatte, der ihm aber zunächst überhaupt nicht bewusst war. Deshalb hatte er seine ganze Kraft investiert in einen vergeblichen Kampf gegen die starke Macht der göttlichen Berufung.«[5]

Weil der Apostel Paulus in der Frühzeit der Gemeinde Jesu und in der neutestamentlichen Literatur eine dominierende Rolle spielt, ist an dieser Stelle ein kurzer Abriss über seine Herkunft und sein Leben angebracht. Wir folgen dabei der Gliederung, die Charles Ryrie in seinem Buch über die Theologie des Neuen Testaments verwendet.[6]

DER EINFLUSS DES JUDENTUMS AUF PAULUS

Paulus als jüdischer Patriot

Obwohl Gott ihn zu den Nichtjuden gesandt hatte, empfand Paulus immer eine tiefe Liebe zu Israel, seinem eigenen Volk (vgl. Röm 3,1; 9,1-3). Seine frühzeitige Ausbildung im jüdischen Gesetz und das Erlernen eines handwerklichen Berufs (Zeltmacher) zeigen, dass er aus einer Familie stammte, die ihre jüdische Identität auch auslebte.

Paulus als Pharisäer

Sein Vater war Pharisäer (Apg 23,6), und Paulus selbst war ein Eiferer für das Gesetz (Phil 3,5). Er übertraf seine Zeitgenossen, indem er das Pharisäertum förderte, vor allem mit seinen Schwerpunkten auf Schriftkenntnis, äußerer Gerechtigkeit, Fasten und Zehntengeben (s. dazu auch die Ausführungen über die Pharisäer in Kapitel 3 auf S. 32-34). »Das Pharisäertum gab dem Paulus eine gewohnheitsmäßige Disziplin für sein späteres Leben als Christ, und das Christentum gab ihm die Freiheit von seiner Bindung an das Gesetz aus seinem früheren Leben als Pharisäer.«[7]

Paulus als Lernender

In der Synagoge von Tarsus wurde Paulus sicherlich in den hebräischen Schriften des Alten Testaments unterrichtet. Bis zum Alter von zwölf Jahren hatte er auch gelernt, hebräisch zu schreiben, das Gesetz und die Propheten studiert und sich eine Kenntnis der jüdischen Geschichte angeeignet. Als er dreizehn Jahre alt war, wurde er wohl nach Jerusalem geschickt, um seine Ausbildung unter dem großen Lehrer Gamaliel zu vervollständigen (Apg 22,31).

> »In den nächsten fünf oder sechs Jahren saß er zu Füßen von Gamaliel. ... Paulus lernte, wie man einen Text auseinander nimmt, bis sich Dutzende von möglichen Bedeutungen erschließen. ... Paulus lernte, wie man die in der Antike beliebten Debatten im Frage- und Antwort-Stil führt und wie man das Gesetz auslegt. Neben seiner Aufgabe als Prediger fungierte ein Rabbi nämlich auch als Jurist, der Gesetzesübertreter anklagte oder verteidigte.«[8]

Paulus als Missionar

Als Schüler von Gamaliel kannte Paulus bestimmt auch das Prinzip, nach dem jeder Jude pro Jahr einen Proselyten gewinnen sollte. Die Einstellung, dass die göttliche Wahrheit an andere weitergegeben werden muss, wurde Paulus schon von Jugend an eingeprägt. In seiner Zeit als Erwachsener sollte der auferstandene Christus diese Einstellung für die Verkündigung des Evangeliums heiligen und nutzen.

Der Einfluss des Hellenismus auf Paulus

Die Stadt Tarsus

Die Geburtsstadt des Apostels Paulus war Tarsus, die Hauptstadt der römischen Provinz Zilizien. Tarsus wurde 171 v. Chr. von Antiochus Epiphanes als griechischer Stadtstaat gegründet. Seit der Gründung der Stadt lebten dort wohl Juden, die auch das Bürgerrecht erhielten.[9] Paulus berief sich auf sein Recht als römischer Bürger (Apg 21,39).

Möglicherweise war dieses Bürgerrecht schon lange in seiner Familie. »Das Bürgerrecht konnte nur vom Vater auf den Sohn vererbt werden, außer in besonderen Fällen, wenn es durch einen Gesetzesakt einer Einzelperson als Belohnung für besondere Verdienste verliehen wurde, aber solche Fälle kamen in jeder Stadt nur selten vor, weil das Bürgerrecht eifersüchtig gehütet wurde.«[10] Für Paulus war das Bürgerrecht äußerst nützlich, als er die römische Welt bereiste, um das Evangelium zu verkündigen.

Durch seine Universität war Tarsus auch ein Zentrum der Gelehrsamkeit. Obwohl die Universität nicht zu den bedeutendsten der antiken Welt zählte, war sie dennoch ein Ort, an dem Philosophie gelehrt und debattiert wurde. Ob auch Paulus an dieser Universität studierte, ist nicht sicher, aber er war bestimmt vertrauter mit dem griechischen Denken als ein Jude, der in Israel lebte (vgl. Tit 1,12). Tarsus war für Paulus der geeignete Ort für seine Vorbereitung auf seine Funktion als Heidenapostel.

Die Mysterienkulte

Paulus war wohl auch vertraut mit solchen Religionen, die ihren Anhängern eine besondere Beziehung zu den Göttern versprachen (siehe dazu auch die Ausführungen über die Mysterienkulte in Kapitel 3, S. 29). »Obwohl Paulus die Begriffe aus den Mysterienkulten bekannt waren und er manche von ihnen verwendete, um das Interesse seiner griechischen Leser am Evangelium zu wecken, heißt das noch lange nicht, dass die paulinische Theologie sich von diesen Kulten abgeleitet hat oder gar von ihnen abhängig war.«[11] Es gibt große Unterschiede zwischen der Theologie des Apostels Paulus und den Lehren der Mysterienkulte.

Das Privatleben des Apostels Paulus

Zur Zeit des Apostels Paulus war es in der römischen Welt üblich, dass eine Person mehrere Namen hatte. Paulus war sein lateinischer, Saulus sein hebräischer Name. Er hatte schon immer diese beiden Namen, und sie waren unabhängig von seiner Bekehrung. Sein Name wurde nach seinem Damaskuserlebnis nicht plötzlich geändert.

Viele Theologen vertreten die Meinung, dass Paulus eine Zeitlang verheiratet gewesen ist, aber möglicherweise sei seine Frau verstorben oder habe ihn verlassen, als er zum Glauben an Christus kam. Obwohl diese Gedanken rein spekulativ sind, lassen seine Aussagen über die Ehe und seine Mitgliedschaft im Hohen Rat die Vermutung zu, dass er verheiratet war.

Das Bekehrungserlebnis

Die Bekehrung des Apostels Paulus geschah plötzlich, als er auf der Straße nach Damaskus dem auferstandenen Christus begegnete. Vor diesem bedeutenden Ereignis gab es jedoch einige Fragen, mit denen sich Saulus beschäftigte. Jesus selbst erinnerte ihn daran, dass es hart sei, »*gegen den Stachel auszuschlagen*« (Apg 26,14). Zu diesem »*Stachel*«, der Herz und Verstand des Saulus quälte, gehörte auch das Zeugnis und der Märtyrertod des Stephanus, das gottesfürchtige Leben der Christen, die er verfolgte, und sein Wissen über die Wunder und Lehren des Herrn Jesus. Als die Stimme vom Himmel sprach: »*Ich bin Jesus, den du verfolgst*« (Apg 9,5), endete sein innerer Kampf, und Paulus wurde Christ.

Die Bekehrung des Saulus von Tarsus gehört zu den bedeutendsten Beweisen des christlichen Glaubens. Es gibt sonst keine angemessene Erklärung (das Zeugnis der Bibel ausgenommen) für die drastische Veränderung, die dieser Mann erlebt hatte, warum er, der die an Christus Gläubigen hasste, plötzlich selbst Christ und zum bedeutendsten Verkündiger des Glaubens an Jesus Christus wurde.

EIN CHRONOLOGISCHER ABRISS ÜBER DAS LEBEN DES APOSTELS PAULUS

Jahr (n. Chr.)	**Ereignisse**
1	Geburt des Apostels Paulus
14	Studium in Jerusalem unter Gamaliel
34	Bekehrung (Apg 9)
44	Wirken des Apostels Paulus in Antiochia
47	Erste Missionsreise
49	Jerusalemer Apostelversammlung
50	Zweite Missionsreise
54	Dritte Missionsreise
58	Gefangenschaft in Cäsarea
60	Erste Gefangenschaft in Rom
62	Entlassung aus der ersten Gefangenschaft in Rom
64	Zweite Gefangenschaft in Rom; Tod des Paulus

TEIL 4

Die Briefe der Apostel: Der Neue Bund wird erklärt

KAPITEL 10

Ein Blick auf die neutestamentlichen Briefe

Die Notwendigkeit der Briefe

Als die Gemeinde Jesu sich über die Grenzen von Jerusalem hinaus ausdehnte und sich über die Welt auszubreiten begann, ergab sich die Notwendigkeit, die Wahrheit, an der sich die Gemeinde ausrichtet, niederzuschreiben. So entstanden Lehrbriefe an Gemeinden und Einzelpersonen. Diese in unserem Neuen Testament bewahrten einundzwanzig Briefe stammen fast ausschließlich von Aposteln. Sie festigten den Glauben der Gemeinde und gaben ihr eine maßgebliche, zusammenhängende Orientierungshilfe.

Die Vorteile eines Briefes

Ein Brief als Kommunikationsmittel hatte gewisse Vorteile.

> »Ein Brief erlaubt dem Verfasser mehr Freiheiten als ein Aufsatz über ein Thema – sowohl beim Thema als auch bei der Wortwahl. In der Regel ist ein Brief anlassgebunden, das heißt, ein bestimmter Umstand erfordert eine sofortige schriftliche Reaktion. Auch der Stil eines Briefes richtet sich ebenfalls nach dem Anlass. ... Paulus bediente sich häufig der Briefform, um bestimmte Lehren und Ratschläge zu übermitteln.«[1]

Die Länge der Briefe

Die neutestamentlichen Briefe waren um einiges länger als der Durchschnittsbrief aus jener Zeit. Literarische Briefe von Staatsmännern wie Cicero oder Philosophen wie Seneca enthielten durchschnittlich 200

Wörter, während ein kürzerer Brief von Paulus etwa 1.300 Wörter umfasste. Der Römerbrief enthält sogar circa 7.100 Wörter.[2]

Das Studium der Briefe

In dieser Studienhilfe wollen wir uns zunächst mit den vierzehn vom Apostel Paulus verfassten Briefen beschäftigen. Danach wollen wir uns einen Einblick in die acht Briefe von anderen Autoren verschaffen. Die Briefe des Apostels Paulus wollen wir in chronologischer Reihenfolge, also nach dem Datum ihrer Niederschrift, studieren und sie in vier Gruppen aufteilen. Auch die anderen acht Briefe wollen wir in ihrer chronologischen Reihenfolge betrachten.

DIE PAULINISCHEN BRIEFE

ERSTE GRUPPE

Die frühen Briefe des Apostels Paulus		
Brief	**Jahr (n. Chr.)**	**Ort der Niederschrift**
Galater	48	Antiochia in Syrien
1. Thessalonicher	51	Korinth
2. Thessalonicher	51	Korinth

KAPITEL 11
DER BRIEF AN DIE GALATER

Einführung in den Galaterbrief

DER VERFASSER DES GALATERBRIEFES

In den Eröffnungsversen dieses Briefes bezeichnet sich der Apostel Paulus selbst als Autor.

ÖRTLICHE UND ZEITLICHE EINORDNUNG

Unter Theologen gibt es unterschiedliche Meinungen über Zeit und Ort der Niederschrift. Die Datierung reicht von 48 n. Chr. (aus Antiochia in Syrien) bis 60 n. Chr. (aus Rom). Eine Entscheidung über die zeitliche Einordnung hängt vor allem von der Deutung des Begriffs »Galatien« ab (siehe dazu die Ausführungen über die Besonderheiten des Galaterbriefes). Datierung und örtliche Einordnung richten sich auch nach der Entscheidung für die jeweilige Variante. In dieser Studie gehen wir davon aus, dass der Galaterbrief als frühester paulinischer Brief kurz nach der ersten Missionsreise des Apostels verfasst wurde und gegen Ende des Jahres 48 oder zu Beginn des Jahres 49 n. Chr. entstanden ist. Nach dieser Theorie wäre Antiochia in Syrien der Ort der Niederschrift.

DIE ZIELSETZUNG DES GALATERBRIEFES

Die Notwendigkeit dieses Briefes ergibt sich aus dem ersten Kapitel. Judaisten hatten die Gemeinden in Galatien aufgesucht und unterwandert, indem sie das Evangelium verdrehten und die Autorität sowie die Glaubwürdigkeit des Apostels Paulus angriffen. Der Galaterbrief war eine Reaktion auf diese Entwicklung. Für die Niederschrift des Briefes lassen sich jedoch weitere Gründe feststellen. Erstens will Paulus seine Autorität als Apostel verteidigen. Deshalb erklärt er gleich zu Beginn des Briefes, dass er als wahrer Apostel von Christus selbst für dieses Amt erwählt worden sei. Zweitens will er die Wahrheit über die Erlösung allein aus Glauben bekräftigen, weil ein Mensch durch den Glauben erlöst (Rechtfertigung) und im Glauben leben soll (Heiligung).

Drittens schrieb er diesen Brief, weil er die Irrtümer eines gesetzlichen Denkens korrigieren und den Gedanken der Freiheit in Christus verteidigen wollte.

GLIEDERUNG DES GALATERBRIEFES

I. Einleitung (1,1-9)
  A. Gruß (1,1-5)
  B. Anlass des Briefes (1,6-9)

II. Persönliche Anmerkungen: Paulus verteidigt seine Autorität als Apostel (1,10–2,21)
  A. Direkte Offenbarung von Gott (1,10-17)
  B. Bestätigung als Apostel (1,18-24)
  C. Anerkennung der paulinischen Lehre als Wahrheit (2,1-10)
  D. Bekundung seiner Autorität als Apostel (2,11-21)

III. Anmerkungen zur Lehre: Erklärungen zur Rechtfertigung aus dem Glauben (3,1–4,31)
  A. Begründung für diese Lehre (3,1-4,7)
  B. Ermahnung gegen die Gesetzesgläubigkeit (4,8-31)

IV: Praktische Anmerkungen: Das Leben eines Christen in Freiheit (5,1–6,10)
  A. Die Aufforderung zu einem Leben in Freiheit (5,1)
  B. Die Gefährdung des Lebens in Freiheit (5,2-12)
  C. Der Heilige Geist und das Leben in Freiheit (5,13-26)
  D. Das Leben in Freiheit für den Dienst am Nächsten (6,1-10)

V. Schlussworte (6,11-18)

Das Thema des Galaterbriefes

In diesem Brief geht es vor allem um die Freiheit des Christen vom Gesetz. Dieser Gedanke ist eine Weiterführung der Lehre von der Rechtfertigung aus Glauben. Wenn ein Mensch Jesus Christus als seinen Erlöser annimmt, erfährt er Befreiung. Ein richtiges Verständnis von dieser Freiheit lässt einen Gläubigen von der Bindung an die Gesetzlichkeit frei werden und ermöglicht ihm ein Leben im Glauben und in Freiheit.

Besonderheiten im Galaterbrief

Die Galater

Im dritten Jahrhundert vor Christus wanderten Gallier aus dem Westen nach Kleinasien ein. Sie siedelten sich im Norden an und unterwarfen rasch die Phrygier, die Ureinwohner dieser Region. Diese Gallier (die auch als Galatae oder Galater bezeichnet wurden) beherrschten das Gebiet eine Zeitlang, bis die Römer sie schließlich im Jahr 189 v. Chr. besiegten. Solange ihr Reich eigenständig war (bis zum Jahr 25 v. Chr.), pflegten die gallischen Herrscher gute Beziehungen zu den Römern und galten als Verbündete Roms. Im Jahr 25 v. Chr. wurde das Gebiet zusammen mit weiteren Territorien jedoch zur römischen Provinz Galatien. In jenen Jahren vermischten sich die Gallier mit anderen Bevölkerungsgruppen. Bis zum ersten Jahrhundert lebten Gallier, Phrygier und Römer in Galatien, aber auch Griechen und Juden.

Die Empfänger des Galaterbriefes

An welche Adressaten dachte Paulus, als er seinen Brief an *»die Gemeinden in Galatien«* (Gal 1,2) schrieb? Um diese Frage zu beantworten, muss man den Begriff *Galatien* genau definieren. In der Zeit des Apostels Paulus hatte der Name zwei Bedeutungen, und zwar wurde damit erstens das kleine, von den Galliern beherrschte Gebiet im nördlichen Kleinasien bezeichnet und zweitens die viel größere römische Provinz Galatien. Wenn Paulus das kleinere Gebiet gemeint hat, richtet sich sein Brief an Gemeinden, die Paulus dort während seiner zweiten Missionsreise gegründet hatte. Diese Auffassung wird auch als »nordgalatische Theorie« bezeichnet. Wenn er mit »Galatien« aber die größere römische Provinz bezeichnet, dann sind die Empfänger des Galaterbriefes jene Gemeinden, die Paulus auf seiner ersten Missionsreise gegründet hatte. Diese zweite Auffassung nennt man auch die »südgalatische Theorie« oder »Provinzhypothese«.

Der nordgalatischen Theorie zufolge besuchte Paulus das kleine Gebiet in Nordgalatien auf seiner zweiten Missionsreise, als er auf dem Weg nach Troas war. Er gründete dort Gemeinden (Apg 16,6-8). Befürworter dieser These vertreten die Meinung, dass Lukas in der Apostelgeschichte territoriale Namen und keine politischen Bezeichnungen verwendete. Dabei ist zu beachten, dass auch Paulus oft territoriale Namen verwendet hat und dann wäre »Galatien« nicht die römische Provinz. Bis vor kurzem war dies die traditionelle Auffassung in der Gemeinde Jesu. Viele andere Aspekte stützen diese Sichtweise, aber die Ausführungen darüber würden den Rahmen dieser Studie sprengen. Andere Autoren haben sich gründlich damit auseinandergesetzt.[2] Dieser Sichtweise zufolge hätte sich Paulus auf die erste Missionsreise begeben, danach an der Apostelversammlung in Jerusalem teilgenommen, seine zweite Missionsreise angetreten und dann den Galaterbrief geschrieben. Somit wäre eine spätere Datierung dieses Briefes möglich.

Nach der »südgalatischen Theorie« entstanden die Gemeinden in Galatien während der ersten Missionsreise des Apostels Paulus. In diesem Fall wäre mit »Galatien« die große römische Provinz gemeint. In dieser Gegend hat Paulus auf jeden Fall Gemeinden gegründet. (Es ist jedoch nicht bewiesen, dass er in Nordgalatien Gemeinden gegründet hat.) Befürworter der »südgalatischen Theorie« erwähnen, dass Paulus im Galaterbrief über die Entscheidung der Jerusalemer Apostelversammlung schweigt, obwohl es dabei um die Stellung des Gesetzes im Christentum ging und somit um das Thema, mit dem Paulus sich in seinem Brief an die Galater auseinandersetzt. Deshalb sei der Galaterbrief vor der Apostelversammlung entstanden, weil deren Beschluss ein wichtiges Argument für die Beweisführung des Apostels Paulus gewesen wäre. Zahlreiche weitere Gründe für die Wahrscheinlichkeit der »südgalatischen Theorie« werden angeführt.[3] Wenn diese

Theorie zutreffend ist, hätte Paulus seine erste Missionsreise in die Provinz Galatien unternommen. Nach seiner Rückkehr hätte er den Galaterbrief geschrieben und danach an der Jerusalemer Apostelversammlung teilgenommen. Dieser Theorie zufolge wäre der Galaterbrief der früheste der paulinischen Briefe gewesen. Obwohl beide Theorien überzeugende Argumente enthalten, sprechen mehr Gründe für die Wahrscheinlichkeit der »südgalatischen Theorie«.

Zusammenfassung des Galaterbriefes

EINLEITUNG (1,1-9)

Grußwort (1,1-5)

Der Apostel Paulus hatte erfahren, dass es unter den Neubekehrten in Galatien sowohl theologische als auch praktische Probleme gab. Von besonderer Bedeutung waren dabei die Fragen, die von jüdischen Irrlehrern aufgeworfen wurden. Diese »Judaisten« übten in den jungen Gemeinden einen beträchtlichen Einfluss aus. Ihr Angriff hatte zwei Ziele. Erstens brachten sie die Apostelwürde des Paulus in Verruf, und zweitens verdrehten sie die paulinische Botschaft von der Gnade.

Paulus klärte sofort die Frage seiner Apostelwürde. Er machte geltend, dass er von Gott zum Apostel ernannt wurde und nicht von Menschen und dass auch seine Botschaft von Gott kam (1,3-5). In dieser Botschaft ging es auch um Befreiung. Gläubige Menschen werden von der Gebundenheit an die Sünde errettet und befreit. Eine wichtige Rolle spielt dabei das stellvertretende Opfer von Christus, der an unserer Stelle starb, und auch die Gnade Gottes. Erlösung ist ein Geschenk Gottes, unabhängig von den Werken des Menschen.

Der Anlass des Briefes (1,6-9)

Paulus war erstaunt über das plötzliche und impulsive Abweichen der Gemeinden von der Botschaft über die Gnade. Der Apostel sprach von einem Prozess des Abwendens. Er betonte, dass die Gemeinden nicht nur die Wahrheit aufgaben, sondern auch den Gott dieser Wahrheit. Mit einer der strengsten Ermahnungen im Neuen Testament warnte er diejenigen, die das Evangelium von der Gnade verdrehen. Sie seien in großer Gefahr, weil sie das göttliche Gericht über sich bringen. Nachdem er mit deutlichen Worten diese aktuellen Probleme angesprochen hat, beginnt Paulus mit einer Verteidigung über seine Person und die Botschaft, die er verkündigt.

Persönliche Anmerkungen: Paulus verteidigt seine Autorität als Apostel (1,10–2,21)

Direkte Offenbarung von Gott (1,10-17)

Bei der Verteidigung seiner Person und Botschaft stellt Paulus unter Beweis, dass der Ursprung seiner Verkündigung nicht aus seiner Vergangenheit stammen kann. Kein Mensch vermittelte ihm das Evangelium von der Gnade, auch nicht das Judentum mit seiner Betonung menschlicher Werke. Er erinnert seine Leser daran, dass er einst voller Eifer die Gemeinde verfolgt habe und ein engagierter Verfechter des Judentums gewesen sei (mit Judentum ist hier nicht die Befolgung der biblischen Gebote des Alten Testaments gemeint, sondern die jüdische Religion mit ihren von Menschen geschaffenen Traditionen. Siehe dazu Matthäus 15,1-6 und Markus 7,7.13). Die einzige legitime Erklärung für seine Botschaft und seine Apostelwürde ist seine Begegnung mit dem auferstandenen Christus und seine Erwählung zum Apostel (1,15-17).

Bestätigung als Apostel (1,18-24)

Paulus schildert dann seinen Werdegang als Christ, um damit zwei Aspekte zu verdeutlichen: Erstens ist seine Theologie kein Produkt eines Kontakts zu anderen Menschen (insbesondere den zwölf Aposteln), und zweitens entstanden seine Lehren lange vor dem Beginn seines öffentlichen Wirkens. Wenn man die Aussagen des Apostels Paulus aus dem Galaterbrief mit denen des Lukas aus der Apostelgeschichte kombiniert, ergibt sich die folgende Chronologie (bei der von der Richtigkeit der »südgalatischen Theorie« ausgegangen wird):

1. Saulus von Tarsus begegnete dem auferstandenen Christus auf der Straße nach Damaskus (Gal 1,15; Apg 9,3-5)
2. Nach ein paar Tagen Aufenthalt in Damaskus verbrachte er mehrere Jahre in Arabien (Gal 1,17-18).
3. Nach seiner Rückkehr aus Arabien predigte Paulus für kurze Zeit in Damaskus (Gal 1,17; Apg 9,19-25).
4. Als er gezwungen war, Damaskus zu verlassen, reiste er nach Jerusalem, aber blieb dort nur fünfzehn Tage. In diesem Zeitraum besuchte er Petrus und Jakobus, und er predigte auch (Gal 1,18-19; Apg 9,26-30).
5. Weil man ihm nach dem Leben trachtete, floh Paulus nach Tarsus. Dort blieb er etwa sieben Jahre lang (Gal 1,21; Apg 9,30).
6. Er wurde von Barnabas nach Antiochia in Syrien gebracht, damit er in der dortigen Gemeinde bei der Verkündigung des Wortes Gottes mithelfen konnte (Apg 11,19-30).
7. Gemeinsam mit Barnabas brachte er Gaben für die unter einer Hungersnot leidende Gemeinde in Jerusalem. Es fand auch ein privates Treffen mit den Aposteln statt (Gal 2,1-10; Apg 11,30).
8. Auf seiner ersten Missionsreise kam Paulus nach Galatien (Apg 13,1).

Anerkennung der paulinischen Lehre als Wahrheit (2,1-10)

In Kapitel 1 verteidigt Paulus die Quelle seiner Botschaft (er erhielt sie direkt von Christus), und in Kapitel 2 beginnt er mit einer inhaltlichen Verteidigung.

Die Reise nach Jerusalem (2,1-10) war von entscheidender Bedeutung, weil die Einheit zwischen Juden und Nichtjuden auf dem Spiel stand. Paulus konfrontierte die Apostel mit der Wahrheit, dass das Halten des Gesetzes nicht heilsnotwendig (und noch nicht einmal notwendig für die Heiligung) war. Bei dieser privaten Zusammenkunft mit einigen Führern der frühen Gemeinde war Paulus nicht anwesend, um herauszufinden, ob sein Evangelium der Wahrheit entsprach, sondern er wollte von ihnen eine Bestätigung, dass die Beschneidung nicht heilsnotwendig war.

Die Beschneidung war das Zeichen des abrahamitischen Bundes, der zu einem Bestandteil des mosaischen Gesetzes geworden war. Sie war sozusagen die »Tür«, durch die man zum Judentum gelangen konnte, und sie wurde deshalb zu einem äußeren Zeichen für die Gesetzestreue. Wenn die Leiter der Urgemeinde eine andere Meinung vertreten sollten als Paulus, wäre das gleichbedeutend gewesen mit einer Barriere zwischen Juden und Nichtjuden innerhalb der Gemeinde. Sowohl die Botschaft als auch der Dienst des Paulus unter den Nichtjuden fand jedoch die Zustimmung der führenden Männer in der Urgemeinde.

Diese Zusammenkunft war ein Beweis dafür, dass Paulus neben Petrus und den anderen als Apostel anerkannt wurde und seine Botschaft mit der ihren identisch war. Die Ergebnisse, zu denen man damals gekommen war, dienten als überzeugende Argumente gegen die Gerüchte über Paulus, die von den Judaisten unter den Gläubigen in Galatien verbreitet wurden.

Bekundung seiner Autorität als Apostel (2,11-21)

Paulus berichtet über den Vorfall, als er Petrus zurechtwies, um zu beweisen, dass er auf gleicher Stufe mit ihm steht. Mit seiner Heuchelei beeinflusste der Apostel Petrus nicht nur andere Gläubige, sondern dieses Verhalten hätte auch zu einer Spaltung in der Gemeinde führen können. Der furchtlose Tadel des Apostels Paulus rettete damals nicht nur die Situation, sondern veranschaulichte auch dessen apostolische Autorität.

Der nächste Abschnitt (2,15-21) gehört nicht zur Zurechtweisung des Apostels Petrus, sondern ist als Erklärung gegenüber den Galatern anzusehen. Hier beginnt Paulus seine hervorragende Erläuterung über die Rechtfertigung aus Glauben. Dieser Abschnitt enthält eine Vielzahl von schwierigen Redewendungen, aber die Hauptaussage dieser Verse lässt sich so zusammenfassen: Gesetzeswerke jeder Art haben bei der Erlösung eines Menschen keinen Stellenwert (2,16). Darüber hinaus bekräftigt Paulus, dass Christus in einem gläubigen Menschen lebt und es ihm dadurch ermöglicht, Tag für Tag ein gerechtes Leben zu führen (2,20). Deshalb sind Gläubige nicht nur durch den Glauben gerechtfertigt, sondern sie werden auch durch den Glauben geheiligt (bei der Heiligung werden wir von der Sünde abgesondert für ein Leben mit Gott). Ein Leben im Vertrauen auf Christus, der uns befreit hat, lässt gesetzliche Einschränkungen überflüssig und sogar unangebracht werden, weil man nicht zuerst durch den Glauben erlöst und dann durch das Gesetz geheiligt wird.

Anmerkungen zur Lehre: Erklärungen zur Rechtfertigung aus dem Glauben (3,1–4,31)

Begründung für diese Lehre (3,1–4,7)

Paulus verteidigt den Grundsatz der Rechtfertigung aus Glauben, indem er die Galater an ihre eigene, noch nicht lange zurückliegende Erfahrung erinnert (3,1-5). Er fragt sie: »Wie wurdet ihr erlöst - durch den Glauben oder durch das Halten des Gesetzes?« Die Antwort lautet natürlich: durch den Glauben. Dann erläutert er weiter, dass menschliche Leistung weder die Erlösung noch die Heiligung herbeiführen können und auch im Alten Testament die Menschen aus Glauben gerechtfertigt worden sind. Als Beispiel führt er Abraham an (3,6-9).

Weil die Galater jedoch dabei waren, sich für ein Leben unter dem Gesetz zu entscheiden, warnt er sie, dass das Gesetz mit einem Fluch verbunden ist und dieser Fluch jeden treffen werde, der auch nur gegen ein einziges Gebot verstößt (3,10-14). Aber durch seinen Tod nahm Christus den Fluch des Gesetzes auf sich, und jeder, der sich im Glauben mit ihm identifiziert, kann dem Fluch des Gesetzes (nämlich der Entfremdung von Gott in diesem Leben sowie der ewigen Trennung von ihm) entkommen. Paulus erklärt, dass Gott in seinem Bund mit Abraham (siehe Seite 17) verheißen hatte, den Menschen die Erlösung zu bringen (»*durch den Glauben*«, wie Paulus aufgezeigt hat). Diese göttliche Verheißung wurde durch die Verkündung des mosaischen Gesetzes nicht aufgehoben (3,15-18).

Hier stellt sich natürlich die Frage: »Wenn das Gesetz bei der Erlösung keinen Stellenwert hat, warum hat Gott es den Menschen dann überhaupt gegeben?« Auf diese Frage gibt es mehrere Antworten (3,19–4,7). Erstens wurde das Gesetz gegeben, damit die Menschen genau wissen, was Sünde ist (vgl. Röm 3,20).

Zweitens offenbarte das Gesetz die göttlichen Forderungen nach Gerechtigkeit. Paulus verwendet hier ein Bild aus der römischen Gesellschaft, um den Zweck des Gesetzes zu verdeutlichen. Der Pädagoge (Lehrer) war ein Erwachsener (häufig ein gebildeter Sklave), der ein Kind unterrichtete, zurechtwies und beschützte, bis das Kind alt genug war, um von seinem Vater zu einem Erwachsenen erklärt zu werden. An diesem Punkt im Leben des Kindes verlor der Pädagoge seine Autorität und Machtbefugnis über das Kind. Paulus erklärt, dass Gott bis zum Kommen Christi das Gesetz als vorübergehende Einrichtung vorgesehen hatte. Das Gesetz fungierte als Pädagoge, als Schutz und Lehrer für Israel. Aber jetzt, da Gott gläubige Menschen zu seinen erwachsenen Söhnen erklärt hat (4,1-5), hat das Gesetz über den einzelnen Gläubigen keine Machtbefugnis mehr.

Ermahnung gegen die Gesetzesgläubigkeit (4,8-31)

Aufgrund der Position, die ein Gläubiger als erwachsenes Kind Gottes einnimmt, fragt Paulus: »Warum wollt ihr euch wieder unter die Autorität des Pädagogen (des Gesetzes) begeben?« Er fleht die Galater an, der jüdischen Gesetzesgläubigkeit den Rücken zu kehren und sich an ihrer neu gefundenen Freiheit in Christus zu erfreuen (4,31).

Die Rechtfertigung aus Glauben

Die Lehre von der Rechtfertigung aus Glauben ist eine Grundwahrheit in den Schriften des Neuen Testaments. »Rechtfertigen« bedeutet »jemanden für gerecht erklären«. Das Wort stammt aus der Gerichtssprache. Der Richter verkündet seinen Urteilsspruch »nicht schuldig« und spricht damit den Gefangenen frei. In diesem Fall wird ein Gefangener jedoch nicht nur freigesprochen, sondern für gerecht erklärt, weil ihm die Gerechtigkeit Jesu Christi zugerechnet wird.

> »Die Rechtfertigung als Rechtsakt Gottes beruht nicht auf menschlichen Werken (Röm 3,20.28; Gal 3,11; 5,4), nicht einmal auf dem Glauben als ein Werk des Menschen (Eph 2,8), sondern allein auf der souveränen Gnade Gottes in Jesus Christus. Sein vollbrachtes Werk der Mittlerschaft bildet die gesetzliche Grundlage, auf der die Rechtfertigung des Menschen sowohl möglich als auch real wird. Christus hat die Forderungen

> des göttlichen Gesetzes in jeder Hinsicht erfüllt, indem er den Preis für unsere Schuld bezahlt hat und auch Gott den Gehorsam leistete, den wir ihm schuldig geblieben sind (Mt 20,28; Röm 3,24; 2Kor 5,21; Gal 3,24; Eph 1,7; Tit 3,7).«[4]

Gott erklärt Menschen nicht willkürlich für gerecht, sondern nur aufgrund der objektiven Realität, die das vollbrachte Werk Christi am Kreuz geschaffen hat. »Aber jede Gerechtigkeit, die ein Sünder hat, muss tatsächlich vorhanden und nicht fiktiv sein, Wirklichkeit, nicht Einbildung, voll und ganz dem Maßstab Gottes entsprechend. Nur wenn dieses Ziel erreicht wird, kann Gott einen Menschen rechtfertigen. … Er verwandelt Sünder in gerechte Menschen. Aber wie geschieht das? Er lässt uns in Christus zur Gerechtigkeit Gottes werden (2Kor 5,21).«[5]

Das Einhalten des Gesetzes oder Werke jeglicher Art haben keinerlei Einfluss auf den Urteilsspruch Gottes. Weil ein Mensch sich die Erlösung nicht verdienen kann, ist sie ein Geschenk, das der Mensch durch den Glauben empfängt. Der Gegenstand dieses Glaubens ist das vollbrachte Werk des menschgewordenen Sohnes Gottes, Jesus Christus. Wenn ein Mensch seine Sündhaftigkeit und seine Unfähigkeit, sich selbst zu erretten, anerkennt und die Hand ausstreckt nach dem Geschenk der Erlösung, wird er gerechtfertigt.

Praktische Anmerkungen: Das Leben eines Christen in Freiheit (5,1–6,10)

Die Aufforderung zu einem Leben in Freiheit (5,1)

Dieser Vers ist eine großartige Zusammenfassung dessen, was der Apostel Paulus seinen Lesern erklärt hat, aber auch eine Einführung zum nun Folgenden. Hier wird deutlich, dass Gesetz und Gnade sich gegenseitig ausschließen.

Die Gefährdung des Lebens in Freiheit (5,2-12)

Die Freiheit eines Christen ist in Gefahr, wenn man von ihm die Einhaltung des Gesetzes fordert. Indem sie sich dem Gesetz untergeordnet haben, zogen sich die Galater aus der Sphäre des geistlichen Lebens zurück, aus dem Wirkungsbereich Christi (5,4). Christus erlöst und heiligt einen Menschen durch den Glauben. In seiner Warnung weist Paulus die Galater darauf hin, dass der Fortschritt in ihrem Glaubensleben aufhören wird, wenn sie sich nicht dem Einfluss der Judaisten entziehen.

Der Heilige Geist und das Leben in Freiheit (5,13-26)

Der Christ ist vom Gesetz als Lebensregel befreit. An diesem Punkt lauert jedoch eine andere Gefahr für den Glaubenden. Manch einer ist versucht, die Freiheit so zu deuten, als könne man »tun und lassen, was man will«. Das ist jedoch eine falsche Freiheit. Paulus betont, dass Gläubige befreit werden, um einander zu dienen. Diese Lebensweise ist nur möglich, wenn man »im Geist wandelt«. Die Kraft des Heiligen Geistes steht jedem gläubigen Menschen zur Verfügung. Sie ermöglicht ein erfülltes Leben, das Gott gefällt. Es wird jedoch immer ein Kampf stattfinden zwischen dem Geist und unserem sündhaften, fleischlichen Wesen, das wir bis zum Tod oder zur Entrückung behalten. Dieser Kampf ist unvermeidlich, und er dauert das ganze Leben lang an.

Wie können wir wissen, welche dieser beiden Kräfte unser Leben bestimmt? Anhand von zwei objektiven Listen können wir uns selbst bewerten. Die erste Liste enthält die Werke des Fleisches (5,19-21). Wenn diese in unserem Leben dominieren, wird es vom Fleisch beherrscht. Wenn jedoch die »*Frucht des Geistes*« (5,22-23) immer stärker unser Leben prägt, dann wissen wir, dass der Heilige Geist an uns wirkt. (Die »*Frucht des Geistes*« ist eine gute, objektive Beschreibung der Eigenschaften Christi, die nach der Absicht Gottes jeder Gläubige widerspiegeln soll.) Im Leben der meisten Christen findet an vielen Fronten der Kampf zwischen Fleisch und Geist statt. In manchen Lebensbereichen erringt der Geist den Sieg, andere wieder werden weiter vom Fleisch beherrscht.

Das Leben in Freiheit für den Dienst am Nächsten (6,1-10)

Zum ersten Mal im Leben kann ein Mensch, der Christus kennt, ein selbstloses Leben führen und nach dem streben, was für andere am besten ist. Wenn gläubige Menschen im Geist wandeln, dienen sie einander. Dieser Dienst kommt zum Beispiel zum Ausdruck, wenn in Sünde lebende Gläubige wieder auf den Weg mit Gott geführt werden, wenn einer des anderen Lasten trägt oder einer dem anderen mit finanziellen Mitteln hilft.

SCHLUSSWORTE (6,11-18)

Am Ende seines Briefes an die Christen in Galatien, deren Glaube gefährdet war, erinnert sie der Apostel daran, dass er selbst einen hohen Preis gezahlt hat, um diese wunderbare Botschaft von der Erlösung aus Gnade zu verkündigen. Doch diejenigen, die nach dieser Richtschnur leben, werden mit göttlichem Frieden belohnt.

KAPITEL 12

Der erste Brief an die Thessalonicher

Einführung in den ersten Thessalonicherbrief

Der Verfasser des ersten Thessalonicherbriefes

Die Verfasserschaft dieses Briefes wird nicht ernsthaft in Frage gestellt. Der Apostel Paulus hat ihn geschrieben. So steht es im ersten Vers, und interne Beweise bestätigen diesen Sachverhalt.[1] In seinem Gruß erwähnt Paulus auch Timotheus und Silvanus (Silas) als seine Mitarbeiter.

Örtliche und zeitliche Einordnung

Auf seiner zweiten Missionsreise kam Paulus nach Thessalonich und verkündigte dort das Evangelium (Apg 17,1-10). Obwohl damals dort eine Gemeinde entstand, wurde Paulus von Feinden des Evangeliums aus der Stadt verjagt. Schließlich reiste er weiter nach Korinth. Dort blieb er etwa achtzehn Monate lang und schrieb den ersten Brief an die Thessalonicher. Paulus erreichte Korinth gegen Ende des Jahres 50 oder zu Beginn des Jahres 51 n. Chr. Kurz nach seiner Ankunft dort schrieb er wohl den ersten Thessalonicherbrief, der demnach auf das Jahr 51 n. Chr. zu datieren ist.[2]

Die Zielsetzung des ersten Thessalonicherbriefes

Weil Paulus gezwungen war, Thessalonich zu verlassen, und keine Gelegenheit hatte, sein Wirken dort zu einem Abschluss zu bringen, war er sehr besorgt um das Wohlergehen dieser neuen Gemeinde. Deshalb schickte er Timotheus, damit er sein Werk dort fortsetzen und die weitere Entwicklung beobachten konnte. Als Timotheus mit Nachrichten aus der Gemeinde zu Paulus zurückkehrte, war das der Anlass für seinen Brief (Apg 18,5; 1Thes 3,5-7). Der Bericht von Timotheus war zwar im Allgemeinen positiv, aber dennoch hatte die Gemeinde bestimmte Anliegen und Nöte.

In seinem Brief verteidigt Paulus zunächst sein Wirken in Thessalonich. Seine Gegner unterstellten ihm, er gehöre zu der langen Reihe von selbstsüchtigen Wanderpredigern und habe kein echtes Interesse an den Gläubigen in Thessalonich, sondern übe seine Lehrtätigkeit nur um des persönlichen Gewinns willen aus. Offenbar behaupteten sie, es liege ihm nichts an den Menschen in Thessalonich, sonst wäre er längst zu ihnen zurückgekehrt. Obwohl Paulus sich nur ungern in den Mittelpunkt stellte, war es in diesem Fall wichtig, auf die Vorwürfe zu reagieren. »Wenn die Thessalonicher diesen Anschuldigungen Glauben geschenkt hätten, wäre das für das Evangelium in Mazedonien der Todesstoß gewesen. Deshalb mussten diese Anklagen widerlegt werden. Aber in seiner Antwort … war Paulus nicht getrieben von persönlichem Stolz, sondern von einem leidenschaftlichen Engagement, den Glauben der Neubekehrten zu bewahren.«[3] Deshalb schrieb Paulus an die Gläubigen in Thessalonich, um sie seiner Liebe und Anteilnahme an ihren Nöten zu versichern.

Paulus beabsichtigte mit seinem Brief zweitens eine Klärung über die Wahrheit von der Rückkehr des Herrn für seine Gemeinde. Es bildeten sich allmählich lehrmäßige und praktische Irrtümer heraus, weil die Thessalonicher die Lehre von der Wiederkunft des Herrn missverstanden hatten.

Drittens wollte Paulus den Gemeindemitgliedern in Thessalonich Mut machen, ein gottgemäßes Leben zu führen. Er war dankbar für die Fortschritte, die sie in dieser Hinsicht gemacht hatten, aber er wollte, dass ihr Wachstum im Glauben weiterging.

Gliederung des ersten Thessalonicherbriefes

I. Das frühere Wirken des Apostels Paulus unter den Thessalonichern (1,1–2,16)
   A. Das Wort Gottes im Leben der Thessalonicher (1,1-10)
   B. Das Wirken des Apostels Paulus im Leben der Thessalonicher (2,1-12)
   C. Die gute Aufnahme des Evangeliums unter den Thessalonichern (2,13-16)

II. Der gegenwärtige Dienst des Apostels Paulus unter den Thessalonichern (2,17–5,11)
   A. Ermutigung (2,17–3,13)
   B. Ermahnung (4,1–5,11)

III. Der künftige Dienst der Gemeinde in Thessalonich (5,12-28)
   A. Die Verpflichtung der Gemeinde zu einem gottgemäßen Leben (5,12-22)
   B. Die Verpflichtung der Gemeinde gegenüber dem Apostel Paulus und anderen (5,23-28)

Das Thema des ersten Thessalonicherbriefes

Das Hauptthema dieses Briefes ist die Rückkehr Jesu Christi. Obwohl Paulus auch eine ganze Reihe anderer Fragen behandelt (wie z.B. die Verkündigung des Evangeliums), geht es ihm vor allem um das Leben und Denken der Gläubigen angesichts der Rückkehr Jesu. Dieses Ereignis soll ihr Leben prägen und ihnen Mut machen.

Besonderheiten im ersten Thessalonicherbrief

Die Stadt Thessalonich

Thessalonich war die bedeutendste Stadt von Mazedonien. Sie lag etwa 250 km westlich von Philippi an der *Via Egnatia*, einer wichtigen von Osten nach Westen und schließlich nach Rom führenden Straße, und an der Mündung des Thermaischen Golfes. Der Hafen war ausgebaut worden, und so wurde Thessalonich zur Handelsstadt. Die Stadt war Rom gegenüber loyal und wurde im Jahr 42 v. Chr. zu einer freien Stadt erklärt (das bedeutete eine gewisse Autonomie). Zur Zeit des Neuen Testaments lebten dort etwa 200.000 Menschen. Wegen ihrer Größe und strategischen Lage war Thessalonich für Paulus ein wichtiger Ort für seinen Dienst der Gemeindegründung. Die Stadt hatte eine relativ große jüdische Bevölkerung, aber ihre Einwohner waren vorwiegend Griechen. Wegen ihrer Nähe zum Olymp (dem Götterberg der griechischen Mythologie) hatte die Verehrung der griechischen Götter in Thessalonich einen hohen Stellenwert.

Die Zusammensetzung der Gemeinde in Thessalonich

Wenn Paulus in ein neues Gebiet kam, ging er zunächst in die dortige Synagoge. Auch in Thessalonich wich er nicht von dieser Gewohnheit ab, und so waren die »Gründungsmitglieder« der Gemeinde Juden (Apg 17,4). In den ersten Wochen seines Verkündigungsdienstes zählten zu den Bekehrten auch Nichtjuden, die sich zur jüdischen Gemeinde hielten und auch eine Reihe *»vornehmer Frauen«*. Rasch entwickelte sich unter den Juden Widerstand gegen das Evangelium mit dem Ergebnis, dass die Gläubigen aus den Juden ausgegrenzt wurden. Offenbar setzte sich die Mehrheit in der Gemeinde danach aus jenen Menschen zusammen, die sich vom Heidentum zum wahren Gott bekehrt hatten (1Thes 1,9).

Zusammenfassung des ersten Thessalonicherbriefes

Das frühere Wirken des Apostels Paulus unter den Thessalonichern (1,1–2,16)

Das Wort Gottes im Leben der Thessalonicher (1,1-10)

Paulus freute sich über den positiven Bericht von Timotheus, weil die Thessalonicher das Wort Gottes gut aufgenommen hatten und es in ihrem Leben wirksam war. Er war dankbar für ihre guten Werke und ihr vorbildliches Verhalten. Sie hatten sich von ihrem Götzendienst ab- und dem wahren Gott zugewandt (1,3-9). Diese neubekehrten Gläubigen lebten in Erwartung der Rückkehr Christi und ihrer Befreiung vor dem kommenden Zorn (1,10). Der Apostel Paulus lehrte diese Menschen, dass Jesus sie davor erretten werde. Er spricht an dieser Stelle von einem zukünftigen Aspekt des göttlichen Zorns, der auch als Zeit der großen Trübsal bezeichnet wird. Paulus wusste, dass Christen unter Verfolgung durch Menschen leiden, aber er traf eine Unterscheidung zwischen dieser von Menschenhand auferlegten Drangsal und dem von Gott kommenden Zorn. Beide unterscheiden sich in ihrem Wesen und in ihrer Intensität. Wenn der Begriff Zorn Gottes in einem zukünftigen Sinn verwendet wird, sind damit meistens die göttlichen Gerichte der Trübsalzeit gemeint.[4]

Das Wirken des Apostels Paulus im Leben der Thessalonicher (2,1-12)

In diesem Abschnitt verteidigt sich der Apostel gegen die Vorwürfe, die gegen ihn laut wurden. Er erinnert die Thessalonicher an sein Wirken unter ihnen, indem er betont, dass er sich in seiner Belehrung keiner Irrtümer schuldig gemacht, auch nicht in List und Unterlauterkeit gesprochen habe oder von Habsucht und Selbstherrlichkeit getrieben gewesen sei (2,1-3.5-6). Stattdessen war sein Wirken geprägt von der göttlichen Wahrheit, harter Arbeit und seiner tiefen Liebe zu den Thessalonichern. Er erinnert sie daran, dass er sich ihnen gegenüber wie eine Mutter oder wie ein Vater verhalten habe (2,4.7-12).

Die gute Aufnahme des Evangeliums unter den Thessalonichern (2,13-16)

Die Verkündigung des Paulus wurde von den Thessalonichern als eine von Gott kommende Botschaft aufgenommen. Sie hatten positiv darauf reagiert, obwohl sie deswegen von den ungläubigen Juden verfolgt worden waren.

Der gegenwärtige Dienst des Apostels Paulus unter den Thessalonichern (2,17–5,11)

Ermutigung (2,17–3,13)

Paulus ermutigt die Gläubigen in Thessalonich, indem er ihnen versichert, wie sehr er sich danach sehnt, bei ihnen zu sein (2,17-20), indem er ihnen Timotheus schickt (3,1-8) und ständig für sie betet (3,9-13).

Ermahnung (4,1–5,11)

Paulus hat von Fragen und Problemen in der Gemeinde erfahren, deshalb spricht er diese Themen jetzt an. Erstens ermahnt er die Gemeinde, bei moralischen Problemen korrigierend einzugreifen (4,1-8), weil sexuelle Unmoral nicht dem Willen Gottes entspricht und ein gläubiger Mensch wegen unmoralischen Verhaltens von Gott streng gezüchtigt wird (vgl. Hebr 13,4). Dann ermutigt Paulus die Gläubigen in Thessalonich, sich in der Nächstenliebe gegenseitig zu übertreffen, indem sie für andere immer nach dem Besten streben (4,9-12).

Als Paulus in Thessalonich war, hatte er die Gemeinde gelehrt, dass Jesus eines Tages zurückkehren und plötzlich alle Gläubigen zu sich in den Himmel aufnehmen werde (dieses Ereignis wird auch als »Entrückung« bezeichnet). Offenbar erklärte er den Thessalonichern, die Entrückung könne in jedem Augenblick stattfinden, ohne vorherige Zeichen. Als nun einige Christen starben, war die Gemeinde bekümmert, weil diese Gläubigen die Entrückung versäumen würden. Deshalb tröstet Paulus die Gemeinde (4,18) mit der Zusicherung, dass alle, die an Christus glauben, dieses Ereignis miterleben werden und diejenigen, die vorher gestorben sind, sogar den lebenden Gläubigen vorangehen werden. (Den Worten des Paulus in 1. Korinther 15,15-53 zufolge werden alle Christen ihre Auferstehungsleiber bei der Entrückung empfangen, wenn die Toten auferstehen und die Lebenden in einem Augenblick verwandelt werden.)

Paulus führt seine Erläuterung über künftige Ereignisse im nächsten Abschnitt weiter (5,1-11), aber er wechselt das Thema. Es geht jetzt nicht mehr um die Entrückung, sondern um den »*Tag des Herrn*«. (Der »*Tag des Herrn*« ist ein Ausdruck aus dem Alten Testament, mit dem die Zeit der Trübsal bezeichnet wird, vor allem im Zusammenhang mit dem göttlichen Gericht.)[5] Mit beredten Worten überzeugt Paulus die Gläubigen in Thessalonich, dass sie den »*Tag des Herrn*« nicht erleben werden (5,9). Offenbar meinten einige von ihnen, die Verfolgung, die sie gerade erlitten, sei bereits die angekündigte Zeit der Trübsal.

DER KÜNFTIGE DIENST DER GEMEINDE IN THESSALONICH (5,12-28)

Die Verpflichtung der Gemeinde zu einem gottgemäßen Leben (5,12-22)

Paulus ermahnt die Gläubigen in Thessalonich, dass sie angesichts der künftigen Ereignisse ein engagiertes, ausgeglichenes Leben führen sollten. Er gibt ihnen Anweisungen für gute zwischenmenschliche Beziehungen innerhalb der Gemeinde (5,12-14) und für eine positive, gottgemäße Lebensweise (5,15-22).

Die Verpflichtung der Gemeinde gegenüber dem Apostel Paulus und anderen (5,23-28)

Am Ende seines Briefes bittet Paulus die Gemeinde, für ihn zu beten, aber auch gegenüber anderen Gläubigen freundlich und aufgeschlossen zu sein.

KAPITEL 13
DER ZWEITE BRIEF AN DIE THESSALONICHER

Einführung in den zweiten Thessalonicherbrief

DER VERFASSER DES ZWEITEN THESSALONICHERBRIEFES

Dieser Brief wurde ebenfalls vom Apostel Paulus verfasst. Zwei Mal erwähnt er seinen Namen (1,1; 3,17). Sowohl die internen Beweise als auch die Aussagen der frühen Kirchenväter lassen keine Frage über den Autor offen.[1]

ÖRTLICHE UND ZEITLICHE EINORDNUNG

Der zweite Brief an die Christen in Thessalonich wurde wahrscheinlich kurz nach dem ersten Brief verfasst. Es liegt nahe, dass er ebenfalls von Korinth aus geschrieben wurde, und zwar etwa 51 n. Chr.

DIE ZIELSETZUNG DES ZWEITEN THESSALONICHERBRIEFES

Paulus schrieb diesen Brief vor allem, um auf Irrtümer in der Gemeinde von Thessalonich einzugehen. Erstens war eine Korrektur der falschen Auffassung erforderlich, nach der der *»Tag des Herrn«* (die Trübsal) bereits angebrochen sein sollte. Zweitens ging es Paulus um Fragen des Verhaltens von problematischen Gemeindegliedern.

Gliederung des zweiten Thessalonicherbriefes

I. Belehrung über zukünftige Ereignisse (1,1–2,12)
   A. Eine Erklärung über die gegenwärtige Verfolgung der Gemeinde (1,1-12)
   B. Ausführungen über den Tag des Herrn (2,1-12)

II. Belehrung über gegenwärtige Verpflichtungen (2,13–3,15)
   A. Ermutigung zum Festhalten an der Wahrheit (2,13-17)
   B. Aufforderung zum Gebet (3,1-5)
   C. Ermahnung zum korrigierenden Eingreifen bei Problemen (3,6-15)

III. Schlussworte (3,16-18)

Das Thema des zweiten Thessalonicherbriefes

Paulus hatte erfahren, dass es in der Gemeinde noch immer Unsicherheit gab bezüglich seiner Lehren über künftige Ereignisse. Dieser Brief ist eine vollständigere Erklärung über die Wiederkunft Jesu und den »*Tag des Herrn*«. Paulus bewies den Gläubigen in Thessalonich, dass sie sich noch nicht in der Zeit der Trübsal befanden (trotz anders lautender Lehren und der Verfolgung der Gemeinde).

Besonderheiten im zweiten Thessalonicherbrief

Dieser Brief enthält wichtige Informationen über den Antichristen. Dieser Mann wird in den letzten Tagen zu einer bedeutenden politischen Führungsfigur und wird deshalb in der Zeit der Trübsal eine entscheidende Rolle spielen. Obwohl er bereits vor dieser Zeit eine führende Größe in der Politik sein wird, wird er als Antichrist erst dann erkennbar, wenn er mit dem Staat Israel einen Vertrag abschließt und damit die Trübsalszeit einleitet. Er wird ein Mensch mit großen natürlichen Begabungen sein, aber er wird seine Macht von Satan empfangen. Sein aggressiver Widerstand richtet sich gegen Gott, und deshalb wird er verantwortlich sein für den Tod von Millionen Menschen aus Gottes Volk. Erstaunliche und trügerische Wunder werden sein Leben und seine Herrschaft kennzeichnen, und daraufhin werden ihn zahlreiche Menschen anbeten. Er ist der Versuch Satans, der Welt einen Messias zu geben, bevor der wahre Messias Jesus Christus kommt, um seine Herrschaft auf Erden anzutreten (vgl. Dan 7,20-26; 9,24-27; Mt 24,15-24; Offb 13,1-18; 17,12-17).

Zusammenfassung des zweiten Thessalonicherbriefes

Belehrung über zukünftige Ereignisse (1,1–2,12)

Eine Erklärung über die gegenwärtige Verfolgung der Gemeinde (1,1-12)

Obwohl dieser zweite Brief weniger persönlich ist als der erste, drückt Paulus zunächst seine Dankbarkeit aus für das Wachstum der Gemeinde im Glauben (1,1-4). Dann macht er den Gläubigen Mut, weil sie unter einer schlimmen Verfolgung leiden. Er erklärt ihnen, dass Gott ihre Situation kennt und an denjenigen, die sie verfolgen, Vergeltung üben wird. Ihre Feinde, die Gott oder das Evangelium nicht kennen, werden die Strafe des ewigen Verderbens erleiden. Dieses göttliche Gericht wird bei der Wiederkunft Christi stattfinden (1,5-12).

Erläuterungen zum »Tag des Herrn« (2,1-12)

Die Gläubigen in Thessalonich waren verunsichert über die Vorstellung, dass die Trübsalzeit bereits begonnen hatte. Offenbar beriefen sich manche Irrlehrer auf Paulus als Quelle dieses Irrtums (2,2). Aber Paulus erklärt, dass der *»Tag des Herrn«* noch nicht angebrochen sein kann, weil vor dieser Zeit drei wichtige Ereignisse stattfinden müssen.

1. Der Glaubensabfall
   In jener Zeit wird ein allumfassender Abfall vom wahren Glauben geschehen.

2. Das Auftreten des Antichristen
   Derjenige, der mit Israel einen Vertrag unterzeichnet, wird der Antichrist sein.

3. Das eindämmende Wirken des Heiligen Geistes hört auf.
   Der Heilige Geist wird zurückgezogen werden, um wiederum so unter den Menschen zu wirken, wie er es zu alttestamentlicher Zeit getan hat. Er wird damit aufhören, das Böse einzudämmen. Da der Geist Gottes die wahre Gemeinde Jesu als Werkzeug für die Eindämmung des Bösen in der Welt benutzt, könnte man daraus schließen, dass die Gemeinde vor dem Beginn der Trübsalzeit weggenommen wird.[2]

Keines der drei oben erwähnten Ereignisse hat bisher stattgefunden.

Dann offenbart Paulus weitere Wahrheiten über den Antichristen (bezeichnet als *»der Mensch der Gesetzlosigkeit«*, *»der Sohn des Verderbens«*), mit dem Schwerpunkt auf dem trügerischen Charakter der Zeichen und Wunder, die im Zusammenhang mit seinem Auftreten geschehen werden. Diese Wunder werden viele Menschen dazu bringen, *»der Lüge«* zu glauben. Damit könnte der Irrglaube gemeint sein, der Antichrist sei der Messias.

Belehrung über gegenwärtige Verpflichtungen (2,13–3,15)

Ermutigung zum Festhalten an der Wahrheit (2,13-17)

Paulus dankt erneut für die Errettung der Thessalonicher. Er macht ihnen Mut, dem Herrn treu zu bleiben und auf eine herrliche Zukunft zu warten.

Aufforderung zum Gebet (3,1-5)

Paulus war von der Macht des Gebets fest überzeugt. Deshalb forderte er die Gläubigen in Thessalonich auf, ihn mit ihren Gebeten zu unterstützen und besonders intensiv für die Verbreitung des Evangeliums zu beten, sowie für die Sicherheit derer, die es verkündigen.

Ermahnung zum Eingreifen bei Problemen (3,6-15)

Eine wichtige Pflicht der Gemeinde besteht in der Aufrechterhaltung ihrer Reinheit. Deshalb gibt Paulus den Verantwortlichen die Anweisung, jene zu ermahnen, die von der Wahrheit abgewichen sind. Wenn diese Gläubigen auf die Ermahnung nicht reagieren, ist Strenge geboten.

SCHLUSSWORTE (3,16-18)

Die paulinischen Briefe

Zweite Gruppe

Die größeren Briefe des Apostels Paulus		
Brief	**Datierung (n. Chr.)**	**Ort der Niederschrift**
Der erste Brief an die Korinther	54/55	Ephesus
Der zweite Brief an die Korinther	55/56	Mazedonien
Der Brief an die Römer	55/56	Korinth

KAPITEL 14
DER ERSTE BRIEF AN DIE KORINTHER

Einführung in den ersten Korintherbrief

DER VERFASSER DES ERSTEN KORINTHERBRIEFES

Der Apostel Paulus war der Autor dieses Briefes. Die Verfasserschaft wird nicht ernsthaft in Frage gestellt, weil der Schreiber seinen Namen nennt (1,1; 16,21) und seine Mitarbeiter Apollos (3,5) und Timotheus (4,17) erwähnt. Beide Männer waren in der Apostelgeschichte die Begleiter des Apostels Paulus. Der Autor behauptet, er habe die Gemeinde in Korinth gegründet. Paulus hat die Gemeinde auf seiner zweiten Missionsreise ins Leben gerufen (3,10; vgl. Apg 18,1-17). Diese internen Beweise, in Verbindung mit den Zeugnissen von Polykarp, Irenäus, Klemens von Rom und Tertullian sind starke Argumente zugunsten einer Verfasserschaft des Apostels Paulus.

ÖRTLICHE UND ZEITLICHE EINORDNUNG

Der Brief entstand in Ephesus während der dritten Missionsreise des Apostels Paulus (1Kor 16,8.19), wahrscheinlich gegen Ende des Jahres 54 oder zu Beginn des Jahres 55 n. Chr.

DIE ZIELSETZUNG DES ERSTEN KORINTHERBRIEFES

Aus verschiedenen Quellen hatte der Apostel von ernsthaften Problemen in der Gemeinde von Korinth erfahren. Darüber hinaus hatte er einen Brief aus Korinth mit einer Reihe von Fragen erhalten, die beantwortet werden mussten. Deshalb verfolgte Paulus mit seinem ersten Brief an die Korinther zweierlei Absichten. Erstens wollte er sich mit den ernsten Problemen in der Gemeinde auseinandersetzen, und zweitens die Fragen der Korinther beantworten.

Gliederung des ersten Korintherbriefes

I. Einleitung (1,1-9)

II. Spaltungen in der Gemeinde (1,10–4,21)
  A. Paulus ermahnt die Gemeinde wegen ihrer Parteisucht (1,10-17)
  B. Paulus verurteilt Parteisucht (1,18–4,21)

III. Sünde in der Gemeinde (5,1–6,20)
  A. Unmoralischer Lebenswandel und fehlende Zurechtweisung (5,1-13)
  B. Rechtsstreit unter Gemeindegliedern (6,1-11)
  C. Unmoral in der Gemeinde (6,12-20)

IV. Probleme in der Gemeinde (7,1–15,58)
  A. Ehe, Ehescheidung oder Ehelosigkeit (7,1-40)
  B. Vorbildliches Verhalten in allen Lebensbereichen (8,1–11,1)
  C. Richtiges Verhalten beim Gebet und beim Gottesdienst (11,2–14,40)
  D. Die Frage der Auferstehung (15,1-58)

V. Schlussworte (16,1-24)

Das Thema des ersten Korintherbriefes

Obwohl in diesem Brief eine Vielzahl von Themen behandelt wird, ist die Heiligung das wichtigste Grundthema. Nachdem die Korinther durch den Glauben an Jesus Christus errettet worden sind, soll deren Leben nach dem Wunsch des Apostels Paulus ihre Position als Kinder Gottes deutlich widerspiegeln. Heiligung bedeutet Absonderung. Wenn wir an Jesus Christus glauben, befinden wir uns in einem Prozess des Absonderns von der Sünde und zu Gott hin. Diesen Wunsch hatte Paulus auch für die Gläubigen in Korinth.

Besonderheiten im ersten Korintherbrief

Die Stadt Korinth

Der Isthmus von Korinth bildete die Landbrücke zwischen Süd- und Nordgriechenland. An einem strategisch wichtigen Ort auf dieser Landbrücke lag Korinth, von beiden Seiten umgeben von einem Golf. Aufgrund dieser Lage an einer bedeutenden Handelsroute hatte Korinth mehrere wichtige Häfen. Die Stadt hatte auch eine politische Bedeutung als Hauptstadt der Provinz Achaja.

Die Römer bildeten in Korinth die alles beherrschende Minderheit. Viele von ihnen waren Kriegsveteranen. Zwei weitere Gruppierungen, nämlich die Griechen und Juden, hatten ebenfalls einen gewissen Einfluss. Darüber hinaus lebten in der Stadt zahlreiche Sklaven. Man schätzt ihre Zahl auf etwa 60 Prozent der Einwohner. Zu den ständigen Bewohnern kam auch noch die ungewöhnlich große Anzahl von Reisenden und Händlern, die sich ständig in der Stadt befanden.

Korinth war bekannt für Wohlstand, aber auch für ihre moralische Verderbtheit. Der Ausdruck »leben wie ein Korinther« war gleichbedeutend mit einem Leben in Luxus und Zügellosigkeit. Die Stadt hatte im gesamten römischen Reich einen Ruf der Lasterhaftigkeit und Unmoral. Einer der wichtigsten Faktoren für dieses Klima des moralischen Verfalls war die abartige und schamlose Verehrung der Göttin Aphrodite (der Liebesgöttin). Ihr Tempel befand sich auf dem Gipfel des Akrokorinthus (des »hohen Korinth« auf einem Felsplateau, das sich etwa 600 Meter senkrecht über der Stadt erhob). Dieser Tempel beherbergte etwa eintausend Prostituierte, die bei der »Verehrung« der Aphrodite mitwirkten. Viele weitere Tempel standen in der Stadt, und diese Stätten verstärkten den allgemeinen moralischen Verfall. Es ist deshalb nicht überraschend, dass die Gemeinde in Korinth ein großes Problem mit der Unmoral hatte. Bezeichnenderweise schrieb Paulus seinen Brief an die Römer von Korinth aus. In diesem Brief geht es vor allem um die schreckliche Verderbtheit des Menschen.

Die Gemeinde in Korinth

Paulus gründete diese Gemeinde auf seiner zweiten Missionsreise. Während dieser Reise schenkte er der Gemeinde in Korinth mehr Aufmerksamkeit als jeder anderen. Die Gemeinde selbst bestand aus Juden und Nichtjuden (die im 1. Korintherbrief erwähnten Namen sind sowohl jüdisch als auch griechisch). Obwohl das Neue Testament zwei Briefe des Apostels Paulus an die Gemeinde in Korinth enthält, hat er in Wirklichkeit mehr als zwei Briefe an die Korinther geschrieben. Auch stattete er Korinth mehr als die zwei in der Apostelgeschichte beschriebenen Besuche ab. Sowohl die Apostelgeschichte als auch die beiden Korintherbriefe lassen Rückschlüsse auf die Beziehung des Paulus zu dieser Gemeinde zu. Diese Beziehung veranschaulicht die ständige Fürsorge des Apostels für die von ihm gegründeten Gemeinden, die er nicht einfach sich selbst überließ.

Zusammenfassung des ersten Korintherbriefes

EINLEITUNG (1,1-9)

Am Anfang seines Briefes drückt Paulus seine Dankbarkeit aus für das Gute, das Gott in Korinth gewirkt hatte. Obwohl er sich der Sünden und Fehler in der Gemeinde durchaus bewusst ist, konzentriert er sich zunächst auf die positiven Elemente im Leben der Korinther. Der Apostel dankt Gott, dass sie von Christus errettet wurden (1,2-4), dass sie Erkenntnis aus dem Wort Gottes empfangen haben, mit der Fülle der Geistesgaben begnadet sind (1,5-7) und auf die Rückkehr des Herrn warten. In diesem Abschnitt erwähnt er Christus etwa ein Dutzend Mal, um ihn als Herrn der Gemeinde herauszustellen. Am Schluss seiner einleitenden Worte erinnert er die Korinther daran, dass Gott sie zur wichtigsten Beziehung im ganzen Universum berufen hat, nämlich zu einem Leben in der Gemeinschaft mit Jesus Christus (1,9 und 1Jo 1,3.6-7).

Spaltungen in der Gemeinde (1,10–4,21)

Paulus ermahnt die Gemeinde wegen ihrer Parteisucht (1,10-17)

Paulus ist voller Sorge über die fehlende Einheit in der Gemeinde. Deshalb befasst er sich zuerst mit diesem Problem. Er erkennt, dass Uneinigkeit viele weitere Probleme verursachen kann (in der Gemeinde als Leib Jesu Christi hat Spaltung immer eine zerstörerische Wirkung). Die Gemeinde in Korinth hatte sich in vier Gruppen aufgeteilt. Diese Gruppierungen scharten sich um jeweils eine Führungspersönlichkeit. Paulus verurteilt den Ausschließlichkeitsanspruch dieser Parteien, und er betont, dass nur Christus Menschen erlösen kann und Christus allein würdig ist, Nachfolger zu haben. Wenn Menschen im Auftrag Gottes wirken, ist das gut und auch legitim, aber Gläubige sollen sich mit Christus identifizieren und nicht mit einem bestimmten Menschen.

Paulus verurteilt Parteisucht (1,18–4,21)

Das Grundproblem der Korinther bestand darin, dass sie die Dinge aus der Perspektive unerlöster Menschen betrachteten. Die Weisheit der Welt war der Maßstab ihres Handelns. Ihnen fehlte es an göttlicher Weisheit, und das war der wichtigste Grund für ihre Uneinigkeit und ihre vielen Probleme. Die Weisheit Gottes ermöglicht es uns Menschen, das Leben aus der göttlichen Perspektive zu betrachten. Nach den Worten des Apostels Paulus ist das Kreuz Christi der Kern der göttlichen Weisheit. Nur dort wird die wahre Situation der Menschheit sichtbar, nämlich ihre Sünde und Verlorenheit, aber auch der einzige Weg aus dieser verzweifelten Lage heraus, nämlich die Kraft Gottes, einen Menschen zu erlösen und zu heiligen. Nur wenn ein Mensch diese grundlegenden Sachverhalte (die Heiligkeit Gottes, die Sündhaftigkeit des Menschen und die Macht Gottes, einen Menschen durch den Tod Christi zu erlösen) erkennt, kann er auch mit Lebensfragen richtig umgehen (1,18-25).

Paulus erinnert die Korinther daran, dass die meisten Christen nicht aus den Reihen der Reichen, Mächtigen oder Weisen dieser Welt stammen (1,26-31). Dennoch können Christen als die »unbedeutenden«

Bewohner dieses Planeten ein erfolgreiches Leben in Weisheit führen und auf diese Weise Gott verherrlichen. Dadurch wird erkennbar, dass sie das nicht aus eigener Kraft bewerkstelligen können, sondern nur mit Hilfe der göttlichen Weisheit (zum Gegensatz zwischen der göttlichen und menschlichen Weisheit siehe Jakobus 3,13-18).

Weiter ruft Paulus den Korinthern ins Gedächtnis, dass er ihnen nur »*Jesus Christus den Gekreuzigten*« (2,2) gepredigt hatte, also das Fundament der göttlichen Weisheit. Er hatte nicht versucht, sie mit seinem Intellekt oder mit klugen Argumenten zu überzeugen (2,1-5), aber das Evangelium in seiner Einfachheit beinhaltet dennoch große Weisheit (2,6-13). Die Wahrheiten des Evangeliums vergehen nicht (sie sind ewig); sie bringen einen Menschen auf den Weg zur Herrlichkeit (das ewige Leben tritt an die Stelle der Sünde), und sie sind so tiefgründig, dass man sie ohne den Heiligen Geist nicht verstehen kann.

Paulus betont, dass die Art, wie ein Mensch auf das Wort (die Weisheit) Gottes reagiert, entscheidend ist für seine Fähigkeit, ein geistlich gesundes Leben in Weisheit zu führen. Das Wort Gottes muss verstanden und auf das Leben angewendet werden (2,14–3,4). Wenn ein Mensch sich diese göttliche Weisheit zu eigen macht, gelangt er zur Reife, aber er bleibt immer in geistlicher Hinsicht ein Kind, wenn er sie missachtet.

Nachdem der Aposteln seinen Lesern diese Wahrheiten über die Notwendigkeit der Weisheit mitgeteilt hat, erwähnt er kurz das Wirken verschiedener Männer in Korinth. Diese Persönlichkeiten verursachten die Spaltungen in der Gemeinde. Paulus legt den Korinthern nahe, weise und verständig mit jenen umzugehen, die in ihrer Mitte tätig sind. An seinem eigenen Beispiel und dem des Apollos zeigt er auf, dass beide Arten des Wirkens wichtig sind. Aber obwohl jeder von ihnen seine Funktion hat, ist Gott derjenige, der in der Gemeinde Wachstum bewirkt (3,4-7). Paulus verdeutlicht, dass alle Gläubigen Diener Gottes und deshalb ihm gegenüber verantwortlich sind.

Diese Ausführungen münden in die umfassendste Erläuterung über Beurteilung und Belohnung von Gläubigen im gesamten Neuen Testament (3,11–4,5). Der Apostel erwähnt, dass der Herr nicht nur unser Handeln in diesem Leben überprüfen wird, sondern unsere Belohnung wird in großem Maß abhängen von unserer Treue als Verwalter seiner Gaben und von unseren Motiven. Paulus vermittelt der Gemeinde diese Erkenntnisse und Ermahnungen, weil er sich wie ein Elternteil um das Wohlergehen seiner Kinder sorgt (4,6-21).

Sünde in der Gemeinde (5,1–6,20)

Unmoralischer Lebenswandel und fehlende Zurechtweisung (5,1-13)

Der Apostel war bestürzt über die Unmoral in der Gemeinde (das Wort Unmoral oder Unzucht ist ein Sammelbegriff für alle Formen von sexuellem Fehlverhalten). In diesem Fall ging es vor allem um die Sünde der Blutschande. Die Gemeinde kannte und tolerierte diese Situation (die Weisheit der Welt ist immer tolerant, wenn es um Sünde geht). Aber die Gemeinde in Korinth war durch diesen negativen Einfluss gefährdet. Paulus tadelt die Korinther wegen ihrer selbstgefälligen Toleranz und erklärt, dass sie verantwortlich sind für die Reinheit der Gemeinde. In einem früheren Brief hat er sie aufgefordert, in ihrer Mitte keine Unmoral zu dulden (5,9), sondern sich mit dem Problem der Sünde auseinanderzusetzen und den Betroffenen aus der Gemeinde auszuschließen (5,12-13).

Rechtsstreit unter Gemeindegliedern (6,1-11)

Die mangelnde Weisheit der Korinther kommt auch zum Ausdruck in ihrer Unfähigkeit, Streitigkeiten untereinander zu bereinigen. Stattdessen gingen sie zu weltlichen Gerichten und ließen ihre Rechtsstreitigkeiten von Ungläubigen lösen. Paulus tadelt die Korinther wegen dieses Verhaltens und fordert sie auf, Führungspersönlichkeiten in der Gemeinde mit diesen Fragen zu betrauen. Aber noch besser sei es, so Paulus, auf seine »Rechte« zu verzichten und Unrecht zu erleiden. Die Korinther bestanden auf ihrem Recht, Paulus jedoch legte den Schwerpunkt auf ihre persönliche Einstellung.

Unmoral in der Gemeinde (6,12-20)

Unmoral war für viele in Korinth zu einer Lebensweise geworden. Paulus ermahnt diese Gläubigen, vor Unmoral zu fliehen, weil ihre

Leiber von Christus erkauft worden sind. Weiter belehrt er sie, dass ihre Leiber Tempel des Heiligen Geistes sind und eines Tages von den Toten auferweckt werden. Für Gott sind ihre Leiber von großer Bedeutung, und deshalb sollen sie sich von unmoralischen Handlungen fernhalten.

Probleme in der Gemeinde (7,1–15,58)

Hier verändert sich der Tonfall des Briefes, weil Paulus die Fragen beantwortet, die die Gläubigen in Korinth ihm gestellt hatten.

Ehe, Ehescheidung oder Ehelosigkeit (7,1-40)

Das allgemeine Klima der Unmoral in der Stadt Korinth brachte die Gemeinde dazu, sich Fragen zu stellen über sexuellen Verkehr, Ehe, Ehescheidung oder Ehelosigkeit. Da sie förmlich umgeben waren von sexueller Dekadenz, fragten sich die Christen in Korinth, ob Ehelosigkeit oder sexuelle Abstinenz, sogar in der Ehe, nicht der bessere Weg sei. Paulus zufolge gehören sexuelle Bedürfnisse zu unserem Leben, und innerhalb der Ehe finden diese auch ihre Erfüllung. Dabei tragen beide Partner die Verantwortung füreinander, weil eine unglückliche sexuelle Beziehung in der Ehe einen Menschen für sexuelle Sünden offen werden lässt (7,1-9).

Da in der römischen Welt die Ehe nicht als heilig galt, wurde auch die Ehescheidung als Teil des Lebens angesehen. Paulus erläutert deshalb ausführlich die Problematik der Ehescheidung zunächst bei gläubigen Ehepartnern (7,10-11) und dann bei Ehen, in denen der eine Teil nicht gläubig ist. Er erklärt kategorisch, dass Christen sich nicht scheiden lassen sollen (der Begriff »entlassen« bedeutet eine Ehescheidung und nicht eine gesetzlich verordnete Trennung). Wenn sich christliche Ehepaare scheiden lassen, sollen sie nicht wieder heiraten. Die sog. Ausnahmeklausel nach Matthäus 19,9 (aufgrund von Hurerei) wird hier von Paulus nicht diskutiert. Bei einer sogenannten »Mischehe« mit einem nicht gläubigen Partner hat der gläubige Ehepartner noch lange nicht das Recht, sich von dem anderen scheiden zu lassen. Wenn aber der nicht gläubige Partner von sich aus eine Trennung herbeiführt, ist der Gläubige nicht mehr verpflichtet, diese Ehe aufrechtzuerhalten.

In seinen Ausführungen über Ehelosigkeit hebt Paulus die Vorteile eines Lebens ohne Ehepartner hervor. Für einen unverheirateten Menschen ist ein Leben in einer größeren Hingabe zu Christus möglich, weil er keine Verpflichtungen gegenüber anderen Familienmitgliedern hat, die Zeit, Energie und finanzielle Mittel erfordern. Aber Paulus spricht sich nicht gegen die Ehe aus. Seinen Rat, man solle am besten ehelos bleiben, hatte er erteilt, weil die gegenwärtigen Umstände es erforderten (7,26). Vor diesem Hintergrund der Verfolgung und Not muss man seine Aussagen über die Ehelosigkeit deuten.

Vorbildliches Verhalten in allen Lebensbereichen (8,1–11,1)

Eine »Zweifelsfrage« (häufig über eine Verhaltensweise oder über die Art, sich zu kleiden) stellt sich immer dann, wenn in der Bibel keine direkten Anweisungen über eine bestimmte Frage stehen und aufrichtige Christen verschiedene Meinungen darüber haben. In Korinth ging es unter anderem darum, ob man Fleisch essen konnte, das vorher den Göttern geopfert worden war. Obwohl Paulus in dieser Frage keine Partei ergreift, erwähnt er Prinzipien, die auch auf eine solche Situation anwendbar sind (siehe dazu auch Röm 14). Nach den Worten des Apostels sollen Gläubige erstens ihre Entscheidungen aufgrund ihrer Erkenntnis treffen, es sollte eine biblische Grundlage dafür vorhanden sein. Zweitens sollten sie aus Liebe heraus handeln und bereit sein, um der Schwächeren im Glauben willen ihre eigenen Freiheiten einzuschränken. Das eigene Leben des Apostels Paulus war in dieser Hinsicht vorbildlich. Um anderen Gläubigen keinen Anstoß zu geben, stellte er seine eigenen Rechte zurück.

Richtiges Verhalten beim Gebet und beim Gottesdienst (11,2–14,40)

Weitere Fragen in Bezug auf die Gemeinde mussten vom Apostel Paulus geklärt werden. Zuerst befasst er sich mit der Rolle der Frauen (11,2-16) und belehrt bezüglich deren Beten und Weissagen. Hier ging es nicht um eine kulturelle, nur auf Korinth bezogene Frage, sondern diese Ordnung galt in allen Gemeinden (11,16; siehe auch 1Tim 2,11-15).

Zweitens fordert Paulus die Gemeinde auf, das Abendmahl mit Ehrfurcht zu begehen. Er tadelt die Korinther wegen ihres gotteslästerlichen Verhaltens (11,17-22), erinnert sie an die tiefe Bedeutung des Abendmahls (11,23-26) und warnt sie vor einer erneuten Züchtigung durch den Herrn (11,27-34).

Eine dritte Frage bezog sich auf die geistlichen Gaben (eine geistliche Gabe ist eine von Gott geschenkte Fähigkeit, dem Herrn auf eine bestimmte Art wirkungsvoll zu dienen). Paulus ließ die Korinther wissen, dass Gläubige geistliche Gaben erhalten, um andere in der Gemeinde zu stärken (12,1-11). Er vergleicht die Gemeinde mit einem Leib. Alle Körperteile hängen voneinander ab, um gesund und stark zu bleiben. Genauso verhält es sich auch mit den Gliedern des Leibes Jesu (der Gemeinde). Der Körper ist eine Einheit (12,12-13) mit verschiedenen Teilen (12,14-20), aber diese Teile sind voneinander abhängig (12,21-27; vgl. Eph 4,7-14). Geistliche Gaben sollen dem Wohl aller Gläubigen dienen und nicht dem Eigennutz (12,7). Deshalb sind sie ohne Liebe nutzlos (13,1-13).

Paulus führt seine Erläuterungen über die Geistesgaben weiter, indem er sich mit dem Problem befasst, das in Korinth wegen des Redens in Sprachen aufgetreten ist (14,1-40). Die Grundaussage dieses Abschnitts lautet, dass die Gabe der Weissagung von größerer Bedeutung ist als die Gabe der Sprachen (s. dazu Anhang D).

Die Frage der Auferstehung (15,1-58)

Offenbar verbreitete jemand in Korinth die irrige Vorstellung, es gebe keine Auferstehung von den Toten (15,12). Paulus versichert den Korinthern, dass die Auferstehung Jesu Christi der Grundpfeiler des christlichen Glaubens ist. Wenn Jesus nicht leiblich aus dem Grab auferstanden wäre, wäre der christliche Glaube null und nichtig, weil dann die Sünde nicht besiegt wäre und es keine Hoffnung für die Zukunft gäbe (15,12-20). Aber weil Jesus die »Erstlingsfrucht« der Auferstehung ist, gibt er damit den Gläubigen die Gewissheit, dass auch sie die gleiche Erfahrung machen und den Sieg über den Tod erleben werden (15,50-58).

Schlussworte (16,1-24)

Paulus beendet seinen Brief mit der Aufforderung an die Korinther, sich in ihrem Wirken für den Herrn hervorzutun, indem sie auch ihre materiellen Güter mit anderen teilen. Er bittet sie um regelmäßige Sammlungen, je nachdem, wie der Herr ihnen Wohlergehen geschenkt hat. Dann teilt er ihnen mit, dass er einen weiteren Besuch bei ihnen plant. Am Schluss übermittelt er ihnen Grüße von anderen Gläubigen.

KAPITEL 15

DER ZWEITE BRIEF AN DIE KORINTHER

Einführung in den zweiten Korintherbrief

DER VERFASSER DES ZWEITEN KORINTHERBRIEFES

Auch diesen Brief hat der Apostel Paulus geschrieben, und auch diesmal erwähnt er Timotheus in der Einleitung.

ÖRTLICHE UND ZEITLICHE EINORDNUNG

Der zweite Korintherbrief ist wohl kurz nach dem ersten entstanden, vielleicht im Jahr 55 oder 56 n. Chr. Verfasst wurde er in Mazedonien, weil Paulus sich dort auf die Suche nach seinem Mitarbeiter Titus gemacht hatte (2Kor 2,12-13; 7,4-16). Der Überlieferung zufolge hat Paulus den Brief in der mazedonischen Stadt Philippi geschrieben.

DIE ZIELSETZUNG DES ZWEITEN KORINTHERBRIEFES

Weil die Probleme in der Gemeinde noch immer nicht gelöst waren, schickte Paulus seinen fähigen Begleiter Titus nach Korinth, um die Lage dort in den Griff zu bekommen. Später verließ Paulus Ephesus und reiste nach Troas, denn dort wurde ihm eine Tür für die Verkündigung des Evangeliums geöffnet (2,12-13). Er war jedoch über die Lage in Korinth tief besorgt, und er wollte von Titus unbedingt mehr darüber hören. Deshalb reiste er weiter nach Mazedonien, weil er hoffte, Titus dort anzutreffen.

Schließlich kam Titus tatsächlich dort an und berichtete, dass die Situation in Korinth überwiegend positiv war. Aber noch immer sei eine Minderheit in der Gemeinde vehement gegen Paulus. Deshalb bekräftigte Paulus im zweiten Korintherbrief seine Autorität als Apostel Jesu Christi. Diese Maßnahme war dringend erforderlich für die geistliche Gesundheit der Gemeinde. In seinem zweiten Brief dankte er auch für die positive Reaktion der Mehrheit in Korinth auf seine Person und sein Wirken. Wieder erinnerte er die Korinther an die Notwendigkeit, die bedürftigen Gläubigen in Judäa finanziell zu unterstützen, und an das richtige Verhalten gegenüber einem reuigen Sünder.

Gliederung des zweiten Korintherbriefes

I. Einleitung (1,1-11)
II. Das persönliche Zeugnis des Apostels Paulus (1,12–2,13)
III. Die Lehren des Apostels Paulus über das wahre Wesen des Dienstes für Christus (2,14–6,10)
IV. Ermahnungen an die Korinther (6,11–7,16)
V. Anweisungen über Liebesgaben (8,1–9,15)
VI. Verteidigung gegen persönliche Angriffe (10,1–13,10)
VII. Schlussworte (13,11-14)

Das Thema des zweiten Korintherbriefes

Wegen der negativen Haltung einiger Geschwister der Gemeinde in Korinth war es für Paulus erforderlich, sein Wirken und seine Autorität als Apostel zu verteidigen. Im Verlauf seiner Verteidigung offenbart der Apostel einiges über das Wesen des Dienstes am Evangelium. Das ist auch das Thema dieses Briefes, der bedeutendsten neutestamentlichen Abhandlung darüber, wie ein echter Dienst für den Herrn Jesus Christus auszusehen hat. Deshalb hat dieser Brief einen besonderen Stellenwert im Leben derer, die Christus auf wirksame Weise dienen wollen.

Besonderheiten im zweiten Korintherbrief

Dieser Brief entstand einerseits in einer Situation des Aufruhrs und des Konflikts mit bestimmten Personen in der Gemeinde von Korinth, aber andererseits ist er auch Ausdruck der großen Freude und Liebe, die Paulus für andere Menschen dort empfand. Deshalb offenbart dieser Brief wie kein anderer die tiefen Gefühle des Apostels. Er gehört zu den weniger systematischen der paulinischen Schriften, aber der Leser erfährt darin am meisten über Paulus als Mensch. »Erasmus vergleicht diesen Brief mit einem Fluss, der manchmal träge dahin fließt, manchmal wie ein Sturzbach alles mit sich reißt, sich manchmal wie ein ruhiger See ausbreitet, sich manchmal auch im Sand verliert und an unerwarteten Stellen in all seiner Fülle hervorbricht.«[1] Der Brief spiegelt die starke innere Anspannung wider, in der sich Paulus bei der Niederschrift befunden hat. Es finden sich darin gebrochene Satzkonstruktionen, gemischte Metaphern, ein rascher Wechsel bei den Inhalten und eine große Vielfalt an Emotionen.[2] Der einzigartige Stil dieses Briefes erschwert eine logische, systematische Auslegung.

Zusammenfassung des zweiten Korintherbriefes

Einleitung (1,1-11)

Paulus leitet seinen Brief mit einem Lobpreis an Gott ein. Er hatte schwere Prüfungen erlebt, aber Gott hatte ihm auch Trost gespendet (vgl. 11,23-28).

Das persönliche Zeugnis des Apostels Paulus (1,12–2,13)

Mit großer Offenheit spricht der Apostel seine Beziehung zur Gemeinde in Korinth an. Er bekräftigt, dass er in dieser Angelegenheit ein reines Gewissen hat. Einige Personen in der Gemeinde hatten Paulus offenbar vorgeworfen, er sei wankelmütig und unzuverlässig, weil er ihnen sein Kommen angekündigt, aber sein Versprechen nicht gehalten habe (1,12-17). Aber Paulus erinnert sie daran, dass er immer offen und ehrlich zu ihnen gewesen sei und niemals versucht habe, sie zu manipulieren. Er sei jedoch durch den Geist Gottes davon überzeugt, vorerst nicht an seiner ursprünglichen Absicht festzuhalten, sondern der Gemeinde Zeit für ihre eigene Entwicklung zu geben. Seine Anwesenheit in Korinth zu diesem Zeitpunkt würde der Gemeinde nur unnötigen Schmerz zufügen und zu einer zu starken Abhängigkeit von seiner Person führen (1,18–2,4).

An diesem Punkt gibt Paulus Anweisungen, wie das Gemeindeglied, das unter Gemeindezucht stand, wieder aufgenommen werden kann (2,5-11). Wenn ein gläubiger Mensch eine echte Umkehr vollzieht, braucht er Trost und Ermutigung, damit Satan nicht sein zerstörerisches Werk mit Hilfe von Schuldgefühlen und Kummer fortsetzen kann. Am Ende dieses Abschnitts drückt Paulus nochmals seine tiefe Besorgnis über die Situation in Korinth aus (2,12-13).

Die Lehren des Apostels Paulus über das wahre Wesen des Dienstes für Christus (2,14–6,10)

Einer der bedeutendsten Beiträge des zweiten Korintherbriefes steht in diesem Abschnitt, in dem Paulus das wahre Wesen des Dienstes am Evangelium offenbart. Paulus glaubte an den endgültigen Triumph Christi, unabhängig von seinen eigenen Gefühlen des Versagens, der Frustration oder der Angst (2,14-17). Er hat jedoch keine unrealistische Sicht über den Dienst für Christus. Obwohl es für ihn als »Leibeigenen« Christi auch Freude gab, musste er sich auch schweren Prüfungen, seelischen Qualen und Bedrängnissen aussetzen. Manche Personen in der Gemeinde von Korinth zweifelten wohl an der göttlichen Berufung des Apostels Paulus zu seinem Dienst, aber Paulus weist darauf hin, dass die bloße Existenz dieser Gemeinde schon ein Beweis für die Echtheit seines Dienstes ist (3,1-3).

Schließlich habe sein Dienst nicht aus seinem eigenen Bemühen heraus eine Wirkung, sondern durch die verändernde Kraft des Neuen Bundes, der Erlösung, die durch das Werk Jesu Christi für uns bewirkt wurde (3,4-18). Weiter erwähnt er im Brief, dass er sich nicht entmutigen lasse, wenn Menschen trotz seines Dienstes im Unglauben verharrten (4,1-6), weil Satan manchen Menschen den Sinn für die Botschaft des Evangeliums verblende. Nach seinem Verständnis kommen Menschen nur durch die Kraft Gottes zu Christus, nicht durch menschliche Kunstgriffe. Unsere persönliche Unzulänglichkeit trägt nur dazu bei, diese Kraft Gottes noch deutlicher sichtbar zu machen (4,8-18).

Wenn Paulus über die Beschwernisse seines Lebens nachdenkt, schöpft er neuen Mut aus der Wahrheit, dass er eines Tages beim Herrn sein und sein irdischer, vergänglicher Leib verwandelt werden wird. Ob er hier auf Erden oder beim Herrn ist, sein einziges Streben ist es, ihm zu gefallen, und davon wird auch sein Dienst für seinen Herrn bestimmt (5,1-10). Unser Dienst ist ein Dienst der Versöhnung (Versöhnung bedeutet, die Feindschaft zwischen Einzelpersonen zu beseitigen oder sie wieder freundlich zu stimmen). Als Jesus Christus am Kreuz starb, erfüllte er die Forderungen Gottes nach Gerechtigkeit. Die Frage der Sünde war ein für alle Mal gelöst, und jetzt wartet Gott auf Menschen, die sich ihm wieder zuwenden. Der Mensch muss mit Gott versöhnt werden, und darin besteht heute der Dienst, den Gläubige an ihren Mitmenschen verrichten sollen (5,11-21).

Ermahnungen an die Korinther (6,11–7,16)

In diesem Abschnitt ermuntert Paulus die Korinther zur Offenheit ihm gegenüber (6,11-13) und zur Absonderung von der Welt (6,14–7,1). Außerdem will er ihnen das Wesen einer wahren Umkehr zu Gott verständlich machen (7,2-16).

Anweisungen über Liebesgaben (8,1–9,15)

In der Vergangenheit hatte sich die Gemeinde in Korinth verpflichtet, bedürftigen Gläubigen finanzielle Hilfe zukommen zu lassen. Paulus erinnert die Korinther jetzt an diese Verpflichtung, und er ermuntert sie zur Großzügigkeit. Er teilt ihnen mit, dass die Einstellung entscheidend ist, wenn man anderen helfen will (9,6-9), und er erwähnt die Christen in Mazedonien sowie den Herrn Jesus selbst als Vorbilder in dieser Hinsicht (8,1-9). Auch verdeutlicht der Apostel die Problematik bei finanziellen Fragen und die Vorsicht, die angebracht ist, um den Anschein eines Fehlverhaltens zu vermeiden (8,16-24).

Verteidigung gegen persönliche Angriffe (10,1–13,10)

An dieser Stelle ist eine drastische Veränderung im Ton des Briefes festzustellen. Jetzt befasst sich Paulus mit jenen, die seine Autorität als Apostel angreifen. Im gesamten paulinischen Schrifttum finden sich wohl keine stärkeren Formulierungen als in diesem Abschnitt. Paulus macht mehrere Aussagen zu seinem Selbstverständnis als Apostel. Erstens weiß er, dass er seine Autorität von Christus selbst empfangen hat. Zweitens gereicht diese Autorität anderen Christen zum Segen, weil er sie in ihrem Glauben aufbaut. Drittens kann er sein Amt als Apostel auch dazu verwenden, andere Gläubige streng zurechtzuweisen, wenn das erforderlich ist. Obwohl er zögert, seine Autorität auf diese Weise einzusetzen, ist er im Notfall dazu bereit. Seine Gegner dürfen nicht mit seiner Zurückhaltung rechnen oder davon ausgehen, dass er keinen echten Einfluss hat. Viertens hat Gott die Korinther seiner, des Paulus', Autorität unterstellt, da Paulus ihre Gemeinde gegründet hat. Dieser versucht nicht, die Autorität anderer Apostel an sich zu reißen oder in deren Einflussbereich einzudringen (10,1-18).

Paulus lobt sich ungern selbst, aber weil seine Gegner in Korinth das Vertrauen der Gemeindeglieder in seine Person unterminiert haben, ist er um der Gemeinde willen dazu gezwungen. Er erinnert die Korinther daran, wie er sich verhalten hat, als er bei ihnen war (11,1-15), und an seine Leiden als Apostel Jesu Christi (11,16-33). Paulus hat seinen Dienst bestimmt nicht als Quelle des Vergnügens oder des Gewinns angesehen. Weiter berichtet er den Korinthern von den Offenbarungen, die Gott ihm geschenkt hat und von seinem »*Dorn im Fleisch*« (12,1-10); und er erinnert sie daran, dass seine Vollmacht für das Amt des Apostels durch Zeichen und Wunder bestätigt worden ist (12,11-13). Ein letztes Mal warnt er diejenigen, die ihm und seinem Wirken widerstehen (12,14–13,10). Seinen Gegnern bleibt keine Zeit mehr: Entweder sie vollziehen eine Kehrtwende, oder aber sie trifft die Wucht seiner apostolischen Autorität. Er wird sie bei seinem nächsten Besuch zurechtweisen.

Schlussworte (13,11-14)

KAPITEL 16
DER BRIEF AN DIE RÖMER

Einführung in den Römerbrief

DER VERFASSER DES RÖMERBRIEFES

Es bestehen keine ernsthaften Zweifel an der Verfasserschaft des Apostels Paulus. Zu Beginn des Briefes wird Paulus als Autor genannt, und interne Beweise stützen diese Behauptung. »Die Argumente zugunsten des Apostels Paulus als Verfasser des Briefes sind so stark, dass kein ernst zu nehmender Wissenschaftler die Verfasserschaft des bekannten Heidenapostels anzweifelt.«[1]

ÖRTLICHE UND ZEITLICHE EINORDNUNG

Wenn man die geschichtlichen Daten in der Apostelgeschichte mit den Aussagen in den Briefen an die Korinther und die Römer vergleicht, wird deutlich, dass der Römerbrief während der dritten Missionsreise von Korinth aus verfasst wurde. Am Ende dieser dritten Reise verbrachte Paulus etwa drei Monate in Korinth (Apg 20,2-3). In diesem Zeitraum erhielt er eine Spende für die bedürftigen Gemeindeglieder in Jerusalem. Er war auf dem Weg dorthin, um dieses Geld zu überbringen (vgl. Apg 24,17; Röm 15,25-26; 1Kor 16,1-4; 2Kor 8,1-9,15). Damit lässt sich die Niederschrift dieses Briefes um das Jahr 56 n. Chr. datieren.

DIE ZIELSETZUNG DES RÖMERBRIEFES

In seinem Brief erwähnt der Apostel Paulus zwei Mal den Grund, warum er ihn geschrieben hat (1,10-13; 15,22-25). Er teilt ihnen mit, dass es zwar sein Wunsch ist, die Gemeinde in Rom zu besuchen, aber immer wieder hatten ihn die Umstände daran gehindert, und deshalb wendet er sich jetzt schriftlich an sie. Er hofft zwar, schließlich doch noch nach Rom zu kommen, aber er erkennt wohl auch, dass er vielleicht nie dort ankommen wird, weil er weiß, welche Schwierigkeiten ihn in Jerusalem erwarten. Er ist dort seines Lebens nicht sicher.

Soweit wir es wissen, hatte die Gemeinde in Rom keine größeren Probleme mit der Lehre und der Glaubenspraxis, mit denen sich der Apostel auseinandersetzen musste. Paulus schrieb den Römerbrief nicht aus diesem Grund, sondern er wollte die Unterstützung der Gemeinde für seine Missionsreisen in den Westen, auch nach Spanien, gewinnen. Deshalb hob er in seinem Brief die universale Bedeutung des Evangeliums für Juden und Nichtjuden hervor. Er schrieb diesen Brief, weil er der Gemeinde Jesu eine klare und umfassende Darstellung der Lehre von der Erlösung durch den Glauben vermitteln wollte. Paulus hatte aber auch persönliche Gründe für diesen Brief. Er bat die Gemeinde um Gebetsunterstützung, hoffte aber auch, dass seine Arbeit dort Frucht tragen würde (1,11-13; 15,30-33).[2]

Gliederung des Römerbriefes

I. Einleitung (1,1-17)
   A. Grußworte des Apostels (1,1-7)
   B. Persönliche Anliegen (1,8-13)
   C. Das Thema des Briefes (1,14-17)

II. Die Sünde und ihre Folgen für alle Menschen (1,18–3,20)
   A. Die Gottlosigkeit der Nationen (1,18-32)
   B. Auch die Juden haben sich schuldig gemacht (2,1–3,8)
   C. Alle Menschen haben gesündigt (3,9-20)

III. Die Gerechtigkeit aus Glauben (3,21–5,21)
   A. Die Grundlage der Rechtfertigung (3,21-26)
   B. Rechtfertigung und Gesetz (3,27-31)
   C. Rechtfertigung und der Stellenwert des Glaubens (4,1-25)
   D. Die Gewissheit der Gerechtigkeit aus Glauben (5,1-11)

E. Die Herrschaft der Sünde und die Herrschaft der Gnade (5,12-21)

IV. Der Gläubige und die Sünde (6,1–8,39)
A. Eins mit Christus (6,1-14)
B. Sklave der Sünde oder der Gerechtigkeit (6,15-23)
C. Freiheit vom Gesetz (7,1-25)
D. Wandel im Geist (8,1-17)
E. Hoffnung und Zuversicht der Gläubigen (8,18-39)

V. Der Plan Gottes mit Israel (9,1–11,36)
A. Der Unglaube und die Verstockung Israels (9,1-33)
B. Der Grund für die Zurückweisung Israels (10,1-21)
C. Gott hat sein Volk nicht verstoßen (11,1-36)

VI. Die Gerechtigkeit Gottes in der Gemeinde und im Alltag (12,1–15,13)
A. Ein lebendiges, Gott wohlgefälliges Opfer (12,1-2)
B. Ein Leib, viele Glieder (12,3-8)
C. Der Grundsatz der Liebe innerhalb der Gemeinde (12,9-13)
D. Der Grundsatz der Liebe außerhalb der Gemeinde (12,14-21)
E. Verhalten gegenüber der Obrigkeit (13,1-7)
F. Ein Leben in der Erwartung des Heils (13,8-14)
G. Gegenseitige Verantwortung in Streitfragen (14,1–15,3)
H. Zwischenmenschliche Beziehungen in der Gemeinde (15,4-13)

VII. Schlussworte (15,14–16,27)
A. Der Grund für den Brief (15,14-21)
B. Reisepläne des Apostels (15,22-33)
C. Empfehlungen, Grüße und Warnungen (16,1-27)

Das Thema des Römerbriefes

Das Thema dieses Briefes ist Gerechtigkeit, und zwar die Gerechtigkeit, die Gott für eine sündige Menschheit bereithält. Nur diese Art von Gerechtigkeit kann Gott gutheißen. Im Römerbrief geht es auch darum, wie die göttliche Gerechtigkeit das Leben von Menschen prägen soll, die an Jesus Christus glauben.

Besonderheiten im Römerbrief

Die Stadt Rom

In der Zeit des Apostels Paulus war Rom die bedeutendste Stadt der damaligen Welt. Paulus war ein Bürger des römischen Reiches, und es war sein Herzenswunsch, das Evangelium in der kaiserlichen Stadt zu verkündigen. Als er seinen Brief an die Gläubigen in Rom schrieb, erlebten die Menschen gerade eine Zeit des Friedens, des Wohlstands und der Ordnung. Obwohl damals der berüchtigte Kaiser Nero regierte (von 54 bis 68 n. Chr.), war die Zeit seiner Herrschaft insgesamt positiv geprägt, weil Nero sich mit fähigen Beratern umgeben hatte. Das Leben in Rom verlief für die Menschen in geregelten Bahnen. Schätzungen zufolge hatte die Stadt damals vier Millionen Einwohner.[3] Angesichts dieser großen Zahl hatte Rom alle typischen Merkmale einer Großstadt.

> »Auf engstem Raum fand man Luxus und Elend, Reichtum und Not. Die Einrichtung der Sklaverei legte sich wie ein unheilvoller Schatten über die Gesellschaft. Körperliche Arbeit wurde gering geschätzt und als Aufgabe der Sklaven angesehen. Die Herstellung von Waren und der Handel galten als Gewerbe des Sklaven und des Fremdlings. Nur etwas über die Hälfte der Einwohner gehörte zu den freien Bürgern, von denen eine vergleichsweise kleine Gruppe wohlhabend war. Die überwältigende Mehrheit lebte in Armut und war abhängig von öffentlicher oder privater Wohltätigkeit. Diese Almosenempfänger waren stolz auf ihr römisches Bürgerrecht und verschmähten manuelle Arbeit als Erniedrigung. … In der Stadt fanden sich Menschen fast jeder Nationalität, und jede ethnische Gruppe brachte ihre eigenen Laster mit.«[4]

In diesem gesellschaftlichen Klima entstand und wuchs die Gemeinde. Eine Zeitlang förderte der in Rom herrschende Friede diese Entwicklung, die ein abruptes Ende fand, als Nero sein teuflisches Werk der Christenverfolgung begann.

Die Gemeinde in Rom

Die Gemeinde wurde nicht von einem bestimmten Apostel gegründet (Röm 15,20), auch nicht von Petrus oder Paulus. Die Gründer der Gemeinde waren höchstwahrscheinlich Personen, die woanders zu Jesus Christus gefunden und ihren Glauben mit nach Rom gebracht hatten. Vielleicht waren auch Juden nach Rom gekommen, die an Pfingsten in Jerusalem ihre Bekehrung erlebt hatten (Apg 2,10). Die Gemeinde dort war offenbar von ihrer Grundausrichtung her nichtjüdisch geprägt (obwohl es darin auch eine ziemlich große Gruppe von Juden gab), und es ist fraglich, ob Juden eine nichtjüdische Gemeinde gegründet hätten. »Erst viele Jahre nach der Ausgießung des Heiligen Geistes öffnete sich die Tür zu den Heiden. Deshalb liegt die Vermutung nahe, dass einige Personen aus dem Haushalt des Hauptmanns Kornelius (Apg 10) die Botschaft von einem Erlöser für die Nichtjuden nach Rom trugen.«[5] Vielleicht hat diese Gruppe die Gemeinde gegründet, aber möglicherweise waren Menschen, die an anderen Orten durch Paulus zum Glauben kamen, auch nach Rom gegangen. Das ließe sich auch aus der umfangreichen Namensliste in Römer 16 schließen.

In der Gemeinde gab es Juden, da Paulus sich offenbar mit ihnen auseinandersetzt (vgl. 4,1; 7,1-10), aber auch viele Nichtjuden (vgl. 11,13.18.25; 15,16.18.27). Beide Gruppierungen waren vorhanden, wobei die Nichtjuden die Mehrheit bildeten.

Zusammenfassung des Römerbriefes

Einleitung (1,1-11)

Da die meisten Gemeindeglieder in Rom Paulus nicht persönlich kannten, stellt er sich zunächst vor (1,1) und erwähnt, dass das ihm anvertraute Evangelium identisch ist mit der Botschaft, durch die die Römer zu Jesus Christus gefunden hatten (1,2-7). Außerdem stellt er fest, dass in einem Zeitraum von etwa zehn Jahren ihr Glaube überall bekannt geworden ist. Es ist sein Wunsch, diesen Glauben weiterzuentwickeln und zu pflegen (1,8-13).

In Vers 14 greift Paulus einen neuen Gedanken auf, indem er sich als Schuldner darstellt. Obwohl er bis zu diesem Zeitpunkt bei den Römern in keiner Schuld stand, machten ihn seine Beziehung zu Christus, dessen Gnade und der Besitz des weltumspannenden Evangeliums zum Schuldner gegenüber allen Menschen. Allein dieses Evangelium kann Menschen erretten, und deshalb musste er sich dessen nicht schämen. (Der Begriff »Erlösung«, »Errettung« oder »Heil« wird hier in einem umfassenden Sinn verwendet, und zwar sowohl für den Akt als auch den Prozess der Erlösung. Gläubige Menschen sind errettet von der Strafe und der Macht der Sünde.)

Paulus greift jetzt sein großes Thema auf und erklärt, dass Gerechtigkeit ein Geschenk ist, das man aufgrund des Glaubens erhält. (»Gerechtigkeit« ist jener Zustand, in dem man gegen kein einziges Gesetz Gottes verstößt. Das ist einem Menschen natürlich nicht möglich, und deshalb muss Gott eingreifen und dem Menschen diese Gerechtigkeit zurechnen.)

Die Sünde und ihre Folgen für alle Menschen (1,18–3,20)

In diesem Abschnitt geht es um die Frage, warum die Menschheit das Evangelium braucht. Alle Menschen haben die Botschaft über Jesus Christus nötig, weil alle gesündigt haben und sich nicht selbst retten können.

Die Gottlosigkeit der Nationen (1,18-32)

Paulus legt hier den Schwerpunkt auf die Tatsache, dass ein Mensch einen doppelten Verfall erlebt, wenn er die göttliche Wahrheit ablehnt, und zwar einmal in seinem Glauben und zum anderen in seinem Lebenswandel. Dadurch erfährt er das Gerichtshandeln Gottes (1,18). Den Nationen hatte sich Gott in der Natur offenbart. Sie konnten deshalb wissen, dass Gott existiert und allmächtig ist, aber sie wandten sich von dieser Offenbarung ab. Deshalb können sie nicht behaupten, sie hätten nichts gewusst. Sie haben sich vor Gott schuldig gemacht. (Wenn ein Mensch auf die göttliche Offenbarung in der Natur positiv reagiert und nach weiterer Gotteserkenntnis strebt, wird Gott ihm mehr von sich offenbaren.)

Auch die Juden haben sich schuldig gemacht (2,1–3,8)

Die Juden hatten ein weitaus größeres Wissen über die Wahrheit und die Maßstäbe Gottes. Obwohl sie den Unterschied zwischen Recht und Unrecht kannten, verhielten sie sich ähnlich wie die Nationen (vgl. 2,17-24). Deshalb werden auch sie den Zorn Gottes zu spüren bekommen.

Alle Menschen haben gesündigt (3,9-20)

Rückblickend auf seine Argumentation stellt Paulus fest, dass sich sowohl Juden als auch Nichtjuden vor Gott schuldig gemacht haben. Jetzt belegt er seine Position mit Zitaten aus dem Alten Testament. Alle Menschen haben gesündigt und können sich deshalb nicht selbst erretten.

Die Gerechtigkeit aus Glauben (3,21–5,21)

Die Grundlage der Rechtfertigung (3,21-26)

An dieser Stelle beendet Paulus seine Ausführungen über die Sündhaftigkeit des Menschen und setzt sich nun mit der Lösung dieses die ganze Menschheit betreffenden Problems auseinander. Weil alle Menschen gesündigt haben, brauchen alle Menschen Gerechtigkeit. Diese Gerechtigkeit hat ihren Ursprung in Gott selbst und nicht in der Leistung des Menschen, und sie kommt durch den Glauben (3,21-22). In diesem Abschnitt verwendet Paulus einige Schlüsselwörter (siehe dazu die Ausführungen über die Rechtfertigung aus Glauben in Kapitel 11):

1. Rechtfertigung
Gott erklärt einen glaubenden Sünder für gerecht. Diese Erklärung hat ihre Grundlage im Tod Christi und beinhaltet die Wegnahme der Strafe für die Sünde sowie die Zurechnung der Gerechtigkeit Jesu Christi.

2. Erlösung
Die Erlösung eines sündigen Menschen wird bewirkt durch die Zahlung eines Lösegeldes. Christus befreit Menschen von der Sünde, indem er durch sein Opfer am Kreuz dieses Lösegeld bezahlt hat.

3. Versöhnung oder Sühne
Dieser Begriff bedeutet »Frieden stiften« oder »zufrieden stellen«. Der Tod Christi hat die göttlichen Forderungen nach Gerechtigkeit vollständig zufrieden gestellt. Der Heiligkeit und Gerechtigkeit Gottes sind Genüge getan worden, und Gott kann nun Menschen erretten.

Rechtfertigung und Gesetz (3,27-31)

Paulus zeigt jetzt auf, wie sich das Gesetz zur Erlösung eines Menschen verhält und wie die Erlösung durch Glauben das Gesetz (Werke) ausschließt und somit auch das menschliche Rühmen, das aus Werken kommt. Wir werden durch Glauben errettet, nicht durch Werke (3,27-28). Weiter verdeutlicht Paulus, dass es nur einen Gott gibt und deshalb auch nur einen Weg der Rechtfertigung, nämlich durch Glauben (3,29-30). Das Gesetz führt nicht zur Rechtfertigung, sondern es deckt die Sünde auf.

Rechtfertigung und der Stellenwert des Glaubens (4,1-25)

Am Beispiel von Abraham und David zeigt der Apostel, dass Menschen schon immer durch den Glauben gerechtfertigt worden sind. Abraham wurde für gerecht erklärt, lange bevor er das Werk der Beschneidung vollbrachte. David, der sich des Mordes und des Ehebruchs schuldig gemacht hatte, ohne dass das Gesetz ihm diese Sündenlast abnehmen konnte, erfuhr die Barmherzigkeit und Gnade Gottes. Er wurde ebenfalls für gerecht erklärt.

Die Gewissheit der Gerechtigkeit aus Glauben (5,1-11)

Die Rechtfertigung ist eine vollendete Tatsache (keine ständige Entwicklung) im Leben eines glaubenden Menschen. Deshalb können Gläubige die Gewissheit haben, dass sie nicht den Zorn Gottes erfahren werden. Gott, der uns errettet hat, als wir seine Feinde waren, wird uns jetzt, da wir seine Kinder sind, nicht im Stich lassen. Gläubige Menschen sind in Gott geborgen. Darüber hinaus, so Paulus, haben wir Frieden mit Gott, Zugang zu ihm, Hoffnung, Freude und die Gegenwart des Heiligen Geistes in uns.

Die Herrschaft der Sünde und die Herrschaft der Gnade (5,12-21)

In diesem Abschnitt nimmt Paulus einen Vergleich zwischen Adam und Christus vor. Adam brachte der Menschheit den Tod, Christus dagegen das Leben. Durch Adams Ungehorsam kam die Sünde in die Welt und wirkte sich auf alle seine Nachkommen aus. Deshalb sind alle Menschen schuldig geworden. Aber durch den Tod Christi am Kreuz sind Leben und Gerechtigkeit für alle Menschen verfügbar. So groß ist die Gnade Gottes.

Der Gläubige und die Sünde (6,1–8,39)

Bisher hat der Apostel Paulus im Römerbrief betont, dass die Strafe für die Sünde auf dem Menschen lastet. Diese Strafe (ewige Trennung von Gott) wurde jedoch durch den Tod Jesu Christi bezahlt. Jetzt (in den Kapiteln 6–8) konzentriert sich Paulus auf die Tatsache, dass das Werk Jesu am Kreuz diejenigen, die an ihn glauben, von der erdrückenden Macht der Sünde befreit.

Eins mit Christus (6,1-14)

Paulus zufolge (5,20-21) ist die Gnade Gottes überreich geworden, wo die Sünde zugenommen hat. Jetzt stellt sich die Frage: »Sollen wir etwa mehr sündigen, damit die Gnade Gottes sich deutlicher zeigen kann?« (Diese Frage lässt erkennen, dass Paulus die Erlösung als vollkommen freie Gabe Gottes verkündigte.) Seine Antwort ist ein kategorisches »Nein«. Weiter stellt er fest, dass Christen mit Christus auch der Sünde gestorben und eins mit ihm geworden sind.

Unsere neue Stellung als Gläubige zeigt sich im Einssein mit Christus durch die Taufe im Heiligen Geist (vgl. 1Kor 12,13). Dieses Einssein ermöglicht uns ein Leben im Sieg über die Sünde. In seinen Schriften verdeutlicht Paulus, dass die Sünde in gläubigen Menschen noch immer wie eine fremde Macht vorhanden ist und versucht, die Herrschaft an sich zu reißen. Dieses »alte Ich« (unser gesamtes, sündhaftes Wesen) wirkt durch den Leib, der zwar von sich aus nicht sündhaft ist, aber dort wird die Sünde offenbar. Dieses alte Ich hat durch den Tod und die Auferstehung Christi seine Macht über uns verloren. Unsere Beziehung zu Christus ist so lebendig, dass wir mit ihm zusammen gestorben und auferstanden sind, als er den Sieg über die Sünde errungen hat. Das ist unsere Stellung in Christus. Aus dieser Sicht ist unser altes Ich tot (wenn wir jetzt den körperlichen Tod erleiden würden, würden wir unser altes Ich ablegen). Da Christus unser altes Ich entmachtet (nicht ausgelöscht) hat, müssen wir nicht mehr der Sünde dienen (6,6). Angesichts des Werkes, das Christus vollbracht hat, sollen wir in zweifacher Weise handeln. Erstens sollen wir diese Tatsache als wahr ansehen (6,11). Der Sieg über die Sünde stützt sich auf die Tatsache, dass sie keine Macht mehr über uns hat. Gläubige Menschen können jetzt »Nein« sagen zu einem Leben in Sünde, weil sie von Christus dazu die Kraft bekommen. Zweitens sollen sich Gläubige Gott zur Verfügung stellen und seine Macht in Anspruch nehmen.

Sklave der Sünde oder der Gerechtigkeit (6,15-23)

Obwohl die Sünde ihre Macht über Gläubige verloren hat, versucht sie, die Herrschaft über uns wiederzuerlangen. Paulus verdeutlicht, dass Christen entweder Sklaven der Sünde oder der Gerechtigkeit sein können. Die Entscheidung liegt beim Einzelnen, aber es gibt nur diese beiden Möglichkeiten. Wenn die Sünde uns beherrscht, werden wir Schande, Schuld und Tod ausgesetzt sein (»Tod« bedeutet in diesem Zusammenhang »Trennung«. Gläubige, die weiter in Sünde leben und ihre Schuld nicht bekennen, erfahren eine Trennung von Gott in ihrer

Beziehung zu ihm. Paulus spricht hier nicht über den körperlichen Tod oder die ewige Trennung von Gott).

Freiheit vom Gesetz (7,1-25)

Obwohl gläubige Menschen von der Strafe der Sünde errettet sind, müssen sie sich noch immer mit deren Macht in ihrem Leben auseinander setzen. Ist das Gesetz eine Hilfe bei dieser Auseinandersetzung mit dem Problem der Sünde? In gewisser Hinsicht ja, weil das Gesetz dieses Problem fest umreißt. Aber in anderer Hinsicht ist das Gesetz nicht hilfreich, weil es dem Gläubigen nicht die Kraft gibt, die Sünde zu überwinden (7,1-12). Paulus veranschaulicht diese Problematik an seiner eigenen Erfahrung (7,13-25). Er schildert diese Erfahrung als fortlaufenden Prozess, nicht als einmaliges Ereignis (hier ist der Gebrauch der Gegenwartsform zu beachten).

Das Halten des Gesetzes (eine gesetzliche Haltung) befreit einen Christen nicht von der Macht der Sünde. Wenn wir uns bemühen, immer alles richtig zu machen, versagen wir trotzdem, weil das Böse uns immer wieder überwältigt (7,21). Paulus weiß, dass unser Wille (die Entscheidungen, die wir treffen) wichtig ist, aber »Willenskraft« allein reicht nicht aus. In seinem Kampf gegen die Sünde braucht ein gläubiger Mensch Hilfe von außen. Paulus dankt Gott dafür, dass er uns in unserem Glaubensleben den Sieg, den Erfolg und die Freiheit schenkt (7,25).

Wandel im Geist (8,1-17)

Die neue Lebenskraft kommt aus dem Heiligen Geist, der in jedem Gläubigen wohnt (in diesem Abschnitt wird der Heilige Geist neunzehn Mal erwähnt). Der Heilige Geist lebt in noch zu erlösenden Körpern. Bei der Auferstehung aus den Toten wird der Körper vom »Fleisch«, dem Prinzip des Bösen, befreit. Bis zu diesem Zeitpunkt geht jedoch in unserem Leben der Kampf zwischen Fleisch und Geist weiter (8,1-11). Da der Geist mit unseren sündigen Begierden fertig wird, müssen wir nicht mehr sündigen, wie das noch vor unserer Erlösung der Fall war (8,12-13). Für einen Menschen, der an Christus glaubt, ist der Sieg möglich.

Hoffnung und Zuversicht der Gläubigen (8,18-39)

Gläubige Menschen erfahren in diesem Leben vielleicht schlimmes Leid, aber Paulus bekräftigt, dass ein wunderbares Erbe auf sie wartet und die gegenwärtigen Leiden nichts sind im Vergleich zu der kommenden Herrlichkeit. Er legt in seinen Ausführungen den Schwerpunkt auf die Rückkehr Christi, bei der den Gläubigen leibliche Unsterblichkeit geschenkt und enorme Veränderungen in der Natur geschehen werden (8,18-27).

Im Rückblick auf die Wahrheiten, die Paulus den Christen in Rom mitgeteilt hat (Kap. 1–8), kann er Gott nur noch loben. Gott wird die von ihm bewirkte Erlösung auch zu einem Abschluss bringen. Wir werden verherrlicht werden, und wir können schon jetzt sicher sein, dass uns nichts in diesem Universum von Christus trennen kann (8,28-39).

Der Plan Gottes mit Israel (9,1–11,36)

Dem Juden, der dem Gedankengang des Apostels Paulus aufmerksam gefolgt ist, stellt sich natürlich jetzt eine wichtige Frage, nämlich: »Was geschieht jetzt mit dem Volk Israel? Was ist mit den Bundesverheißungen Gottes für Israel?« Ein Jude könnte zu der Auffassung gelangen, dass entweder das von Paulus verkündigte Evangelium wahr ist und dann die göttlichen Verheißungen für Israel ihre Gültigkeit verloren haben oder dass die Botschaft des Apostels unwahr ist und die Verheißungen Gottes nach wie vor gelten. Paulus beantwortet diese Frage so: Das mosaische Gesetz (der Bund am Sinai) ist aufgehoben, aber nicht der Bund Gottes mit Abraham (siehe dazu die Aufstellung über die Bündnisse Gottes mit Israel in Kapitel 2). Paulus zufolge hat Israel noch immer eine Zukunft, und auch die Verheißungen Gottes werden sich erfüllen.

Der Unglaube und die Verstockung Israels (9,1-33)

Gott hatte in seiner Souveränität Israel erwählt, um es zu einem Volk zu machen, das eine besondere Beziehung zu ihm hat. Diese Erwählung stützte sich nicht etwa auf besondere Leistungen Israels, sondern lediglich auf die Barmherzigkeit Gottes (9,11.15). Auch als Israel in dieser besonderen Beziehung zu Gott lebte, musste es durch den Glauben zu ihm kommen. Israel sollte auch damals durch Glauben und nicht durch Werke erlöst werden (9,30-33).

Der Grund für die Zurückweisung Israels (10,1-21)

Paulus war bekümmert über den Unglauben Israels, aber er betont auch, dass es selbst schuld sei an seiner jetzigen Zurückweisung. Israel wollte bei der Erlösung unbedingt seinen eigenen Weg gehen (durch Werke) und nicht den Weg Gottes (durch Glauben). Das ist die Ursache für die momentane Entfremdung Israels von Gott und seinen Zustand der Verlorenheit (10,1-11). Heute (im Zeitalter der Gemeinde) hat Israel vor Gott die gleiche Stellung wie die Nationen. Israel muss wie die anderen Nationen das Evangelium hören und daran glauben, um erlöst zu werden (10,9-21). Deshalb wird jeder Jude errettet, der den Herrn anruft.

Gott hat sein Volk nicht verstoßen (11,1-36)
Hat Gott Israel wegen seines Ungehorsams (10,21) verworfen? Die Antwort ist ein kategorisches »Nein«. Israel ist zwar halsstarrig, ungehorsam und unwürdig, aber die Verheißungen Gottes in seinem Bund mit Abraham sind ewig gültig und nicht an Bedingungen geknüpft. Die momentane Blindheit Israels ist vom Umfang (»*zum Teil*«; 11,25) und vom Zeitrahmen (»*bis*«; 11,25) her begrenzt. Gott wird seine Verheißungen seinem Volk gegenüber erfüllen und Israel wieder in den Bund mit Abraham »*einpfropfen*« (11,23-25). Israel wird schließlich in seiner Gesamtheit erlöst und erstmalig zu einem festen Bestandteil des Neuen Bundes werden.

Die Gerechtigkeit Gottes in der Gemeinde und im Alltag (12,1–15,13)

Mit seiner dringenden Bitte an die Christen in Rom, ihr Leben voll und ganz dem Herrn zu weihen, gelangt Paulus im zwölften Kapitel zu einem weiteren Höhepunkt seines Briefes. Angesichts dessen, was Gott für sie getan hat, ermutigt er die Römer, sich Gott ein für alle Mal als lebendiges Opfer darzubringen, sich nicht mehr dieser Welt anzupassen, sondern ihren Sinn erneuern zu lassen. Dieser Prozess der Erneuerung im Leben eines gläubigen Menschen findet statt, wenn man sich vom Wort Gottes prägen lässt, um den Willen Gottes für sein Leben zu kennen.

Auf die Ermahnung folgt die Schilderung einer Reihe von Bereichen, in denen ein Leben in der Gerechtigkeit Gottes sichtbar werden sollte. Paulus erwähnt kurz die geistlichen Gaben und unseren Dienst für andere Gläubige (12,3-13). Dann folgen Anweisungen über das Verhalten gegenüber Menschen, die nicht an Christus glauben (12,14-21). Der Apostel führt diesen Gedanken weiter, indem er über die staatliche Macht spricht. Paulus war sich durchaus bewusst, dass die Mächtigen häufig ihre Macht missbrauchen. Dennoch fordert er die Gläubigen auf, sich den Regierenden unterzuordnen, weil eine Regierung von Gott eingesetzt ist (13,1-7).

Danach widmet Paulus mehr als ein Kapitel den Fragen, für die es in der Bibel keine genauen Anweisungen gibt (14,1–15,13). Jede Gemeinde in jeder Zeit der Menschheitsgeschichte muss sich neu mit diesen Themen befassen. Paulus gibt den Christen in Rom Richtlinien und Entscheidungshilfen für solche Fragen. Erstens weist er sie darauf hin, dass sie durch gründliches Nachdenken zu biblisch begründeten Schlussfolgerungen kommen sollen. Jeder Christ muss für sich selbst wissen, welche Entscheidung in solchen Fragen die richtige ist. Zweitens sollen Christen Rücksicht auf diejenigen nehmen, die im Glauben schwächer sind als sie. Wenn sie für sich die richtige Entscheidung getroffen haben, dürfen sie sich nicht automatisch die Freiheit nehmen, sich auch dementsprechend zu verhalten, weil die Liebe zum Nächsten immer der Maßstab für das Handeln des Einzelnen sein soll. Drittens erinnert Paulus die Christen in Rom an den Richterstuhl Christi. Letzten Endes ist jeder Christ dem Herrn gegenüber verantwortlich für seine Entscheidungen und seine Lebensweise.

Schlussworte (15,14–16,27)

Am Ende seines langen Briefes erwähnt Paulus noch einmal den Grund, warum er den Römern geschrieben hat (15,14-21). Dann teilt er ihnen seine Reisepläne für seinen Dienst in Spanien mit, verknüpft mit der Hoffnung, die Christen in Rom auf dem Weg dorthin besuchen zu können (15,22-33).

Kapitel 16 enthält in lockerer Folge Empfehlungen, eine Vielzahl von Grüßen an Gläubige (er erwähnt fünfunddreißig Personen mit Namen), aber auch Ermahnungen und Warnungen.

Die paulinischen Briefe

Dritte Gruppe

Die Gefängnisbriefe des Apostels Paulus		
Brief	**Datierung (n. Chr.)**	**Ort der Niederschrift**
Der Brief an die Epheser	61	Rom
Der Brief an die Kolosser	61	Rom
Der Brief an Philemon	61	Rom
Der Brief an die Philipper	62	Rom

Die Gefängnisbriefe

Die »Gefängnisbriefe« werden so bezeichnet, weil Paulus sie verfasste, als seine Feinde ihn gefangen hielten. In jedem dieser Briefe erwähnt er seine jeweilige Gefangenschaft (Eph 3,1; 4,1; 6,20; Phil 1,7.13.14.17; Kol 1,24; 4,3.10.18; Phim 1,1.10.13.23).

Die Orte der Niederschrift

Für den Ort der Gefangenschaft des Apostels Paulus werden mehrere Möglichkeiten genannt, wie zum Beispiel Ephesus, Cäsarea und Rom.[1] Ephesus kommt als Ort der Niederschrift am wenigsten in Frage, weil es keinen eindeutigen Hinweis gibt, dass Paulus dort gefangen war. Auch der Text in Apostelgeschichte 20,31 erwähnt einen ununterbrochenen Dienst des Apostels in Ephesus.

Paulus war zwar in Cäsarea in Haft (Apg 23,33–26,32), aber Aussagen in den Briefen deuten eher auf Rom und nicht auf Cäsarea hin. So passen beispielsweise die Andeutungen über das »*Prätorium*« und »*des Kaisers Haus*« (Phil 1,13; 4,22) gut zu Rom, klingen aber gekünstelt, wenn man sie auf Cäsarea anwendet. Paulus war in Rom inhaftiert (Apg 28,30-31). Als er sich unter Hausarrest befand, konnte er nach wie vor das Evangelium verkündigen (vgl. Apg 28,30-31 mit Phil 1,12-18). Der kirchlichen Überlieferung zufolge sind diese vier paulinischen Briefe in Rom entstanden.

Die zeitliche Einordnung der Gefängnisbriefe

Die Briefe an die Epheser, an die Kolosser und an Philemon wurden zur gleichen Zeit verfasst und von Paulus zusammen an ihre Bestimmungsorte geschickt. Onesimus (der Sklave, der Philemon weggelaufen war) und Tychikus (vgl. Eph 6,21-22; Kol 4,7-9; Phim 10-12) waren die Überbringer. Diese drei Briefe sind etwa um das Jahr 61 n. Chr. entstanden.

Der Brief an die Philipper war wohl der späteste dieser Gefängnisbriefe, weil zum Zeitpunkt der Niederschrift die Gefangenschaft des

Paulus offenbar von längerer Dauer war (1,14-17). Bei einer früheren Datierung wäre nicht genügend Zeit für die Reisen geblieben, die der Entstehung dieses Briefes vorangingen (zunächst erreichte die Philipper die Nachricht, dass Paulus gefangen genommen wurde. Dann wurden Spenden gesammelt und von Epaphroditus nach Rom gebracht. Später erkrankte Epaphroditus schwer, und die Nachricht von seiner Erkrankung wurde den Philippern überbracht. Die Besorgnis der dortigen Gemeinde wurde nach Rom weitergeleitet. Dieser Nachrichtenaustausch nahm Zeit in Anspruch).

Aus dem Brief geht auch hervor, dass im Hinblick auf die Gefangenschaft des Apostels Paulus bald eine Entscheidung über sein weiteres Schicksal fallen würde (Phil 1,23; 2,23-24). Schließlich hatten sowohl Lukas als auch Aristarchus den Apostel Paulus in Rom zurückgelassen, sandten aber dennoch Grüße im Brief an die Kolosser und an Philemon (Apg 27,2; Phil 2,20; Kol 4,10.14; Phim 24). Deshalb kann man von einem späteren Zeitpunkt ausgehen als bei den anderen Gefängnisbriefen und den Brief an die Philipper auf das Jahr 62 n. Chr. datieren.

Das Thema der Gefängnisbriefe

Wenn man für diese Briefe ein bestimmtes Thema benennen kann, dann ist es die Person und das Wirken Jesu Christi. Viele Kommentatoren bezeichnen die Gefängnisbriefe als »christologische Briefe«.

KAPITEL 17
DER BRIEF AN DIE EPHESER

Einführung in den Epheserbrief

DER VERFASSER DES EPHESERBRIEFES

Der Apostel Paulus hat diesen Brief geschrieben.

ÖRTLICHE UND ZEITLICHE EINORDNUNG

Der Brief entstand um das Jahr 61 n. Chr. in Rom.

DIE ZIELSETZUNG DES EPHESERBRIEFES

Im Gegensatz zu den anderen paulinischen Briefen enthält der Epheserbrief keine Antwort auf ein bestimmtes Problem oder einen Konflikt in der Gemeinde. Paulus schrieb diesen Brief als Belehrung für die Christen in Kleinasien, und zwar über die Vorrechte und Pflichten von Menschen, die zur Gemeinde bzw. zum Leib Jesu Christi gehören.

GLIEDERUNG DES EPHESERBRIEFES

I. Die Berufung der Gemeinde Jesu (1,1–3,21)
   A. Lobpreis Gottes (1,1-14)
   B. Gebet um ein tieferes Verständnis der Gnade Gottes (1,15-23)
   C. Vom Tod zum Leben (2,1-10)
   D. Juden und Nichtjuden sind eins in Christus (2,11-22)
   E. Paulus, ein Verwalter des Evangeliums von der Gnade Gottes (3,1-13)
   F. Fürbitte und Lobpreis (3,14-21)

II. Wie die Gemeinde Jesu leben soll (4,1–6,20)
   A. In Einheit (4,1-16)
   B. In Gerechtigkeit (4,17–5,14)
   C. In allen Lebensbereichen (5,15-21)
   D. In der Ehe (5,22-33)
   E. In der Familie Gottes (6,1-9)
   F. Im geistlichen Kampf (6,10-20)

III. Schlussworte

DAS THEMA DES EPHESERBRIEFES

Das grundlegende Thema dieses Briefes ist die Gemeinde, der Leib Jesu Christi. Christus ist das Haupt, der Leib besteht aus gläubigen Juden und Nichtjuden. Die Gemeinde ist eine neue, von Christus mit seinem Blut erkaufte Gemeinschaft, die den Plan Gottes in dieser Welt verwirklichen soll.

BESONDERHEITEN IM EPHESERBRIEF

Ein Vergleich zwischen Epheser 6,21 und Kolosser 4,7 zeigt, dass beide Briefe von Tychikus überbracht wurden, wobei er den Kolosserbrief an die Gemeinde in Kolossä weitergeleitet hat. Der Bestimmungsort des anderen Briefes (des Epheserbriefes) ist nicht so eindeutig, weil der Zusatz »*die in Ephesus sind*« in vielen Manuskripten weggelassen wird. »Die Worte ›*in Ephesus*‹ (Eph 1,1) fehlen in einigen unserer ältesten und zuverlässigsten Handschriften. Einige griechische Kirchenväter berichten, sie hätten diese Worte nicht in allen Abschriften gefunden. Es ist so gut wie sicher, dass sie nicht vom Apostel Paulus selbst stammen.«[1]

Offenbar war dieser Brief als Rundbrief konzipiert, und zwar für eine ganze Reihe von Gemeinden in Kleinasien. »Im Hinblick auf den allgemeinen Charakter des Briefes war er wohl für alle Gemeinden in der Provinz Asien bestimmt. Einige von ihnen kannte Paulus persönlich, andere wiederum nicht.«[2]

Innerhalb des Briefes gibt es Beweise, dass der Empfängerkreis größer war als die Gemeinde in Ephesus. So fehlen persönliche Anmerkungen, Einzelheiten über den Dienst des Apostels Paulus unter den Ephesern, Grüße an bestimmte Personen und Warnungen vor besonderen Gefahren oder Problemen in der dortigen Gemeinde. Es ist unvorstellbar, dass Paulus, der immerhin drei Jahre in Ephesus verbracht hatte, einen derart unpersönlichen Brief schreiben würde. Aber ein Rundbrief könnte eine Erklärung für dieses Phänomen sein.

Die Empfänger dieses Briefes waren deshalb die zahlreichen, in Kleinasien lebenden Gläubigen. Der Titel »Brief an die Epheser« wurde offenbar später hinzugefügt. »Die Hauptstadt der römischen Provinz Asia war Ephesus. Deshalb würde ein solcher Brief natürlich zuerst dorthin gelangen, und wenn in späterer Zeit wie bei den anderen Briefen eine Überschrift gesucht wurde, bot sich der Name Ephesus wie von selbst dafür an.«[3]

Weil der Brief als Rundbrief konzipiert war, war möglicherweise der Brief, der aus Laodizea nach Kolossä geschickt wurde (Kol 4,16), diese Epistel, die wir als »Epheserbrief« bezeichnen.

Zusammenfassung des Epheserbriefes

Die Berufung der Gemeinde Jesu (1,1–3,21)

Lobpreis Gottes (1,1-14)

Die Gemeinde verdankt ihre Entstehung dem großen Erlösungswerk Gottes. Paulus zufolge war jede Person der Gottheit für die Errettung der Menschheit tätig. Gott der Vater hat uns in seiner Souveränität aus der großen Masse erwählt (1,3-6). Aus Liebe und zu seiner Ehre hat Gott uns seine Gnade geschenkt, obwohl wir es nicht verdient haben. Aber Gott konnte uns den Segen der Erlösung nicht spenden, indem er einfach die Errettung von Menschen beschloss, sondern seiner Gerechtigkeit musste Genüge getan werden. Deshalb zahlte Gott der Sohn den Preis für die Erlösung und vergoss sein eigenes Blut, um die Menschen von der Macht der Sünde zu befreien (1,7-12). Gott der Geist stellt die Erlösung in unserem Leben sicher, indem er uns »versiegelt«. Dieses Werk der Versiegelung macht uns zum Eigentum Gottes und gibt uns die Gewissheit, dass wir Gott gehören, und besiegelt unsere Erlösung (1,3-14). Das grundlegende Ziel dieses großen Erlösungswerkes ist jedoch die Ehre Gottes (1,6.12.14).

Gebet um ein tieferes Verständnis der Gnade Gottes (1,15-23)

Paulus gibt sich nicht damit zufrieden, der Gemeinde ihre Segnungen in Christus zu beschreiben, sondern er will, dass sie auch den ganzen Reichtum seiner Gnade erfasst. Deshalb betet Paulus für die Gemeindeglieder, dass sie die Hoffnung ihrer Berufung richtig verstehen, damit sie ihr Erbe in Gott erkennen und die Kraft, die ihnen für ihr Leben zur Verfügung steht. Diese große Macht Gottes kam zum Ausdruck, als Christus von den Toten auferstand und seinen Platz einnahm als Haupt der gesamten Schöpfung sowie der Gemeinde.

Vom Tod zum Leben (2,1-10)

Manchmal sollten wir uns daran erinnern, in welchem Zustand wir waren, bevor Gott uns errettet hat. Der Apostel schildert diesen Zustand kurz und bündig als den Tod (die Trennung von Gott). In dieser hoffnungslosen Lage griff Gott mit seiner Gnade ein und brachte uns die Erlösung. Paulus erinnert die Empfänger seines Briefes daran, dass ein Mensch nicht durch Werke errettet wird, sondern dass die Erlösung eine Gabe Gottes ist (2,8-9). Gute Werke gehören zwar zum Plan Gottes für unser Leben, aber sie bewirken nicht unsere Erlösung (2,10).

Juden und Nichtjuden sind eins in Christus (2,11-22)

Wegen der von Gott gewirkten Erlösung können sowohl Juden als auch Nichtjuden in ihm die Versöhnung erfahren (2,16-18). Diese beiden Gruppen, die vorher voneinander getrennt waren, können auch miteinander eins in Christus sein (2,14-15). In der Gemeinde, dem Leib Jesu Christi, gibt es keinen Unterschied mehr zwischen Juden und Nichtjuden. Dieses Einssein aller Gläubigen wird symbolisch unterstrichen durch ihren Status als Mitbürger einer Gemeinschaft, als

Gottes Hausgenossen und Teile des im Bau befindlichen Tempels im Herrn (2,19-22).

Paulus, ein Verwalter des Evangeliums von der Gnade Gottes (3,1-13)

An diesem Punkt erwähnt Paulus ein Geheimnis (eine Wahrheit, die vorher nicht offenbart wurde). Beide, Juden und Nichtjuden, sind Glieder am Leib Christi (3,3.6). Vor allem Paulus hat in seiner Funktion als Apostel für die Nationen diese Wahrheit offenbart.

Fürbitte und Lobpreis (3,14-21)

Dieser Abschnitt des Briefes enthält das Gebet des Paulus für die Gläubigen. Er betet um Kraft für ihr Leben als Christen und dafür, dass sie die Liebe und Macht Gottes an sich erfahren.

Wie die Gemeinde Jesu leben soll (4,1–6,20)

In Einheit (4,1-16)

Paulus ermahnt die Gläubigen, dass der Geist Gottes ihnen zwar Einheit geschenkt hat, sie aber dieses Geschenk sorgfältig bewahren müssen. Einheit bedeutet jedoch nicht Gleichheit. Es gibt Unterschiede unter Christen, weil jeder geistliche Gaben empfangen hat, um den anderen in der Gemeinde bei ihrem Wachstum in Christus weiterzuhelfen. Diese gegenseitige Abhängigkeit unter Gläubigen stärkt die Einheit in der Gemeinde Jesu.

In Gerechtigkeit (4,17–5,14)

Gläubige Menschen sollen ein gottgemäßes Leben führen und sich von sündhaften Gewohnheiten trennen. Dieser fortlaufende Prozess der Heiligung wird durch die Erneuerung der Gesinnung bewerkstelligt. (Allein das Wort Gottes hilft uns dabei, unser Denken immer mehr den Gedanken Gottes anzugleichen und eine klare Unterscheidung zwischen Gut und Böse zu treffen.) Die Gesinnung ist der Schlüssel zum »Ablegen« des alten und zum »Anziehen« des neuen Menschen (4,22-24). Paulus belegt diesen Gedanken mit einer Vielzahl von Beispielen (4,25–5,14).

In allen Lebensbereichen (5,15-21)

Der Heilige Geist gibt uns Kraft für ein Leben in Gerechtigkeit, und er will die Gläubigen erfüllen oder führen (5,18). Dieses Wirken des Heiligen Geistes ist ein fortlaufender Prozess. Wenn Christen in einem bestimmten Lebensbereich die göttliche Wahrheit erfassen und sich in diesem Bereich dem Herrn unterordnen, erfahren sie die Führung des Heiligen Geistes.

In der Ehe (5,22-33)

Ein wichtiger Lebensbereich, in dem die Führung des Heiligen Geistes erforderlich ist, ist die Ehe. Paulus erteilt den Empfängern seines Briefes Anweisungen für die göttliche Ordnung in Ehe und Familie. Der Ehemann ist das Haupt der Familie und soll seine führende Position in Liebe ausfüllen. Indem die Ehefrau die göttliche Ordnung anerkennt, soll sie sich voller Respekt der Führung ihres Ehemannes unterordnen.

In der Familie Gottes (6,1-9)

In der erweiterten Familie sollen Kinder ihren Eltern gehorchen, aber die Eltern sollen ihre Autorität nicht missbrauchen. Dienstboten (Sklaven) sollen sich nicht gegen ihre irdischen Herren auflehnen, sondern sich ebenfalls unterordnen.

Im geistlichen Kampf (6,10-20)

Am Schluss seines Briefes erinnert Paulus seine Leser daran, dass sie sich in einem geistlichen Krieg gegen einen mächtigen, gut organisierten Feind befinden. In diesem Krieg gibt es auch schlimme Zeiten (»*an dem bösen Tag*«; 6,13). Aber wenn die Situation auch schwierig ist, stellt Gott dem Gläubigen dennoch die gesamte Waffenrüstung für einen sicheren Sieg bereit. Allerdings muss man diese Waffenrüstung auch anlegen und anbehalten. Bei diesem Vorgang hat das Gebet eine große Bedeutung.

SCHLUSSWORTE (6,21-24)

KAPITEL 18

Der Brief an die Kolosser

Einführung in den Kolosserbrief

Der Verfasser des Kolosserbriefes

Auch dieser Brief wurde vom Apostel Paulus verfasst.

Örtliche und zeitliche Einordnung

Paulus schrieb diesen Brief etwa 61 n. Chr. von Rom aus.

Die Zielsetzung des Kolosserbriefes

Der Brief sollte hauptsächlich dazu dienen, die Gemeinde in Kolossä von der Lehre her zu stabilisieren. Die Gemeinde befand sich unter dem Einfluss von Irrlehren, und Paulus wollte diese subtile Verführung bekämpfen.

Gliederung des kolosserbriefes

I. Einleitung (1,1-14)
   A. Dank (1,1-8)
   B. Fürbitte (1,9-14)

II. Die Lehre von Jesus Christus (1,15-23)
   A. Sein göttliches Wesen (1,15-18)
   B. Sein Erlösungswerk (1,19-23)

III. Der Dienst des Apostels Paulus (1,24–2,7)
  A. Sein Dienst für die gesamte Gemeinde Jesu (1,24-29)
  B. Seine Sorge um die Gemeinde in Kolossä (2,1-7)

IV. Warnung vor Irrlehren (2,8–3,4)
  A. Warnung vor falscher Philosophie (2,8)
  B. Die Einzigartigkeit Jesu Christi (2,9-15)
  C. Warnung vor geistlichen Gefahren (2,16-19)
  D. Ermahnungen (2,20–3,4)

V. Der alte und der neue Mensch (3,5–4,6)
  A. Ein Leben in Heiligung (3,5-17)
  B. Zwischenmenschliche Beziehungen (3,18–4,6)

VI. Schlussworte (4,7-18)

DAS THEMA DES KOLOSSERBRIEFES

In diesem Brief geht es vor allem um die Gottheit und Einzigartigkeit Jesu Christi. Der Apostel erklärt den Christen in Kolossä, dass sie in Jesus Christus alles haben und nichts anderes mehr benötigen, auch wenn Irrlehrer das Gegenteil behaupten und meinen, der Glaube an Jesus Christus sei nicht ausreichend.

BESONDERHEITEN IM KOLOSSERBRIEF

Die Stadt Kolossä

Kolossä lag etwa 250 km östlich von Ephesus im Tal des Flusses Lykos, in der Nähe von Laodizea und Hierapolis (4,13). Die Stadt hatte unter römischer Herrschaft keine politische Bedeutung. Nicht Paulus, sondern Epaphras (1,7) hatte die dortige Gemeinde gegründet. Epaphras hatte sich wohl bekehrt, als sich Paulus in Ephesus aufhielt. Vielleicht wurde er nach Kolossä gesandt, um dort das Evangelium zu verkündigen. Die Glieder der Gemeinde in Kolossä waren in ihrer Mehrheit offenbar Nichtjuden, aber es gab dort auch Juden.

Die Irrlehre von Kolossä

Offenbar wurde in Kolossä eine Mischung aus Askese, jüdischer Gesetzlichkeit und einer Art philosophischer Mystizismus vertreten. Der Textabschnitt, der dieses Problem hauptsächlich behandelt, steht in Kapitel 2,8-23. Darin werden verschiedene Elemente erwähnt oder stillschweigend vorausgesetzt. Vorherrschend waren wohl Engelanbetung, Ritualismus und eine bestimmte Form des Gnostizismus (die Grundlage des Gnostizismus ist die Idee, dass der Geist gut, die Materie dagegen böse ist. Wenn Christus als Mensch einen materiellen Leib hatte, war nach dieser Auffassung etwas Böses in ihm). Paulus erklärt den Kolossern, dass sie keines dieser Elemente brauchen, weil Christus alles ist, was sie benötigen. Da Paulus in diesem Brief eine Irrlehre bekämpft, ist seine Ausdrucksweise hier anders als in seinen übrigen Schriften.

Zusammenfassung des Kolosserbriefes

Einleitung (1,1-14)

Der Apostel Paulus hatte zu dieser Gemeinde keinen persönlichen Kontakt, aber er hatte von ihrem Fortschritt im Glauben gehört. Obwohl er noch nie bei den Kolossern gewesen ist, betet er für sie. Er dankt Gott für diese Gemeinde und bittet ihn, dass sie in der Erkenntnis und Weisheit wächst.

Die Lehre von Jesus Christus (1,15-23)

In seinen Ausführungen über die Gottheit Jesu Christi weist Paulus darauf hin, dass in Jesus der unsichtbare Gott sichtbar geworden ist. Die beiden Wörter »*Bild*« und »*Erstgeborener*« sind in diesem Zusammenhang von besonderer Bedeutung. Jesus ist das »Bild« Gottes, also dessen genaues Ebenbild, ohne irgendeinen Mangel. Oder anders ausgedrückt: In Jesus Christus wird der unsichtbare Gott sichtbar. Paulus bezeichnet Jesus auch als den »*Erstgeborenen aller Schöpfung*«.

> »Das griechische Wort beinhaltet zweierlei Bedeutungen, und zwar den Vorrang vor der gesamten Schöpfung und die Souveränität über alles Geschaffene. In der ersten Bedeutung erkennen wir die absolute Präexistenz des Logos. Da unser Herr vor allem Geschaffenen existierte, ist er kein geschaffenes Wesen … In der zweiten Bedeutung erkennen wir, dass er der Herrscher, das anerkannte Haupt über das Hauswesen Gottes ist … Er ist der Herr der Schöpfung.«[1]

In Christus findet sich die ganze Fülle der göttlichen Macht und Wesensart, und doch hatte er einen *»Leib seines Fleisches«*, der zur Versöhnung des Menschen mit Gott den Tod erlitt (1,22). Er hat *»Frieden gemacht durch das Blut seines Kreuzes«* (1,20). Paulus verdeutlicht, dass der Glaube auf der festen Grundlage der Gottheit Christi und seines Opfertodes am Kreuz ruht. Mit diesen Aussagen widerlegt er die Irrlehre, die in Kolossä verbreitet war.

DER DIENST DES APOSTELS PAULUS (1,24–2,7)

Paulus hat überall die Botschaft verkündigt, dass ein Mensch in Christus vollkommen gemacht wird. In ihm ist die wahre Weisheit zu finden, nicht in von Menschen erdachten Philosophien. Paulus ist besorgt um die Christen in Kolossä. Er befürchtet, sie könnten dem Irrtum zum Opfer fallen und nicht den Weg des wahren Glaubens weitergehen.

WARNUNG VOR IRRLEHREN (2,8–3,4)

Nach seiner Warnung vor menschlichen Philosophien erklärt Paulus nochmals, dass in Christus die ganze Fülle der Gottheit wohnt (2,9). Alle Macht und Gnade, die wir Menschen brauchen, konzentrieren sich in ihm. In Jesus Christus haben wir das Leben, die Vergebung unserer Sünden, Befreiung und Sieg. Wenn wir das alles in Christus haben, warum befassen wir uns dann noch mit den von Menschen geschaffenen Gesetzen und Riten? Wenn Christus uns von diesem Joch befreit hat, warum wollen wir uns wieder darunter begeben?

Der alte und der neue Mensch (3,5–4,6)

Paulus hat über die hohe Stellung gesprochen, die gläubige Menschen in Jesus Christus haben. Jetzt fordert er die Gläubigen in Kolossä auf, ihr Leben dieser Stellung anzupassen. In diesem Abschnitt weist er sie darauf hin, dass sie den alten Menschen mit seinen Gedanken und Handlungen ablegen (3,5-9) und den neuen Menschen anziehen müssen (3,10-17). Wie in seinem Brief an die Epheser ermahnt der Apostel auch hier die Kolosser zu einem gottgemäßen Leben in ihren Familien. Ihre familiären Beziehungen sollen ihre Stellung in Christus widerspiegeln (3,18–4,1). Er beendet diesen Abschnitt mit einer Aufforderung zur Disziplin im Gebetsleben.

Schlussworte (4,7-18)

Menschen gehörten zum Leben und zum Dienst des Apostels Paulus. Am Ende dieses Briefes werden viele Namen erwähnt. Manche von ihnen waren der Gemeinde in Kolossä persönlich bekannt, mit anderen gab es offenbar eine weniger enge Verbindung. Eine solche Namensliste lässt erkennen, welche Kontakte zwischen den Gemeinden des ersten Jahrhunderts bestanden.

KAPITEL 19

DER BRIEF AN PHILEMON

Einführung in den Philemonbrief

DER VERFASSER DES BRIEFES AN PHILEMON

Der Brief wurde vom Apostel Paulus verfasst.

ÖRTLICHE UND ZEITLICHE EINORDNUNG

Paulus schrieb diesen Brief etwa 61 n. Chr. von Rom aus.

DIE ZIELSETZUNG DES BRIEFES AN PHILEMON

Paulus schreibt diesen persönlichen Brief an seinen Freund Philemon, weil er sich für dessen Sklaven Onesimus einsetzen will. Onesimus hatte offenbar seinen Herrn bestohlen und war dann nach Rom geflohen. Dort bekehrte er sich durch die Verkündigung des Apostels Paulus. Jetzt wollte er zu seinem Herrn zurückkehren. Paulus will mit seinem Brief den Streit zwischen Philemon und dem Sklaven schlichten.

GLIEDERUNG DES PHILEMONBRIEFES

I. Grußwort (V. 1-3)
II. Dank und Fürbitte (V. 4-7)
III. Fürsprache für Onesimus (V. 8-21)
IV. Schlussworte (V. 22-25)

Das Thema des Philemonbriefes

Hierbei handelt es sich um einen persönlichen Brief. Paulus will Philemon überzeugen, seinem Sklaven Onesimus zu vergeben und ihn wieder in den Haushalt aufzunehmen, ja, ihn sogar als neuen Bruder in Christus zu begrüßen.

Besonderheiten im Philemonbrief

Dieser Brief ist insofern einzigartig im Vergleich zu den anderen paulinischen Schriften, als er keine Belehrung enthält. Allerdings dokumentiert er die Überzeugungskraft des Apostels sowie seine Liebe, Höflichkeit und sein Taktgefühl im Umgang mit einem schwierigen (und wahrscheinlich emotionalen) Problem.

Zusammenfassung des Philemonbriefes

Grusswort (V. 1-3)

Paulus hat sich immer als Leibeigener Christi verstanden. Deshalb empfindet er wegen seiner Gefangenschaft auch keine Bitterkeit, und er lehnt sich nicht gegen sein Schicksal auf. Er schreibt diesen Brief an seine Freunde Philemon, Aphia und Archippus.

Dank und Fürbitte (V. 4-7)

Die Frage, ob Philemon seinen Sklaven wieder bei sich aufnimmt, entscheidet sich am Charakter dieses Mannes. Paulus vertraut jedoch auf die Gottesfurcht Philemons, die auch in diesen Versen anklingt. Seine Großzügigkeit, Liebe und sein Glaube sind allgemein bekannt, und dafür dankt Paulus dem Herrn.

Fürsprache für Onesimus (V. 8-21)

Wenn es erforderlich war, erteilte Paulus den Gläubigen Anweisungen und sogar Befehle bezüglich richtiger Verhaltensweisen. Auch in diesem Fall könnte er seine Autorität als Apostel geltend machen, aber er wollte Philemon nicht dazu zwingen, das Richtige zu tun. Stattdessen formuliert er seine Fürsprache für Onesimus als Bitte. Er erinnert Philemon daran, dass der Sklave durch seinen Glauben jetzt ein nützliches Glied der Gemeinde Jesu ist. Obwohl Paulus diesen Gläubigen lieber in Rom behalten hätte, konnte er das aus rechtlichen und ethisch-moralischen Gründen nicht tun. Onesimus war noch immer der Sklave von Philemon. Deshalb schickte Paulus ihn zu seinem Herrn zurück.

In seiner Fürsprache für den Sklaven geht es dem Apostel vor allem darum, dass Philemon ihn so bei sich aufnimmt, wie er auch Paulus aufnehmen würde, wenn er zu ihm käme (V. 17). Natürlich hat Philemon durch den Diebstahl seines Sklaven einen finanziellen Verlust hinnehmen müssen, aber Paulus bietet ihm eine Entschädigung an. Dieses Angebot ist ein treffendes Bild für die Rechtfertigung aus Glauben. Paulus unterschreibt den Brief eigenhändig als Garantie für den Schadensersatz. Dann erinnert er Philemon an eine ähnliche, weitaus schwerer wiegende Situation. Philemon hatte eine viel größere Schuld auf sich geladen, die Jesus am Kreuz für ihn vollständig bezahlt hat. Als Paulus das Evangelium verkündigt hatte, erfuhr Philemon eine Befreiung von dieser Schuld. In diesem Sinne schuldet Philemon dem Apostel Paulus viel mehr als der Sklave Onesimus seinem Herrn.

Schlussworte (V. 22-25)

Paulus hofft auf seine Entlassung aus der Gefangenschaft. Wenn er frei ist, wird er nach Kleinasien zurückkehren. Bei dieser Gelegenheit will er Philemon besuchen und seine Gastfreundschaft genießen. Paulus setzte seine Hoffnung jedoch nicht auf die römische Justiz, sondern auf die Gebete der Kinder Gottes.

KAPITEL 20
Der Brief an die Philipper

Einführung in den Philipperbrief

Der Verfasser des Philipperbriefes

Diesen Brief hat der Apostel Paulus verfasst.

Örtliche und zeitliche Einordnung

Paulus schrieb den Philipperbrief etwa 62 n. Chr. von Rom aus.

Die Zielsetzung des Philipperbriefes

Paulus wollte den Gläubigen in Philippi für eine finanzielle Zuwendung danken. Sie hatten ihn auch in der Vergangenheit mit Spenden unterstützt. Darüber hinaus wollte er ihnen mitteilen, dass trotz seiner Gefangenschaft das Evangelium weiter verkündigt wird. Vielleicht wollte er ihnen für den Fall seiner Freilassung auch seinen Besuch ankündigen.

Gliederung des Philipperbriefes

I. Einleitung (1,1-11)
   A. Grüße und Dank (1,1-8)
   B. Fürbitte für die Gläubigen in Philippi (1,9-11)

II. Die persönliche Situation des Apostels Paulus in Rom (1,12-26)
   A. Sein Dienst (1,12-14)

B. Seine Freude (1,15-18)
C. Seine Hingabe (1,19-26)

III. Ermahnungen an die Philipper (1,27–2,18)
A. Aufforderung zu Einheit und Demut (1,27–2,11)
B. Aufforderung zu vorbildlichem Verhalten (2,12-18)
C. Mitarbeiter des Apostels Paulus (2,19-30)

IV. Vergangenheit und Gegenwart im Glaubensleben des Apostels Paulus (3,1-21)

V. Prinzipien für ein Leben in Freude (4,1-9)

VI. Freude des Apostels über die Gabe der Philipper (4,10-23)

Das Thema des Philipperbriefes

Es handelt sich um einen sehr persönlichen Brief des Apostels Paulus an eine Gemeinde, die ihn unterstützt. Deshalb bringt er darin seine Freude und Dankbarkeit zum Ausdruck. »Der Hauptgedanke des Briefes, dessen Tonfall herzlich und aufrichtig ist, ist Freude und Dankbarkeit. ... Das Verb ›sich freuen‹ oder andere Wörter mit ähnlicher Bedeutung erscheinen in dem kurzen Brief sechzehn Mal. Sogar seine Gefangenschaft oder die Bosheit seiner Gegner können seine Freude im Herrn nicht zum Erlöschen bringen (vgl. 1,18; 2,2; 3,1; 4,1; 4,4).«[1]

Der Brief enthält auch einige wichtige Lehrpunkte, wie zum Beispiel die Ausführungen des Apostels Paulus über die Person Christi in seiner Erniedrigung.

Besonderheiten im Philipperbrief

Die Stadt Philippi lag etwa 25 km landeinwärts vom Ägäischen Meer an der Egnatischen Straße, einer strategisch wichtigen Römerstraße. Philippi spielte für das römische Heer eine Schlüsselrolle bei der Verteidigung gegen Invasionen aus dem Norden. Von ihrer politischen Struktur und

Kultur her ähnelte die Stadt der Hauptstadt des römischen Reiches. Angeblich war Philippi eine »Miniaturausgabe von Rom«. Paulus gründete die Gemeinde während seiner zweiten Missionsreise. Etwa fünf Jahre später, auf seiner dritten Reise, besuchte er die Gemeinde wieder. Sein Brief entstand etwa zehn Jahre nach der Gemeindegründung.

Zusammenfassung des Philipperbriefes

Einleitung (1,1-11)

Die Gemeinde in Philippi hatte dem Apostel viel Freude und Trost gegeben. Dieser Brief ist im Grunde genommen ein »Dankesschreiben« an die Gläubigen dort für die finanzielle Unterstützung, die sie seinem Leben und Dienst zukommen ließen. Paulus freute sich an ihnen, weil sie ihren Glaubensweg gut begonnen hatten und Christus noch immer treu dienten. Er betete um ein weiteres Wachstum ihrer Liebe, um die Fähigkeit, die richtigen Prioritäten zu setzen, und um die Kraft, ein reines und tadelloses Leben zu führen (1,9-11).

Die persönliche Situation des Apostels Paulus in Rom (1,12-26)

Sein Dienst (1,12-14)

Offenbar gingen die Gläubigen in Philippi davon aus, dass das Evangelium nicht mehr verkündigt wurde, weil Paulus in Gefangenschaft war. Aber Paulus versichert ihnen das Gegenteil. Trotz des Hausarrests konnte er weiter das Evangelium verkündigen, und vielen anderen machte das Beispiel des gefangenen Apostels Mut zu einer noch wirksameren Verkündigung.

Seine Freude (1,15-18)

Nach diesem positiven Bericht teilt Paulus seinen Freunden in Philippi mit, dass nicht jeder Verkündiger des Evangeliums aus lauteren Motiven heraus handelt. Manche von ihnen stellen sich gegen Paulus und scheinen von Selbstherrlichkeit getrieben zu werden. Obwohl diese Entwicklung dem Apostel keine Freude bereitet, freut er sich daran, dass das Evangelium trotz dieser Widerstände verkündigt wird.

Seine Hingabe (1,19-26)

Paulus schien seine Entlassung aus der Gefangenschaft zu erwarten, aber seine Hoffnung stützte sich auf das Gebet und nicht auf das römische Rechtssystem. Er teilt den Philippern seinen zweifachen Wunsch mit: Einerseits sehnt er sich danach, bei Jesus Christus zu sein, andererseits will er bei der Gemeinde Jesu bleiben. Ersteres ist zwar sein größeres Verlangen, aber er muss auch erkennen, dass er noch immer einen Dienst an den Gläubigen zu versehen hat. (Der Apostel lässt von der grammatischen Bedeutung seiner Worte her keinen Zweifel daran aufkommen, dass ein gläubiger Mensch durch den Tod sofort und bewusst in die Gegenwart Christi versetzt wird. Wenn ein Christ »abscheidet« ist er bei Christus. Dieser Text lässt keine Auslegung im Hinblick auf einen »Seelenschlaf« oder ein Fegefeuer zu.[2])

ERMAHNUNGEN AN DIE PHILIPPER (1,27–2,18)

Aufforderung zu Einheit und Demut (1,27–2,11)

Die Einheit der Gemeinde in Philippi lag Paulus besonders am Herzen. Offenbar gab es in dieser Hinsicht Probleme (vgl. 4,1-3). Deshalb ermutigt Paulus die Philipper, jede Form von Ichbezogenheit abzulegen und das Hauptaugenmerk auf andere zu richten (2,1-3). Wenn der Apostel über Selbstlosigkeit spricht, fällt ihm kein größeres Vorbild ein als der Herr Jesus Christus (2,5-11). Paulus erinnert die Philipper daran, dass Jesus Christus bereit war, vorübergehend alle äußeren Merkmale seiner Gottheit abzulegen (»*Gott gleich zu sein*«) und Mensch zu werden. Als Christus die wahre Menschennatur seiner Gottheit hinzufügte, schränkte er seine göttliche Macht freiwillig ein, damit er für andere am Kreuz sterben konnte. Paulus bittet die Gläubigen in Philippi, dem Beispiel Jesu zu folgen (siehe dazu Anhang A. *Die Person Jesu Christi*).

Aufforderung zu vorbildlichem Verhalten (2,12-18)

Gläubige Menschen sollen im Einklang mit ihrem Glauben leben und ihn umsetzen (»*bewirken*«; 2,12). So etwas kann durch die Kraft Gottes erreicht werden, wenn diese in einem Menschen wohnt. Negative Gefühle wie Murren und Zweifel sollen im Leben eines Gläubigen keinen Raum finden, weil sie seine Glaubwürdigkeit mindern.

Mitarbeiter des Apostels Paulus (2,19-30)

Paulus schätzte seine Mitarbeiter Timotheus und Epaphroditus. Beide waren herausragende Diener Jesu Christi und ausgezeichnete Helfer des Apostels. Beide sollten nach Philippi kommen und dort in der Gemeinde mitarbeiten.

Vergangenheit und Gegenwart im Glaubensleben des Apostels Paulus (3,1-21)

Dieser Abschnitt des Briefes enthält Aussagen des Apostels zu seiner Person. Er erinnert sich an sein Leben im Judentum. Er hatte zwar eine privilegierte Stellung, aber er arbeitete auch hart an sich, um ein gerechtes Leben zu führen. Nach seiner Begegnung mit Jesus Christus hatte er das alles hinter sich gelassen, um in einer einzigartigen Beziehung zu seinem Herrn zu leben. Jetzt bestand sein einziges Ziel darin, Jesus Christus zu kennen und ihm zu dienen. Aufgrund seiner eigenen Erfahrung warnt er die Philipper vor den »Judaisten«, den Feinden des wahren Evangeliums. Diese Menschen legten es darauf an, die Gemeinde in die Irre zu führen.

Prinzipien für ein Leben in Freude (4,1-9)

Die Freude des Apostels Paulus stützt sich nicht auf die äußeren Umstände, sondern auf die Fähigkeit, das Leben, aus der Perspektive Gottes zu sehen. Paulus ermutigte die Philipper, ihre Lebenssorgen in Dankbarkeit dem Herrn zu bringen, damit sie im Gegenzug seinen

Frieden empfangen können. Wenn ein Mensch seine Gedanken auf das Gute ausrichtet, verlieren Sorgen und Nöte ihre Macht über ihn.

Freude des Apostels über die Gabe der Philipper (4,10-23)

Paulus beendet seinen Brief mit einem Dank an die Philipper für ihre Gabe, weil er ihre Anteilnahme an seiner Situation zu schätzen weiß. Er hat im Lauf seines Lebens Zufriedenheit unter allen Umständen gelernt, im Überfluss, aber auch im Mangel.

Die paulinischen Briefe

Vierte Gruppe

Die Pastoralbriefe des Apostels Paulus		
Brief	**Datierung (n. Chr.)**	**Ort der Niederschrift**
1. Timotheus	62	Mazedonien
Titus	63	Ephesus
2. Timotheus	64	Rom

Die Pastoralbriefe

Die Gruppe der Pastoralbriefe besteht aus drei Schriften, und zwar dem 1. und 2. Timotheusbrief sowie dem Brief an Titus. Diese Briefe werden so bezeichnet, weil es darin um Gemeindeordnung und -disziplin geht und weil sie an Männer gerichtet waren, die in Ortsgemeinden Führungsverantwortung hatten.

Der Verfasser der Pastoralbriefe

In allen drei Briefen bezeichnet der jeweils erste Vers Paulus als den Verfasser. Es gibt Einwände gegen die Verfasserschaft, aber konservative Theologen haben überzeugende Gegenargumente vorgebracht.[1] Sowohl Beweise innerhalb der Briefe als auch die kirchliche Überlieferung stützen die These von Paulus als Verfasser.

Die äusseren Umstände

Die Datierung und die Orte der Niederschrift hängen auch davon ab, ob Paulus zwei Mal in Gefangenschaft war. Am Ende der Apostelgeschichte stand Paulus in Rom unter Hausarrest. Aber es gibt überzeugende Beweise, dass er freigelassen wurde und mehrere Jahre lang auf Reisen war. Eine Zusammenstellung entsprechender Bibelstellen ergibt eine mögliche Reiseroute nach der Freilassung des Apostels Paulus.

Paulus verließ Rom in östliche Richtung und machte sich auf den Weg nach Ephesus und Kolossä. Gleichzeitig schickte er Timotheus nach Philippi (Phil 1,23-26; 2,23; Phim 22). Während eines Aufenthalts auf Kreta gründete Paulus dort eine Gemeinde. Bei seiner Ankunft in Ephesus schloss sich Timotheus ihm an und informierte ihn über die neuesten Entwicklungen in der Gemeinde in Philippi. Dann reiste Paulus weiter nach Mazedonien, um Philippi und andere Orte zu besuchen. Von dort aus schrieb er den ersten Brief an Timotheus.

Nach seinem Besuch in Mazedonien kehrte Paulus nach Ephesus zurück und reiste von dort aus nach Spanien. Möglicherweise begleitete Timotheus ihn auf dieser Reise (Röm 15,24). Nach seiner Rückkehr aus Spanien fuhr er nach Kreta. Titus blieb dort. Dann kehrte Paulus nach Ephesus zurück und schrieb den Brief an Titus. Kurz danach verließ er Kleinasien, nachdem er in Troas auf erbitterten Widerstand gestoßen war. Dann reiste er über Korinth nach Nikopolis. Dort wurde er erneut verhaftet und nach Rom gebracht (1Tim 3,14-15; 2Tim 4,13-20). Von Rom aus schrieb er kurz vor seinem Tod den zweiten Brief an Timotheus.

KAPITEL 21
DER ERSTE BRIEF AN TIMOTHEUS

Einführung in den ersten Timotheusbrief

DER VERFASSER DES ERSTEN TIMOTHEUSBRIEFES

Diesen Brief hat der Apostel Paulus an seinen Mitarbeiter Timotheus geschrieben.

ÖRTLICHE UND ZEITLICHE EINORDNUNG

Paulus schrieb den Brief im Jahr 62 n. Chr., als er die Gemeinden in Mazedonien besuchte.

DIE ZIELSETZUNG DES ERSTEN BRIEFES AN TIMOTHEUS

Weil Paulus offenbar wusste, dass es eine Zeitlang dauern könnte, bis er Timotheus wiedersah, schrieb er ihm diesen Brief, um ihm bei der Leitung der Gemeinde Hilfe zu geben. Der Apostel erinnerte Timotheus an dessen Autorität als sein Vertreter und an dessen Pflichten im Dienst für die Gemeinde. Paulus verfasste diesen Brief auch, um den Gläubigen in der Ortsgemeinde Verhaltensmaßregeln mitzuteilen (vgl. 1,3; 3,14-15; 4,6.11-16; 5,1.21; 6,11-15.17).

Gliederung des ersten Briefes an Timotheus

I. Grußwort (1,1-2)

II. Anweisungen bezüglich der Lehrer in der Gemeinde (1,3-20)
- A. Das Wesen der Weisung (1,3-4)
- B. Das Ziel der Weisung (1,5)
- C. Der Grund der Weisung (1,6-11)
- D. Das Vorbild (1,12-17)
- E. Aufforderung zum Bewahren des Glaubens (1,18-20)

III. Anweisung bezüglich des Lebens in der Gemeinde (2,1–3,16)
- A. Öffentliche Anbetung (2,1-15)
- B. Gemeindeleitung (3,1-16)

IV. Anweisung bezüglich des Glaubensabfalls in der Gemeinde (4,1-16)
- A. Aufdeckung des Irrtums (4,1-5)
- B. Das Gegenmittel bei Irrtum (4,6-16)

V. Anweisungen bezüglich verschiedener Gruppen in der Gemeinde (5,1–6,2)
- A. Alle (5,1-2)
- B. Witwen (5,3-16)
- C. Älteste (5,17-25)
- D. Sklaven (6,1-2)

VI. Schlussworte (6,3-21)
- A. Über Irrlehrer (6,3-5)
- B. Über irdische Reichtümer (6,6-10.17-19)
- C. Über ein gottgemäßes Leben (6,11-16)
- D. Über das dem Timotheus anvertraute Gut (6,20-21)

Das Thema des ersten Briefes an Timotheus

Der Schwerpunkt dieses Briefes liegt auf Prinzipien für eine verantwortungsvolle Leitung und Verwaltung einer Ortsgemeinde. Eine Vielfalt von Themen wird behandelt, um zu gewährleisten, dass die Gemeinde ihren Auftrag auch in der richtigen Weise erfüllt.

Besonderheiten im ersten Brief an Timotheus

Timotheus wird im Neuen Testament etwa zwanzig Mal namentlich erwähnt. Neben Lukas war er wohl der engste Mitarbeiter des Apostels Paulus. Timotheus bekehrte sich wahrscheinlich während der ersten Missionsreise, als Paulus und Barnabas in den Städten Lystra und Derbe predigten. Bei der zweiten Missionsreise, als Paulus erneut diese Gegend und die neu gegründeten Gemeinden besuchte, schloss Timotheus sich den Reisenden an.

Apostelgeschichte 16 zufolge hatte Timotheus einen griechischen Vater und eine jüdische Mutter, die ihn in den biblischen Schriften unterwies. Timotheus arbeitete einige Jahre lang mit dem Apostel Paulus zusammen, und zwischen den beiden entwickelte sich eine enge Freundschaft (vgl. Apg 16,1; Röm 16,21; 1Kor 4,17; 16,20; Phil 1,1; 2,19-24; Kol 1,1; 1Thes 3,1-2; 1Tim 4,12; 5,23; 2Tim 1,7-8; 2,1.2.22).

Zusammenfassung des ersten Briefes an Timotheus

Grusswort (1,1-2)

Anweisungen bezüglich Lehrer in der Gemeinde (1,3-20)

Seit frühester Zeit ihrer Entstehung musste sich die Gemeinde Jesu mit dem Eindringen von Irrlehrern in ihre Reihen auseinandersetzen. In diesem Brief ermahnt Paulus seinen Mitarbeiter Timotheus, er solle jüdischen Irrlehrern entgegentreten, weil diese Legenden verkündigten und biblische Lehren auf der allegorischen Deutung der alttestamentlichen Geschlechtsregister aufbauten (1,3-4). Paulus zufolge kann das Gesetz (und diese fantasievollen Belehrungen aus dem Gesetz) einen Menschen nicht erretten. Er erwähnt sich selbst als anschauliches Beispiel für einen Menschen, der sich verzweifelt bemühte, Gott durch das Halten des Gesetzes zu gefallen, aber sein Scheitern eingestehen musste (1,8-16). Dann erinnert Paulus den Timotheus daran, dass das wichtigste Gegenmittel bei Irrlehren die Verkündigung der gesunden Lehre ist (1,18-20; vgl. 4,6-7.16; 2Tim 2,24-26).

Anweisung bezüglich des Lebens in der Gemeinde (2,1–3,16)

Von Gott, dem Schöpfer der Gemeinde, stammen auch die Prinzipien für ihr Funktionieren. Im nächsten Abschnitt behandelt Paulus einige dieser Prinzipien. Zunächst folgen Anweisungen für das Gebet in der Versammlung. Das Gebet in der Gemeinde sollen die Männer übernehmen (2,8) und für die Erlösung von Menschen sowie für Frieden beten, damit die Voraussetzungen für die Verbreitung des Evangeliums günstig sind.

Dann spricht der Apostel über die Rolle der Frauen in der Gemeinde (2,11-15). Erstens soll eine Frau sich geschmackvoll kleiden und dabei auf Übertreibungen verzichten. Offenbar gab es bei Kleidung und Schmuck solche Übertreibungen mit negativen Auswirkungen auf die öffentliche Anbetung in der Gemeinde. Zweitens soll eine Frau lernbereit sein, aber in der Gemeinde nicht lehren. Paulus stellt fest, dass im Allgemeinen der Einfluss einer Frau im häuslichen Umfeld am bedeutendsten ist und dieser Wirkungskreis ihr die größte Zufriedenheit schenkt.

In seinen Ausführungen über das Leben und die Ordnung in der Gemeinde spricht Paulus jetzt das Thema der Gemeindeleitung an. Für die beiden wichtigsten Dienste in einer Ortsgemeinde (Ältester und Diakon) braucht man qualifizierte Männer, damit die Gemeinde Anweisungen im Einklang mit dem Willen Gottes erhält und um eine Vielzahl von Problemen zu vermeiden, die wegen einer schlechten oder unfähigen Gemeindeleitung auftreten können. Paulus erwähnt die notwendigen Voraussetzungen, die sich auf das jetzige Leben eines Mannes beziehen (nicht seine Vergangenheit, denn sonst käme niemand für ein solches Amt in Frage). Bei der Aufzählung dieser Voraussetzungen erwähnt Paulus nicht, welche von ihnen die größte Bedeutung hat. Obwohl kein Mann alle Merkmale in sich vereinen kann, dienen sie jedoch als göttlicher Maßstab für diejenigen, die in einer Gemeinde die Führungsverantwortung haben.

Anweisung bezüglich des Glaubensabfalls in der Gemeinde (4,1-16)

Paulus zufolge werden manche, die die göttliche Wahrheit kennen, sich wider besseres Wissen von ihr abwenden (»Abfall«). Diejenigen, die von der Wahrheit abweichen, werden sich dann in falsche, von Satan kommende Lehren vertiefen (4,1-5). Die Wahrheit ist immer ein Gegenmittel bei Irrtum. Deshalb soll Timotheus die Wahrheit lehren und leben (4,6-16), weil ein Leben in gottgemäßer Disziplin der Schlüssel zu einem erfolgreichen Dienst für Gott ist.

Anweisungen bezüglich verschiedener Gruppen in der Gemeinde (5,1–6,2)

Paulus ermahnt Timotheus zunächst zu rücksichtsvollem Verhalten gegenüber anderen (5,1-2). Dann gibt er ihm Anweisungen bezüglich der Witwen, die in der Gemeinde eine besondere Gruppe bildeten. Nicht alle Witwen sind berechtigt, von der Gemeinde finanzielle Unterstützung zu erhalten, sondern nur diejenigen, die über sechzig Jahre alt sind und keine Familie haben. Eine weitere, wichtige Voraussetzung ist jedoch auch ein Leben im Dienst für Gott und Mitmenschen (5,3-16).

Eine weitere Gruppe in der Gemeinde bilden die Ältesten. Wenn sie in Wort und Lehre arbeiten, sollen sie doppelt gewürdigt werden, auch durch finanzielle Unterstützung. Älteste, die in Sünde leben (und sich nicht von der Sünde abwenden), sollen jedoch zurechtgewiesen werden.

In der damaligen Gemeinde bildeten die Sklaven ebenfalls eine größere Gruppe (im römischen Reich lebten zahlreiche Sklaven). Diese Menschen werden darauf hingewiesen, dass die Erlösung nicht ihre gesellschaftliche Stellung verändert. Sie bleiben Sklaven, und sie sollen ihren Herren Respekt entgegenbringen.

Schlussworte (6,3-21)

Auf weitere Ausführungen über Irrlehrer (6,3-5) folgen Anweisungen für Wohlhabende, die ihren materiellen Reichtum für das Streben nach Gerechtigkeit verwenden sollen. Sie sollen sich nicht auf ihren Wohlstand verlassen, sondern immer daran denken, dass Reichtum eine ständige Versuchung darstellt. Am Ende seines Briefes ermahnt Paulus seinen Mitarbeiter Timotheus, er solle die göttliche Wahrheit als ein ihm anvertrautes Gut bewahren.

KAPITEL 22
DER BRIEF AN TITUS

Einführung in den Titusbrief

DER VERFASSER DES TITUSBRIEFES

Diesen Brief hat der Apostel Paulus an seinen Mitarbeiter Titus geschrieben.

ÖRTLICHE UND ZEITLICHE EINORDNUNG

Paulus verfasste diesen Brief im Jahr 63 n. Chr. während seines Aufenthaltes in Ephesus (manche Ausleger gehen von einem späteren Datum aus, und zwar 66 n. Chr.).

DIE ZIELSETZUNG DES TITUSBRIEFES

Paulus wollte seinen Mitarbeiter vor allem daran erinnern, wichtige organisatorische Fragen in der Gemeinde auf Kreta zu klären. Er ermutigte ihn auch, mit seiner Verkündigung von Glaubenslehren die Irrlehrer zu widerlegen. Für Paulus war es wichtig, Titus in seinem Dienst erneut Mut zu machen und darüber hinaus zu bitten, ihn in Nikopolis zu besuchen.

GLIEDERUNG DES TITUSBRIEFES

I. Einleitung (1,1-4)

II. Die Bedeutung einer gottgemäßen Leitung in der Gemeinde (1,5-16)
   A. Voraussetzungen für den Dienst des Ältesten (1,5-9)
   B. Der Umgang mit Irrlehrern (1,10-16)

III. Die Bedeutung eines gottgemäßen Lebens in der Gemeinde (2,1-15)
   A. Älteste (2,1.15)
   B. Verschiedene Gruppen in der Gemeinde (2,2-10)
   C. Alle Gläubigen (2,11-14)

IV. Die Bedeutung eines gottgemäßen Lebens außerhalb der Gemeinde (3,1-9)

V. Schlussworte (3,10-15)

DAS THEMA DES TITUSBRIEFES

Ähnlich wie im ersten Brief an Timotheus liegt der Schwerpunkt des Titusbriefes auf der Bedeutung einer gottgemäßen Leitung in einer Ortsgemeinde.

BESONDERHEITEN IM TITUSBRIEF

Titus wird im Neuen Testament an vielen Stellen erwähnt, allerdings nicht in der Apostelgeschichte (Tit 1,4; Gal 2,1-3; 2Kor 2,13; 7,5-7.13-15; 8,6.16-19.23-24; 12,18; 2Tim 4,10). Offenbar kam er durch das Wirken des Apostels Paulus zum Glauben. Später wurde er ein wichtiger Mitarbeiter von Paulus in seinem Dienst unter den Nichtjuden.

Titus befand sich in der Frühzeit der Gemeinde Jesu im Zentrum der Kontroverse um das Gesetz, weil er für Paulus der Beweis war, dass Nichtjuden auch unabhängig vom Gesetz errettet werden können (Gal 2,1-3). Den Aussagen des Apostels Paulus im zweiten Korintherbrief zufolge war Titus offenbar ein Mann, der geistlich stark und deshalb in der Lage war, Probleme zu bewältigen und einen wirksamen Dienst zu versehen. Seine Anwesenheit und Mitarbeit waren für Paulus tröstend und aufbauend.

Zusammenfassung des Titusbriefes

Einleitung (1,1-4)

Am Anfang des Briefes an seinen Mitarbeiter hebt Paulus die Tatsache hervor, dass die geheimen Heilsabsichten Gottes jetzt durch seine Verkündigung offenbar werden.

Die Bedeutung einer gottgemässen Leitung in der Gemeinde (1,5-16)

Voraussetzungen für den Dienst des Ältesten (1,5-9)

Titus war verantwortlich für das Einsetzen von Ältesten in der Gemeinde auf Kreta, weil diese Männer entscheidend waren für ein effektives Gemeindeleben. Paulus erinnert Titus daran, dass die infrage kommenden Männer bestimmte Voraussetzungen mitbringen müssen, um diese wichtige Führungsfunktion in einer Ortsgemeinde wahrnehmen zu können. Ähnlich wie in 1. Timotheus 3 folgt dann eine Auflistung dieser Voraussetzungen.

Der Umgang mit Irrlehrern (1,10-16)

Zu den wichtigsten Pflichten der Gemeindeleitung gehört es, die Menschen in der Gemeinde vor dem negativen Einfluss von Irrlehrern zu bewahren. Paulus ermutigt Titus zu aktivem Widerstand gegen solche Personen.

DIE BEDEUTUNG EINES GOTTGEMÄSSEN LEBENS IN DER GEMEINDE (2,1-15)

Älteste (2,1.15)

Die Ältesten sollen mit allem Nachdruck die göttliche Wahrheit lehren, weil die Kenntnis darüber entscheidend ist für ein gottgemäßes Leben.

Verschiedene Gruppen in der Gemeinde (2,2-10)

Es folgte eine Reihe von Ermahnungen. Ältere Männer sollen diszipliniert und zuverlässig sein, ältere Frauen sollen eine Vorbildfunktion wahrnehmen und ihre Zungen gebrauchen, um jüngere Frauen zu belehren, nicht um andere zu verleumden. Jüngere Frauen sollen sich auf ihre häuslichen Pflichten konzentrieren und auf diese Weise Gott ehren. Jüngere Männer sollen sich besonnen und vorbildlich verhalten. Sklaven sollen sich bereitwillig ihren Herren unterordnen.

Alle Gläubigen (2,11-14)

Weil wir als gläubige Menschen die große Gabe der Erlösung empfangen haben, soll unser Leben unsere Stellung in Christus widerspiegeln. Christus kam in diese Welt, um uns das Heil zu bringen (V. 11), und er wird in Macht und Herrlichkeit wiederkommen (V. 13). In der Zwischenzeit sollen gläubige Menschen ein Leben im Einklang mit dem Willen Gottes führen (V. 12).

DIE BEDEUTUNG EINES GOTTGEMÄSSEN LEBENS AUSSERHALB DER GEMEINDE (3,1-9)

Gläubige Menschen sollen im Umgang mit Ungläubigen nicht Lästerer und Streitsüchtige sein, weil sie daran denken sollen, wie ihr Verhalten war, bevor sie zum Glauben kamen. Erst Jesus Christus hat ihr Leben verändert, und der Heilige Geist hat sie gereinigt und erneuert.

SCHLUSSWORTE (3,10-15)

Paulus beendet seinen Brief mit einer Reihe von kurzen Anweisungen. Er bittet Titus, Menschen, die nach Spaltung streben, nach zweimaliger Zurechtweisung aus der Gemeinde auszuschließen. Er ermutigt die Gläubigen, sich um gute Werke zu bemühen (in diesem Brief wird an mehreren Stellen die Bedeutung guter Werke hervorgehoben). Titus erfährt auch, dass ein Mitarbeiter nach Kreta kommen wird, um seine Stelle einzunehmen und er zum Apostel Paulus nach Nikopolis kommen soll.

KAPITEL 23

DER ZWEITE BRIEF AN TIMOTHEUS

Einführung in den zweiten Timotheusbrief

DER VERFASSER DES ZWEITEN TIMOTHEUSBRIEFES

Diesen Brief hat der Apostel Paulus an seinen Mitarbeiter Timotheus geschrieben.

ÖRTLICHE UND ZEITLICHE EINORDNUNG

Paulus schrieb den Brief im Jahr 64 n. Chr. von Rom aus. Manche Ausleger datieren ihn auf das Jahr 67 n. Chr.

DIE ZIELSETZUNG DES ZWEITEN BRIEFES AN TIMOTHEUS

Paulus wollte seinem Mitarbeiter Timotheus Mut für den Dienst in der Gemeinde machen. Er ermahnte ihn, in diesem Dienst Stärke und Treue zu beweisen, aber er warnte ihn auch vor schweren Zeiten, die sowohl der Gemeinde als auch der Welt bevorstünden. Darüber hinaus bat Paulus den Timotheus, er solle nach Rom kommen und ihn dort im Gefängnis besuchen.

Gliederung des zweiten Timotheusbriefes

I. Persönliche Grüße (1,1-7)

II. Die Botschaft des Evangeliums bewahren (1,8-18)
   A. Das Wesen des Evangeliums (1,8-10)
   B. Die Verantwortung dem Evangelium gegenüber (1,11-18)

III. Für das Evangelium kämpfen und leiden (2,1-26)
   A. Anteil am Leiden (2,1-2)
   B. Ein Bild für den Kampf (2,3-7)
   C. Alles erdulden (2,8-13)
   D. Der Stellenwert des Leidens (2,14-22)
   E. Das Wesen des Leidens (2,23-26)

IV. Ausharren für das Evangelium (3,1-17)
   A. Heftiger Widerstand (3,1-9)
   B. Festhalten an der Verkündigung (3,10-15)
   C. Der Wert des Wortes Gottes (3,16-17)

V. Das Evangelium verkündigen (4,1-22)
   A. Der Auftrag zur Verkündigung (4,1-2)
   B. Die Gründe für die Verkündigung (4,3-8)
   C. Die Auswirkungen der Verkündigung (4,9-22)

Das Thema des zweiten Timotheusbriefes

Es handelt sich um einen sehr persönlichen Brief des alternden Apostels an seinen jüngeren Mitarbeiter. Paulus betont darin die Notwendigkeit, den Schatz des Evangeliums zu bewahren (1,14) und das ihm anvertraute Gut weiterzugeben (2,2).

Besonderheiten im zweiten Timotheusbrief

Zusammen mit dem ersten Timotheusbrief und dem Titusbrief gibt der zweite Brief an Timotheus klare und energische Anweisungen über den Umgang mit Irrlehrern und den von ihnen verkündigten Lehren. Der Apostel war zutiefst besorgt über die negative Wirkung solcher Irrlehren auf die Gemeinde Jesu (in seinen Briefen spricht Paulus mehr über dieses Thema als über alle anderen).

Paulus erklärt der Gemeinde, dass eine Irrlehre ihren Ursprung in Satan hat, obwohl sie von Menschen verkündigt wird. In der Regel kommt eine solche Lehre der Wahrheit sehr nahe, und sie kann jeden Lebensbereich und jede Glaubenslehre beeinflussen. Je näher die Endzeit kommt, umso schlimmer werden die Irrtümer werden. Um den Irrtum zu entlarven und ihm entgegenzuwirken, muss die Wahrheit gekannt und gelehrt werden. Auch das Leben eines Irrlehrers wird schließlich zeigen, dass er in Wirklichkeit nicht den Weg mit Gott geht. Den Worten des Apostels Paulus im zweiten Timotheusbrief zufolge ist der geistliche Kampf ein ununterbrochenes Geschehen, und das wichtigste Schlachtfeld ist das Wort Gottes.

Zusammenfassung des zweiten Timotheusbriefes

Persönliche Grüsse (1,1-7)

Die einleitenden Worte offenbaren etwas über die enge Verbindung zwischen Paulus und Timotheus. Paulus erinnert seinen Mitarbeiter an sein geistliches Erbe und macht ihm Mut, angesichts dieses Vermächtnisses dem Herrn zu dienen.

Die Botschaft des Evangeliums bewahren (1,8-18)

Das Wesen des Evangeliums (1,8-10)

Das Evangelium ist Gottes frohe Botschaft, dass Sünder von ihrer Sünde errettet werden und ewiges Leben empfangen können. Es ist die Kraft Gottes zur Errettung. In diesen Versen werden die Schritte dieser Errettung sichtbar: 1. die Erwählung; 2. das heilsgeschichtliche Werk Jesu Christi; 3. Gottes Berufung an uns – ein Prozess, der schließlich zu unserer Errettung führt; 4. Gott errettet uns als Einzelpersonen – der Höhepunkt dieses Prozesses; 5. die Unsterblichkeit als der zukünftige und endgültige Teil unserer Erlösung.

Die Verantwortung dem Evangelium gegenüber (1,11-18)

Einem gläubigen Menschen ist eine Botschaft anvertraut worden, die er an andere weitergeben soll, eine Botschaft, deren Ursprung nicht menschlich ist. Paulus musste erkennen, dass ihn diese Botschaft seine Freiheit gekostet hatte, aber dennoch hatte er das ihm anvertraute Gut treu bewahrt.

FÜR DAS EVANGELIUM KÄMPFEN UND LEIDEN (2,1-26)

Anteil am Leiden (2,1-2)

Paulus belehrt seinen Mitarbeiter Timotheus über den »Multiplikator-Faktor« seines Wirkens. Der Dienst am Evangelium soll denjenigen anvertraut werden, die sich bei ihrer Aufnahme der Botschaft und ihrem Umgang mit dem Wort Gottes bewährt haben. Solche Menschen sollen unterwiesen werden, damit sie wiederum andere ausbilden können.

Ein Bild für den Kampf (2,3-7)

Paulus erklärt dem Timotheus, dass ein treuer Mensch vergleichbar ist mit einem Soldaten (der bereit ist zum Leiden, der zielstrebig und darauf bedacht ist, seinem Befehlshaber zu gefallen), mit einem Athleten (der sich an die Regeln des Wettkampfs hält und um den Siegeskranz kämpft) und mit einem Ackerbauern (der sich abmüht und voller Zuversicht auf die Ernte hinarbeitet). Nach solchen Männern soll Timotheus Ausschau halten, um ihnen den Schatz des Evangeliums anzuvertrauen.

Alles erdulden (2,8-13)

Paulus hatte eine realistische Sicht über den Dienst am Evangelium, weil er wusste, dass diese Botschaft für viele Menschen ein Ärgernis ist und deshalb Verfolgung mit sich bringt. Aber er war bereit, für die Verbreitung des Evangeliums alles auf sich zu nehmen.

Der Stellenwert des Leidens (2,14-22)

Die Aufgabe des »Arbeiters« besteht darin, die Wahrheit zu verkündigen. Ein bewährter Arbeiter geht mit dem Wort Gottes sorgfältig um, und diese Umgangsweise führt zur Gottesfurcht. Der schlechte Arbeiter verfälscht das Wort Gottes und verwirrt seine Zuhörer. Durch ein solches Verhalten wenden sich Menschen von Gott ab.

In jedem Haus, so Paulus, befinden sich Gefäße zur Ehre für besondere Anlässe (vergleichbar mit feinem Porzellan) und gewöhnliche Gefäße (vergleichbar mit Plastiktellern). Die Gemeinde Jesu ist wie ein Haus, und Gläubige sind wie die Gefäße in einem Haushalt. Manche sind für Gott wertvoller als andere. Dann erklärt Paulus, wie man ein Gefäß zur Ehre werden kann. Man muss sich reinigen von der Verunreinigung durch Irrlehren, den Begierden absagen und aktiv nach Gerechtigkeit, Glaube, Liebe und Frieden streben.

Das Wesen des Leidens (2,23-26)

Paulus erklärt weiter, dass diejenigen, die mit dem Wort Gottes umgehen, törichte Streitereien (Streitgespräche) meiden sollen. Auseinandersetzungen wegen Irrlehren sind zwar unvermeidlich, aber trotzdem sollen sie in Freundlichkeit, ohne Streitsucht und mit einer guten Schriftkenntnis beigelegt werden.

Ausharren für das Evangelium (3,1-17)

Heftiger Widerstand (3,1-9)

Timotheus war sich des Widerstands gegen das Evangelium zwar bewusst, aber er musste dennoch erkennen, dass es sich dabei nicht um eine vorübergehende Situation handelte, sondern um einen Dauerzustand als Kennzeichen für diese Zeit. Obwohl Satan hinter diesem Widerstand steht, bedient er sich dabei menschlicher Werkzeuge. Am

Leben dieser Menschen ist zu erkennen, dass sie gegen Gott rebellieren. Der Schlüssel, der ihre wahre Haltung aufdeckt, liegt in den vier Ausdrücken, die in Kombination mit dem Wort »lieben« verwendet werden (insgesamt werden hier neunzehn Ausdrücke aufgeführt): Sie lieben sich selbst, Geld und Vergnügen, aber sie lieben Gott nicht.

Festhalten an der Verkündigung (3,10-15)

Timotheus soll trotz der immer wieder auftretenden Widerstände treu an der Verkündigung des Evangeliums festhalten.

Der Wert des Wortes Gottes (3,16-17)

Diese Verse gehören zu den bedeutendsten Erklärungen über die Quelle und den Wert der biblischen Schriften. Paulus legt hier dar, dass die Bibel für ein Leben in Gerechtigkeit ausreichend ist.

Das Evangelium verkündigen (4,1-22)

Am Schluss seines letzten Briefes ermahnt Paulus seinen Mitarbeiter Timotheus, er solle immer an der Verkündigung der gesunden Lehre festhalten. Obwohl dieser Dienst alles andere als bequem ist, wird er die erlittene Mühsal wert sein, wenn wir einmal vom Herrn unseren Lohn empfangen. Paulus selbst ist bereit, aus diesem Leben zu scheiden, weil er weiß, dass er seinem Herrn treu gedient hat. Er beendet den Brief mit Grüßen und Berichten über andere Mitarbeiter.

Die allgemeinen Briefe

Brief	Datierung (n. Chr.)	Ort der Niederschrift
Jakobus	45	Jerusalem
Hebräer	65	(unbekannt)
1. Petrus	65	Rom
2. Petrus	67	Rom
Judas	um 70	(unbekannt)
1. Johannes	85	Ephesus
2. Johannes	90	Ephesus
3. Johannes	90	Ephesus

KAPITEL 24
DER BRIEF DES JAKOBUS

Einführung in den Jakobusbrief

DER VERFASSER DES JAKOBUSBRIEFES

Im Neuen Testament erscheinen mehrere Personen mit dem Namen Jakobus. Aber da der Autor dieses Briefes sich schlicht und einfach »Jakobus« (ohne Beinamen) nennt, ist es offensichtlich, dass er in der frühen Gemeinde Jesu eine bekannte Persönlichkeit war. Deshalb kommen als Verfasser des Briefes zwei Männer in Frage, und zwar einmal Jakobus, der Bruder des Johannes, oder Jakobus, der Bruder des Herrn. Der kirchlichen Überlieferung zufolge schrieb der Bruder des Herrn den Jakobusbrief. Da der Bruder des Johannes frühzeitig starb, hat die kirchliche Überlieferung in diesem Punkt durchaus ihre Berechtigung (Jakobus, der Bruder von Johannes, kam etwa 44 n. Chr. als Märtyrer ums Leben).

ZEITLICHE UND ÖRTLICHE EINORDNUNG

Die bestmögliche Datierung des Briefes liegt um das Jahr 45 n. Chr. Damit ist der Jakobusbrief das erste schriftlich niedergelegte Buch des Neuen Testaments. Der Text hat einen deutlich jüdischen Charakter, aber das ist in der Frühzeit der Gemeinde Jesu zu erwarten. Schließlich waren damals Nichtjuden in der Minderheit (wenn der Brief nach 50 n. Chr. entstanden wäre, hätte der Autor darin auch Nichtjuden erwähnt). Die in diesem Brief angesprochenen Sünden sind charakteristisch für die jüdischen Christen der Urgemeinde. Auch der Inhalt entspricht der Ära vor dem Apostelkonzil in Jerusalem (vgl. Apg 15). Wenn diese frühe Datierung korrekt ist, wurde der Brief höchstwahrscheinlich in Jerusalem niedergeschrieben.

Zielsetzung des Jakobusbriefes

Der Brief wurde verfasst, weil es bei seinen Empfängern offenbar eine Diskrepanz zwischen ihrem Leben und dem Bekenntnis ihres Glaubens an Jesus Christus gab. Diese Gläubigen begingen zahlreiche »kleinere« Sünden wie Neid und verleumderisches Reden über andere. Jakobus musste sie daran erinnern, dass echter Glaube an den Erlöser mehr ist als ein bloßes Anerkennen historischer Tatsachen. Echter Glaube zeigt sich in einem veränderten Leben.

Gliederung des Jakobusbriefes

I. Prüfungen im Leben des Gläubigen (1,1-18)
II. Echtheit des Glaubens (1,19-27)
III. Hindernisse auf dem Weg des Glaubens (2,1–5,6)
IV. Herausforderungen für den Glauben (5,7-20)

Das Thema des Jakobusbriefes

In diesem Brief geht es vor allem um die Notwendigkeit eines lebendigen Glaubens. Jakobus geht kaum auf Fragen der Glaubenslehre ein, sondern mehr auf die positiven Auswirkungen eines echten Glaubens im Leben des Einzelnen.

Besonderheiten im Jakobusbrief

Der Autor

Jakobus wird auch als der Bruder des Herrn Jesus Christus bezeichnet, obwohl er in Wirklichkeit sein »Halbbruder« war (Mt 13,55; Mk 6,3). Während seines Wirkens auf Erden glaubte Jakobus nicht an Jesus als Messias (Joh 7,5), sondern wohl erst, als der Auferstandene ihm persönlich erschienen war (1Kor 15,7). Zusammen mit vielen Gläubigen befand sich Jakobus zu Pfingsten im oberen Saal und wartete wie die anderen auf das Kommen des Heiligen Geistes (Apg 1,14). In den darauf folgenden Jahren wurde Jakobus als Leiter der Gemeinde in Jerusalem zu einer bekannten Persönlichkeit (Gal 1,19; 2,9; Apg 12,17; 15,13ff.; 21,18-25; Judas 1). Sein Einfluss und seine Bedeutung für die Urgemeinde werden in Galater 2,2 von Paulus hervorgehoben, wenn er Jakobus als eine »Säule« in der Gemeinde bezeichnet.

Nach 1. Korinther 9,5 war Jakobus verheiratet. Der Überlieferung zufolge starb er durch einen Beschluss des Hohen Rates im Jahr 62 n. Chr. den Märtyrertod.

Die Empfänger des Briefes

Im ersten Vers wird erwähnt, dass der Brief sich an Gläubige richtet, die aufgrund einer Verfolgung in der Zerstreuung leben. Nach der Steinigung des Stephanus (Apg 7–8) und der von Saulus von Tarsus angeführten Verfolgungswelle waren jüdische Christen aus Jerusalem vertrieben worden. Deshalb wurde der Jakobusbrief nicht an eine bestimmte Ortsgemeinde geschickt, sondern an Gläubige an verschiedenen Orten.

Zusammenfassung des Jakobusbriefes

Prüfungen im Leben des Gläubigen (1,1-18)

Jakobus belehrte diese verfolgten Gläubigen, dass jeder von ihnen in seinem Leben eine Vielfalt von Prüfungen durchlaufen muss, dass diese aber unserer Weiterentwicklung im Glauben dienen. Natürlich können uns solche Erfahrungen verwirren und verunsichern, aber Jakobus zufolge kann Gott uns Weisheit schenken, damit wir diese Prüfungen bestehen. In seiner Güte versucht Gott uns nicht zum Bösen. Jakobus ermutigt die Empfänger seines Briefes, mit dem Hinweis, dass Gott demjenigen, der sich in solchen Situationen richtig verhält, seinen Segen und eine Belohnung zusichert.

Echtheit des Glaubens (1,19-27)

Das höchste Glück und die größte Freiheit erleben wir, wenn wir unser Leben nach dem Maßstab Gottes (dem Gesetz der Freiheit) gestalten. Diese Form der Gerechtigkeit wird uns geschenkt, wenn wir die göttliche Wahrheit hören und auf unser Leben anwenden (hören allein genügt nicht). Zu den Auswirkungen auf unser Leben zählen die Trennung von der Welt, Freiheit von Sünden, die uns vorher beherrscht haben, und praktische Nächstenliebe.

Hindernisse auf dem Weg des Glaubens (2,1–5,6)

Das Leben eines Christen ist nicht frei von Problemen, weil diese gefallene Welt, Satan und unsere eigene sündige Natur (»*das Fleisch*«) auf dem Weg der Gerechtigkeit Hindernisse bilden. Jakobus erläutert einige bedeutende Hindernisse, denen sich ein durchschnittlicher Gläubiger stellen muss, und auch die Folgen - je nachdem, ob er diese Hindernisse überwindet oder sich von ihnen überwinden lässt. Als Hindernisse nennt er die bevorzugte Behandlung bestimmter Personen (2,1-13), einen theoretischen Glauben (2,14-26), die Zunge (3,1-12), die irdische Weisheit (3,13-18), eine Anpassung an die Maßstäbe der Welt (4,1-10), den Richtgeist (4,11-12), die Unabhängigkeit von Gott (4,13-17) und das Vertrauen auf irdische Güter (5,1-6).

Herausforderungen für den Glauben (5,7-20)

Jakobus ermahnt die Leser seines Briefes zur Geduld in Schwierigkeiten und Verfolgungen. Er betont, dass Gott in unserem Leben Früchte der Gerechtigkeit ernten will, für diese Ernte jedoch Zeit zum Heranreifen und eine Prägung durch Lebenserfahrung erforderlich ist. Bei diesem Prozess sollen sich Gläubige gegenseitig unterstützen, vor allem auch durch Gebet.

KAPITEL 25
DER BRIEF AN DIE HEBRÄER

Einführung in den Hebräerbrief

DER VERFASSER DES HEBRÄERBRIEFES

Der Autor nennt in diesem Brief nicht seinen Namen, und die kirchliche Überlieferung über den Verfasser ist unklar. Deshalb sind verschiedene Persönlichkeiten als mögliche Autoren genannt worden, darunter Paulus, Lukas, Barnabas, Silas, Philippus und Apollos. Paulus hat mehr Befürworter als alle anderen. Man geht davon aus, dass er entweder den Brief selbst geschrieben oder aber jemand anderer (wie Lukas) ihn verfasst hat, sich dabei aber auf die Lehren des Apostels Paulus stützte. Aber viele Theologen sprechen sich vehement gegen eine Verfasserschaft des Apostels Paulus aus, weil das Vokabular, der Stil und die Anonymität des Briefes dagegen sprechen.

Im Großen und Ganzen gibt es keine einheitliche Meinung über den menschlichen Verfasser des Hebräerbriefes. Wir können jedoch mit Sicherheit davon ausgehen, dass der Geist Gottes am Autor wirkte und ihn veranlasste, diesen bedeutenden Brief zum Nutzen der Gemeinde Jesu zu schreiben.[1] Selbst wenn der Verfasser anonym ist, hat das keine Auswirkungen auf die göttliche Inspiration. Bei vielen alttestamentlichen Büchern ist der Autor heute nicht mehr genau zu ermitteln, und dennoch sind sie vom Geist Gottes inspiriert.

ÖRTLICHE UND ZEITLICHE EINORDNUNG

Der Ort der Niederschrift ist unbekannt. Manchen Überlieferungen zufolge ist der Hebräerbrief im ägyptischen Alexandria entstanden (dort gab es eine große jüdische Gemeinschaft). Wieder andere verlegen den Ort der Niederschrift nach Rom und stützen sich dabei auf den Satz: »*Es grüßen euch die von Italien*« (13,24). Diesen Satz könnte man jedoch auch dahingehend deuten, dass der Verfasser umgeben ist von Gläubigen aus Italien, die ihre Grüße nach Rom senden. Deshalb lebten die ursprünglichen Empfänger des Hebräerbriefes möglicherweise in Rom.

Der Brief lässt sich um das Jahr 65 n. Chr. datieren, also noch vor 70 n. Chr., als der Tempel zerstört wurde und die Opfer aufhörten.

> »Weil in dem Brief behauptet wird, dass der Tod Christi die alttestamentlichen Opfer überflüssig macht, wäre die Zerstörung des Tempels bestimmt erwähnt worden, wenn sie bereits stattgefunden hätte.«[2]

Auch die Erwähnung einer möglichen Christenverfolgung lässt vermuten, dass der Brief entstand, bevor Kaiser Nero die Gemeinde Jesu verfolgen ließ. Offenbar standen den Gläubigen schwere Zeiten bevor (12,4).

Die Zielsetzung des Hebräerbriefes

Der Verfasser war zutiefst besorgt, dass seine Leser vom Glauben an Jesus Christus abfallen könnten. Deshalb warnte er die Empfänger des Briefes eindringlich vor einem solchen Abrücken von der göttlichen Wahrheit, aber er ermutigte sie auch zum Streben nach der Reife in Christus. Er betonte, dass Christus in jeder Hinsicht den Vorschriften des mosaischen Gesetzes überlegen sei.

Gliederung des Hebräerbriefes

I. Die Erhabenheit Jesu Christi in der göttlichen Offenbarung (1,1-4)

II. Die Erhabenheit Jesu über die Engel (1,5–2,18)
   A. Wegen seiner Gottessohnschaft (1,5-14)
   B. Wegen seines Leidens (2,1-18)

III. Die Erhabenheit Jesu über Mose (3,1–4,13)

IV. Die Erhabenheit Jesu über Aaron (4,14–10,18)
   A. Ein besseres Priestertum (4,14–7,28)
   B. Ein besserer Bund (8,1-13)
   C. Ein besseres Heiligtum (9,1-10)
   D. Ein besseres Opfer (9,11–10,18)

V. Die Erhabenheit Jesu über das menschliche Ich (10,19–12,29)
   A. Warnung vor Rückfall (10,19-39)
   B. Die Wirkung des Glaubens auf das Leben (11,1-40)
   C. Vorbilder aus der Vergangenheit (12,1-29)

VI. Schlussworte (13,1-25)
   A. Warnende Worte des Verfassers (13,1-17)
   B. Schlussermahnungen und Grüße (13,18-25)

Das Thema des Hebräerbriefes

Das wichtigste Thema dieses Briefes ist die Erhabenheit Jesu Christi. Der Hebräerbrief unterstreicht die Tatsache, dass das Christentum (der neue Bund) in jeder Hinsicht besser ist als das alte System. Deshalb soll der neue und nicht der alte Bund für einen gläubigen Menschen das Lebensfundament bilden. Ein grundlegendes Thema des Hebräerbriefes ist auch die Gefahr des Glaubensabfalls (der mutwilligen Abwendung von der göttlichen Wahrheit).

Besonderheiten im Hebräerbrief

Die Empfänger des Briefes

Der Verfasser hat seinen Brief nicht an eine anonyme Gruppe von Menschen geschrieben, die überall in der Welt zerstreut lebten, sondern an Personen, die er gut kannte (vgl. 5,11-12; 6,10-12; 13,18-19.23-24). (Der Hebräerbrief ist nicht wirklich ein allgemeiner Brief. Er wendet sich zwar an eine bestimmte Personengruppe, aber weil Verfasser und Empfänger uns nicht bekannt sind, behandeln wir ihn in diesem Abschnitt über die allgemeinen Briefe.) Der Autor identifiziert sich mit seinen Lesern, z.B. durch die ständige Verwendung des Wortes »*wir*« und des Ausdrucks »*lasst uns*« (vgl. 2,1; 4,1.14.16; 10,19-25; 12,1) sowie »*Brüder*« (vgl. 3,1.12; 10,19). Der Verfasser sah seine Leser offenbar als Mitchristen an. Der alte Titel »An die Hebräer« lässt erkennen, dass die Empfänger hauptsächlich jüdische Christen waren. Auch die kirchliche Überlieferung sowie die ständige Bezugnahme auf alttestamentliche Texte stützen diese Annahme. Auch die Erwähnung der herausragenden Stellung von Mose, Aaron und der Priesterschaft dürfte hauptsächlich für jüdische und weniger für nichtjüdische Leser von Bedeutung gewesen sein. Deshalb liegt die Schlussfolgerung nahe, dass dieser Brief sich an jüdische Christen richtete.[3]

Die Warnungen im Hebräerbrief

Sieben Abschnitte des Briefes enthalten ernste Warnungen vor einer Abkehr von Gott. Bei Meinungsverschiedenheiten über den Hebräerbrief geht es vor allem um diese Abschnitte. Obwohl die Warnungen für die Argumentation des Briefes nicht wesentlich sind, haben sie doch Bedeutung für die Auslegung. Es handelt sich dabei um die Texte in Kapitel 2,1-4; 4,13; 5,11; 6,20; 10,26-39 und 12,12-29. Bei der Auslegung ist der Zusammenhang eines jeden Textes wichtig. Im Allgemeinen warnen die Texte vor einer Abkehr von der göttlichen Wahrheit und von dem Weg der Erlösung durch Jesus Christus. Manche verstehen diese Abschnitte so, als könne ein echter Gläubiger sein Heil verlieren. Aber dieser Gedanke wird im gesamten Neuen Testament mit vielen Beweisen und Argumenten über die ewige Sicherheit eines echten Gläubigen widerlegt.[4] Anderen Auslegern zufolge geht es in diesen Texten um diejenigen, die lediglich behaupten, Christen zu sein. Allerdings scheint die Aussagekraft bestimmter Wörter und Ausdrücke echte Christen anzusprechen. Wie bereits festgestellt betrachtete der Verfasser die Empfänger seines Briefes als echte Christen.

Diese und andere Sichtweisen werden seit vielen Jahren von Auslegern dargelegt und debattiert. Obwohl in diesem Buch keine abschließende und vollständige Antwort auf diese Meinungsverschiedenheiten gegeben werden kann, ist es wohl am sinnvollsten, die Texte aus der Perspektive des Verfassers auf eine praktische Weise zu betrachten.

Als er an eine Gruppe von Personen schrieb, von der er wusste, dass sie sich zum christlichen Glauben bekannte, war ihm wohl auch bewusst, dass einige seiner Leser keine echten Christen waren. Bei einem Blick auf ihr Leben (ohne ihre Herzenshaltung zu kennen) bemerkte er deren Neigung, den Glauben an Jesus Christus aufzugeben und in eine Gesetzesfrömmigkeit zurückzufallen. Der Autor des Hebräerbriefes war zutiefst besorgt, dass einige seiner Leser den einzigen von Gott vorgesehenen Heilsweg in Jesus Christus verlassen könnten. Wenn ein Mensch eine solche Entscheidung trifft, gibt es für ihn keine Möglichkeit der Errettung mehr. Wenn andererseits ein Mensch seinen Weg mit Christus bis hin zur vollen Reife in ihm weitergeht, zeigt sich die Echtheit seines Glaubens.

Zusammenfassung des Hebräerbriefes

Die Erhabenheit Jesu Christi in der göttlichen Offenbarung (1,1-4)

Weil er seine Leser davon abhalten will, sich von Jesus zu lösen und zur Gesetzesfrömmigkeit des Judentums zurückzukehren, unterstreicht der Verfasser des Hebräerbriefs die Erhabenheit Christi. Erstens zeigt er auf, dass Jesus auf vollkommene Weise Gott offenbart. Obwohl sich Gott im Alten Testament durch die Propheten offenbarte, übertrifft die Offenbarung durch Jesus Christus alles andere.

Die Erhabenheit Jesu über die Engel (1,5–2,18)

Kein Engel wird als Gottes Sohn bezeichnet. Anhand von sieben Zitaten aus dem Alten Testament belegt der Verfasser des Hebräerbriefes die Erhabenheit Jesu Christi über die Engel. Als Jesus Mensch wurde, wurde er für eine Zeitlang niedriger als die Engel, um die Erlösung der Menschheit zu erwirken. Aufgrund dieses Erlösungswerkes hat er nicht nur das Heil für die Menschen bewirkt, sondern auch große Ehre und Herrlichkeit für sich selbst.

Die Erhabenheit Jesu über Mose (3,1–4,13)

Die Juden haben große Ehrfurcht vor Mose, und deshalb ist es wichtig für sie, deutlich zu erkennen, dass Jesus Christus weit über Mose steht - schließlich ist Mose ein Geschöpf und Diener Gottes, Christus aber der Schöpfer und Sohn Gottes. Mose war treu in seinem ganzen Haus, aber Jesus Christus steht über dem Haus Gottes. Dann ermutigt der Autor des Hebräerbriefes seine Leser zum Glauben und zum Gehorsam. Wenn man nicht an Christus glaubt und ihm nicht gehorsam ist, gelangt man nicht in die Ruhe Gottes (die Freude an der Erlösung).

Die Erhabenheit Jesu über Aaron (4,14–10,18)

Dieser Abschnitt betont den Gegensatz zwischen altem und neuem Bund. Obwohl der alte Bund mit seiner Priesterschaft, dem Heiligtum und dem Opferdienst gut und notwendig war, war er von geringerem Wert und nur vorübergehender Natur. Der neue Bund mit seinem ewigen Hohenpriester Jesus Christus ist dem alten in jeder Hinsicht überlegen. Ein anschauliches Beispiel für diese Überlegenheit ist der Vergleich zwischen dem Opfer Jesu Christi und den Tieropfern des alten Bundes. Diese Opfer konnten die Sünde nur bedecken, und deshalb mussten sie immer wieder neu dargebracht werden. Das Opfer Jesu Christi hingegen nimmt die Sünde weg. Deshalb muss es nicht wiederholt werden.

Die Erhabenheit Jesu über das menschliche Ich (10,19–12,29)

Der Verfasser des Briefes ermutigt seine Leser, Gott durch Jesus Christus auf einem »*neuen und lebendigen Weg*« anzubeten (10,20), denn das wichtigste Prinzip für die Beziehung zu Gott ist ein Leben im Glauben. Das Vertrauen zu Gott und seinem Wort ist ihm wohlgefällig, und dadurch haben sich auch die sogenannten »Glaubenshelden« ausgezeichnet. Wir sollen in Ehrfurcht vor Gott leben, in Schwierigkeiten ausharren und das erzieherische Handeln unseres liebevollen himmlischen Vaters in unserem Leben bereitwillig zulassen (12,1-29).

SCHLUSSWORTE (13,1-25)

Weil der Autor die Empfänger seines Briefes kennt, kennt er auch ihre Nöte. Er ermahnt sie zu größerer Liebe untereinander, zur Gastfreundschaft, zum Gehorsam gegenüber den Verantwortungsträgern in der Gemeinde und zur gesunden Lehre. Der Brief endet mit persönlichen Worten an die Leser.

KAPITEL 26

DER ERSTE BRIEF DES PETRUS

Einführung in den ersten Petrusbrief

DER VERFASSER DES ERSTEN PETRUSBRIEFES

Dem ersten Vers zufolge wurde dieser Brief von Petrus niedergeschrieben, einem der engsten Freunde und Jünger Jesu. Auch die kirchliche Überlieferung stützt diese These über den Autor. »Die frühe Gemeinde hatte keine Zweifel an der Authentizität des ersten Petrusbriefes. Die Beweise sind so klar und überzeugend wie für jedes andere Buch des Neuen Testaments, und so wurde der Petrusbrief allgemein als fester Bestandteil der christlichen Bibel anerkannt.«[1]

Der Brief selbst zeigt eine Vertrautheit mit dem Leben und den Lehren Jesu Christi. Es gibt auch gewisse Gemeinsamkeiten zwischen den Predigten des Petrus in der Apostelgeschichte und seinen Worten in diesem Buch (vgl. 1Petr 2,7-8 mit Apg 4,10-11).

ÖRTLICHE UND ZEITLICHE EINORDNUNG

In 1. Petrus 5,13 wird erwähnt, dass der Brief in »Babylon« verfasst wurde. Damit könnte die in Mesopotamien gelegene Stadt Babylon gemeint sein, aber von der Überlieferung her gibt es keine Bestätigung, dass Petrus dorthin gereist sein könnte, und es gibt auch keine Aufzeichnungen über die Existenz einer Gemeinde in Babylon. Deshalb ist nach der Meinung vieler Theologen und Wissenschaftler »Babylon« ein symbolischer Name für Rom.

> »Ähnlich wie Babylon war Rom eine luxusverwöhnte, der Anbetung falscher Götter hingegebene Stadt, und vielleicht wurde sie deshalb in christlichen Kreisen als »Babylon« bezeichnet. Der

> ganze Satz, in dem dieser Name erscheint, hat einen bildhaften Klang, weil Markus nicht der biologische Sohn von Petrus war (5,13). Markus und Silvanus (Silas) haben sich Petrus wohl eher in der Hauptstadt des Weltreiches angeschlossen als in einem abgelegenen Außenposten (5,12-13).«[2]

Seit frühester Zeit wird diese Meinung auch in der kirchlichen Überlieferung vertreten.

Der Brief entstand wohl um das Jahr 65 n. Chr. Wenn Petrus von einer Verfolgung spricht, könnte damit die Christenverfolgung unter Nero gemeint sein, die im Jahr 64 n. Chr. begann. Petrus selbst soll um das Jahr 67 n. Chr. den Märtyrertod gestorben sein.

Die Zielsetzung des ersten Petrusbriefes

Der Brief sollte Gläubigen als Ermutigung im Leid dienen. Diese Menschen wurden um ihres Glaubens willen verfolgt, und Petrus wollte ihnen Hoffnung machen, indem er sie an ihr künftiges Erbe erinnerte (1,4-5) und sie darauf hinwies, dass jedes Leid einen Sinn hat (1,6-7) und Jesus auch leiden musste (2,21). Petrus ermutigte diese Gläubigen, Christus treu zu bleiben, auch wenn sie unter der Verfolgung litten.

Gliederung des ersten Petrusbriefes

I. Lobpreis über Heil und Hoffnung des Evangeliums (1,1-12)

II. Ermahnungen bezüglich unseres Lebens mit dem Herrn (1,13–2,10)
   A. Ein heiliges Leben (1,13-21)
   B. Ungeheuchelte Liebe (1,22-25)
   C. Wachstum in Christus (2,1-10)

III. Ermahnungen bezüglich unseres Lebens in der Welt (2,11–4,19)
   A. Gute Werke (2,11-12)
   B. Unser Verhalten als Bürger (2,13-17)

C. Unser Verhalten im häuslichen Umfeld (2,18-25)
D. Unser Verhalten in der Ehe (3,1-7)
E. Einheit in Christus (3,8-12)
F. Unser Triumph in Christus (3,13–4,19)

IV. Ermahnungen bezüglich unseres Lebens in der Gemeinde (5,1-11)
A. Die Ältesten (5,1-4)
B. Die Gemeindeglieder (5,5-11)

V. Schlussworte (5,12-14)

Das Thema des ersten Petrusbriefes

Dieser Brief behandelt vor allem die richtige Einstellung und das Verhalten von Gläubigen, wenn sie unter Verfolgung leiden. Die richtige Haltung erwächst aus dem Verständnis des Leidens Christi und aus einer zunehmenden Wertschätzung gegenüber der Größe der von Jesus erwirkten Erlösung.

Besonderheiten im ersten Petrusbrief

Petrus ist wohl der bekannteste Apostel Jesu Christi. Wegen seiner markanten Persönlichkeit spielt er bei vielen in den Evangelien berichteten Ereignissen eine bedeutende Rolle (sein Name wird im Neuen Testamten etwa 150 Mal erwähnt). Zusammen mit seinem Bruder Andreas arbeitete er als Fischer auf dem See Genezareth. Er verließ die Fischernetze, um dem Herrn Jesus während der drei Jahre seines Wirkens zu folgen. Wahrscheinlich gab er während der zweiten Hälfte dieser Zeit seinen Beruf ganz auf.

Nach der Auferstehung und Himmelfahrt Jesu spielte Petrus eine wichtige Rolle in der Frühzeit der Gemeinde. Er verkündigte das Evangelium unter Juden, Samaritern und Nichtjuden. Petrus war verheiratet, und seine Frau begleitete ihn offenbar auf seinen Reisen (1Kor 9,5). Bei der entscheidenden Debatte während des Apostelkonzils in Jerusalem (Apg 15) wird sein Name in der Apostelgeschichte zum letzten Mal erwähnt.

Vielleicht besuchte Petrus nach dem Konzil in Jerusalem viele Orte außerhalb Israels, darunter auch die fünf Provinzen in Kleinasien, die in 1. Petrus 1,1 erwähnt werden, und wahrscheinlich besuchte er auch die Stadt Rom. Aufgrund der kirchlichen Überlieferung war Rom die Stätte seines Wirkens, wo er auch den Märtyrertod starb.

Zusammenfassung des ersten Petrusbriefes

Lobpreis über Heil und Hoffnung des Evangeliums (1,1-12)

Petrus ermutigt die Leser seines Briefes (wohl hauptsächlich jüdische Gläubige, die wegen einer Verfolgung in der Zerstreuung lebten), indem er sie an ihre Wiedergeburt erinnert und daran, dass ein wunderbares Erbe auf sie wartet. Die jetzige Verfolgung, so schmerzhaft sie auch sein mag, führt letztendlich zu etwas Gutem, nämlich zur Läuterung der Gläubigen und zur Herrlichkeit Gottes.

Ermahnungen bezüglich unseres Lebens mit dem Herrn (1,13–2,10)

Wir sind nicht erlöst worden, damit wir so leben wie vorher. Petrus fordert seine Leser auf, nach einem heiligen Leben zu streben (1,13-21), weil der Gott, zu dem sie jetzt gehören, ebenfalls heilig ist. Als Christen sollen sie einander ungeheuchelte Liebe entgegenbringen (1,22-25) und ein Leben führen im Einklang mit ihrer Berufung als auserwähltes Volk Gottes, als königliches Priestertum (2,1-10).

Ermahnungen bezüglich unseres Lebens in der Welt (2,11–4,19)

Die Echtheit unseres Glaubens und unserer Worte zeigt sich in der Art, wie wir leben. Petrus belehrt seine Leser, die verfolgten Christen, trotz ihrer schwierigen Lage die richtige innere Haltung aufrechtzuerhalten. Das entsprechende Verhalten in der Ehe, in der Familie und gegenüber den Mitmenschen stellt die Echtheit ihres Glaubens unter Beweis. Sogar in ihrer Beziehung zum Staat, der ihnen gegenüber häufig feindselig eingestellt war, sollten sie sich von Weisheit leiten lassen.

Ermahnungen bezüglich unseres Lebens in der Gemeinde (5,1-11)

Petrus lehrt, dass Älteste die Herde Gottes hüten und ihr mit gutem Beispiel vorangehen sollen. Sie dürfen sich nicht wie Diktatoren aufführen und brauchen für ihren Dienst die richtige innere Einstellung. Die Gemeindeglieder sollen sich denjenigen unterordnen, die Führungsverantwortung haben. Die gesamte Gemeinde aber soll wachsam sein gegenüber dem Satan, dem bösen Feind aller Gläubigen.

Schlussworte (5,12-14)

Der Brief endet mit einem Grußwort von Silvanus (Silas) und Markus.

KAPITEL 27
DER ZWEITE BRIEF DES PETRUS

Einführung in den zweiten Petrusbrief

DER VERFASSER DES ZWEITEN PETRUSBRIEFES

Dem ersten Vers zufolge schrieb der Apostel Petrus auch diesen Brief.

ÖRTLICHE UND ZEITLICHE EINORDNUNG

Der Brief wurde wohl im Jahr 67 n. Chr. in Rom niedergeschrieben, offenbar kurz vor dem Tod des Apostels Petrus (1,13-15). Der Überlieferung nach starb Petrus im Jahr 67 n. Chr. in Rom als Märtyrer.

DIE ZIELSETZUNG DES ZWEITEN PETRUSBRIEFES

Petrus wollte den Empfängern seines Briefes bestimmte Wahrheiten vermitteln, weil er erkannte, dass er nicht mehr lange unter ihnen weilen würde. Er wollte seine Leser nicht nur an einzelne Lehrpunkte erinnern, sondern sie auch vor Irrlehrern warnen. Petrus wusste, dass seine Geschwister im Glauben die Wahrheit kennen mussten, um diesen Irrlehrern etwas entgegensetzen zu können.

GLIEDERUNG DES ZWEITEN PETRUSBRIEFES

I. Wahre Erkenntnis (1,1-21)
   A. Wahrheit und Wachstum im Glauben (1,1-11)
   B. Wahrheit und historische Zuverlässigkeit (1,12-21)

II. Falsche Erkenntnis (2,1-22)
   A. Irrlehrer in der Gemeinde Jesu (2,1-3)
   B. Das Gericht Gottes trifft Irrlehrer (2,4-10)
   C. Woran man Irrlehrer erkennt (2,11-22)

III. Entscheidende Erkenntnis (3,1-18)
   A. Über die Wiederkunft Christi (3,1-10)
   B. Über ein gottgefälliges Leben (3,11-18)

Das Thema des zweiten Petrusbriefes

Petrus betonte in seinem Brief die Notwendigkeit einer guten Grundlage in der Erkenntnis, um im Glauben an Jesus Christus weiterzuwachsen und die lehrmäßigen und praktischen Irrtümer von falschen Lehrern zu meiden (3,1.17-18).

Besonderheiten im zweiten Petrusbrief

Die Empfänger des Briefes

Unter Theologen und Bibelauslegern herrscht Meinungsverschiedenheit über die Empfänger dieses Briefes. Man sollte jedoch davon ausgehen, dass die Leser wohl die gleichen waren wie die des ersten Petrusbriefes (vgl. 1Petr 1,1 mit 2Petr 1,1; 3,1). Vielleicht ist der einleitende Satz in diesem Brief allgemeiner formuliert, weil Petrus ihn wegen der weitverbreiteten Probleme mit Irrlehrern einem breiteren Leserkreis zugänglich machen wollte. Irrlehrer verschafften sich nicht nur in den Gemeinden in Kleinasien, sondern überall zunehmend Gehör.

Die Frage der Authentizität

Bei keinem Buch des Neuen Testaments werden derart heftige Debatten über dessen Verfasser und dessen Stellenwert im biblischen Kanon geführt wie beim zweiten Petrusbrief. Auch die externen Beweise (aus den Schriften der Kirchenväter und der kirchlichen Konzilien) über die Verfasserschaft dieses Briefes sind schwächer als die Überlieferungen über die Verfasser anderer neutestamentlicher Bücher. Trotz dieser Tatsachen und der von vielen Bibelauslegern geteilten Meinung kann man zu Recht die Auffassung vertreten, dass dieser Brief von Petrus verfasst wurde und zum biblischen Kanon gehört.

Obwohl es für die Verfasserschaft des zweiten Petrusbriefes keine Fülle von Beweisen gibt, zitierten dennoch einige Kirchenväter aus diesem Brief und nannten Petrus als Autor.[1] Als dieser Brief im vierten Jahrhundert von den kirchlichen Konzilen als Teil des Neuen Testaments bestätigt wurde, kannte man bereits die Einwände gegen dessen Authentizität. Deshalb können wir davon ausgehen, dass damals die Beweise für die Echtheit des Briefes stärker waren als die Gegenargumente.

Die Zeugnisse innerhalb dieser Schrift verweisen auf Petrus als Verfasser. Der Autor behauptet von sich, Petrus zu sein. Im ersten Petrusbrief ist von »Petrus« als Verfasser die Rede, im zweiten Petrusbrief von »Simon Petrus«. Ein Fälscher hätte im zweiten Brief nicht den Doppelnamen verwendet, sondern die einleitenden Verse aus dem ersten Petrusbrief kopiert. Im Vergleich zum ersten Petrusbrief gibt es auch eine Reihe von Ähnlichkeiten bei der Wortwahl sowie eine enge Übereinstimmung in Fragen der praktischen Lehre. Die Unterschiede zwischen beiden Briefen lassen sich erklären, wenn man davon ausgeht, dass Petrus sich bei der Niederschrift seines ersten Briefes eines »Sekretärs« bediente (Silvanus bzw. Silas; vgl. 1Petr 5,12), aber den zweiten Brief selbst verfasste. Die »internen« Beweise lassen erkennen, »dass kein Dokument im Neuen Testament dem ersten Petrusbrief so sehr gleicht wie der zweite Petrusbrief.«[2] Wägt man alle Argumente gegeneinander ab, ist diese Schlussfolgerung naheliegend: Es handelt sich um einen echten Brief des Apostels Petrus.[3]

Zusammenfassung des zweiten Petrusbriefes

Wahre Erkenntnis (1,1-21)

Wahrheit und Wachstum im Glauben (1,1-11)

Zu Beginn seines Briefes lässt Petrus seine Leser wissen, dass alles bereits vorhanden ist, was ein gläubiger Mensch für ein gottgefälliges

Leben benötigt, das den verderblichen Einflüssen dieser Welt nicht unterworfen ist. Die wahre Erkenntnis Gottes und seiner Wege lässt Christen zu »*Teilhabern der göttlichen Natur*« (1,4) werden.

Wahrheit und historische Zuverlässigkeit (1,12-21)

Im Gegensatz zu den »Wahrheiten« der Irrlehrer stützen sich die Lehren des Apostels Petrus auf ein Wissen aus erster Hand, denn er kannte das Leben und Wirken Jesu Christi als Augenzeuge. Die echten Worte der Bibel kamen zustande, weil Menschen von Gott her redeten, getrieben vom Heiligen Geist. Dieses Geisteswirken gewährleistet, dass in der Bibel das von Gott offenbarte Wort niedergeschrieben wurde und sie frei von Irrtum ist.

Falsche Erkenntnis (2,1-22)

Irrlehrer in der Gemeinde Jesu (2,1-3)

Petrus erkannte schon damals das Problem mit Irrlehrern, die in die Gemeinde Jesu eindringen, und deshalb warnt er seine Leser, vor solchen Menschen auf der Hut zu sein. Diese Irrlehrer finden durch ihre geschickte Taktik immer wieder Anhänger.

Das Gericht Gottes trifft Irrlehrer (2,4-10)

Diejenigen, die sich als Feinde der göttlichen Wahrheit erweisen, werden dem Gericht Gottes nicht entgehen. Petrus veranschaulicht diese Tatsache anhand von Beispielen wie den gefallenen Engeln, der Welt in der Zeit vor der Sintflut sowie den sündigen Städten Sodom und Gomorra.

Woran man Irrlehrer erkennt (2,11-22)

Mit ihren Worten können Irrlehrer die Menschen zum Narren halten, aber nicht mit ihrem Leben, wenn man es einer genauen Prüfung unterzieht. Das Verhalten von Irrlehrern ist geprägt von Stolz, Unmoral,

Ausschweifung und Betrug. Ihren Anhängern versprechen sie zwar Freiheit, aber in Wirklichkeit üben sie Zwang aus.

Entscheidende Erkenntnis (3,1-18)

Über die Wiederkunft Christi (3,1-10)

Immer wieder betonten der Apostel Petrus und auch andere, dass der Herr Jesus Christus in jedem Augenblick wiederkommen könnte. Nach vielen Jahren traten Spötter auf, die diese Wahrheit in Frage stellten und darauf hinwiesen, dass das Leben noch Jahrtausende so weitergehen könnte. Der Gedanke, Christus könne während eines kosmisch umwälzenden Ereignisses wiederkommen, wurde als töricht bezeichnet. Aber Petrus erinnert seine Leser daran, dass Gott in der Vergangenheit ähnliche Katastrophen über die Menschheit gebracht hat (die Flut zur Zeit Noahs) und so etwas wieder geschehen kann, wenn der Herr als Richter auf diese Erde zurückkehrt.

Über ein gottgefälliges Leben (3,11-18)

Angesichts der Wiederkunft Christi sollen die Gläubigen ein gottgefälliges Leben führen, weil es ihnen heute und auch in der Zukunft von Nutzen ist. Schließlich will der Herr bei seiner Rückkehr die Seinen als geheiligte Menschen vorfinden und nicht als Menschen, die in der Knechtschaft der Sünde leben.

KAPITEL 28

Der Brief des Judas

Einführung in den Judasbrief

Der Verfasser des Judasbriefes

Der Name Judas kommt im Neuen Testament häufig vor. Beim Verfasser des Judasbriefes handelt es sich jedoch höchstwahrscheinlich um den Halbbruder des Herrn Jesus Christus. Er bezeichnet sich nämlich als Bruder des Jakobus, und damit scheint seine Identität geklärt zu sein (vgl. Mt 13,55; Apg 15,13-21; Gal 1,19).

Örtliche und zeitliche Einordnung

Der Brief des Judas entstand wohl sehr kurze Zeit nach der Niederschrift des zweiten Petrusbriefes.[1] Daraus ergibt sich eine Datierung um das Ende der sechziger oder zu Beginn der siebziger Jahre nach Christus.

Die Zielsetzung des Judasbriefes

Judas wollte zunächst einen Brief über das Thema Erlösung schreiben (V. 3), aber dann überlegte er es sich anders, als er offenbar beunruhigende Nachrichten über den Glaubensabfall Einzelner erhalten hatte. Der Inhalt des Judasbriefes ähnelt dem zweiten Petrusbrief. Allerdings sah Petrus den Glaubensabfall als zukünftiges Geschehen, Judas dagegen erlebt dessen Anfänge mit. Deshalb wollte er mit seinem Brief diesem beginnenden Glaubensabfall entgegentreten.

GLIEDERUNG DES JUDASBRIEFES

I. Grußwort (V.1-2)
II. Warnung vor Irrlehrern (V. 3-4)
III. Geschichtliche Ursprünge von Irrlehrern (V. 5-7)
IV. Merkmale von Irrlehrern (V. 8-16)
V. Widerstand gegen Irrlehrer (V. 17-23)
VI. Lobpreis (V. 24-25)

DAS THEMA DES JUDASBRIEFES

Das Thema dieses Briefes ist der Kampf um den wahren Glauben in den letzten Tagen.

BESONDERHEITEN IM JUDASBRIEF

Als Judas diesen Brief schrieb, hatte er offenbar eine bestimmte Gruppe von Gläubigen vor Augen, aber er gibt uns keine ethnischen oder geografischen Hinweise über deren Identität. Deshalb handelt es sich um reine Spekulation, wenn man annimmt, dass er sich an dieselben Leser richtete wie sein Bruder Jakobus (vgl. Jak 1,1). Deshalb gehört auch der Judasbrief zu den Briefen mit unbekannten Empfängern.

Zusammenfassung des Judasbriefes

Als Judas die beunruhigende Nachricht erreichte, dass Irrlehrer in die mit ihm in Verbindung stehenden Gemeinden eingedrungen waren, verfasste er einen energischen Brief über dieses Thema. Die Anwesenheit von Irrlehrern in ihrer Mitte war eine vollendete Tatsache, und so musste schnell gehandelt werden, um diese Personen mundtot zu machen.

Judas zitiert historische Beispiele des göttlichen Gerichts über den Abfall vom Glauben, unter anderem die gefallenen Engel und die Städte Sodom und Gomorra. Es folgt eine anschauliche Schilderung über die Wesensmerkmale von Irrlehrern. Diese Menschen sind stolz, betrügerisch, rebellisch, habgierig und selbstsüchtig. Sie können der Gemeinde Jesu immensen Schaden zufügen, aber Gott wird sie richten.

Am Schluss seines Briefes ermutigt Judas die Gläubigen, an der Wahrheit festzuhalten und ihr ganzes Vertrauen auf Jesus Christus, ihren Herrn und Erlöser, zu setzen.

KAPITEL 29
DER ERSTE BRIEF DES JOHANNES

Einführung in den ersten Johannesbrief

DER VERFASSER DES ERSTEN JOHANNESBRIEFES

Dieser Brief wurde vom Apostel Johannes niedergeschrieben. Schreibstil, Wortwahl und Ausdrucksweise haben große Ähnlichkeit mit dem Johannesevangelium. Seit dem Beginn des Gemeindezeitalters gilt dieser Brief als Werk des Apostels.

ÖRTLICHE UND ZEITLICHE EINORDNUNG

Der Überlieferung zufolge entstand dieser Brief zu einem späten Zeitpunkt im Leben des Johannes, und zwar als er sich in Ephesus aufhielt, vermutlich um das Jahr 85 n. Chr.

DIE ZIELSETZUNG DES ERSTEN JOHANNESBRIEFES

Unter Gläubigen fanden bestimmte Irrlehren Eingang, zum Beispiel über Freizügigkeit in moralischen Fragen oder über die Person und das Werk Jesu Christi. Johannes wollte mit seinem Brief diese Irrtümer bekämpfen, und zwar indem er den Schwerpunkt auf die Gemeinschaft des gläubigen Menschen mit Gott legte. Die Leser seines Briefes sollten verstehen, dass diese Gemeinschaft mit Gott vollkommene Freude mit sich bringt (1,4), von Sünde befreit (2,1), vor Irrtum bewahrt (2,26) und die Gewissheit des ewigen Lebens schenkt (5,13).

Gliederung des ersten Johannesbriefes

Der erste Johannesbrief ist nicht einfach zu gliedern, weil er keine gründlich durchdachte theologische Abhandlung, sondern vergleichbar mit einem informellen Vortrag ist, den ein Pastor vor seiner Gemeinde halten könnte. Aus diesem Grund gibt es unter Bibelauslegern verschiedene Meinungen über die Gliederung dieses Briefes.

I. Einleitung (1,1-4)

II. das Zentrum der Gemeinschaft mit Gott: der Vater (1,5–2,17)
   A. Die Grundlage dieser Gemeinschaft (1,5)
   B. Hindernisse dieser Gemeinschaft (1,6-10)
   C. Beweise für die Gemeinschaft mit Gott (2,1-17)

III. Die Zerstörung der Gemeinschaft mit Gott: Unwahrheiten (2,18–4,6)
   A. Das Kommen der Antichristen (2,18-28)
   B. Die Kinder des Teufels (2,29–3,12)
   C. Der Hass der Welt (3,13-24)
   D. Die Propheten der Welt (4,1-6)

IV. Die Basis für die Gemeinschaft mit Gott: Ein Leben in Gerechtigkeit (4,7–5,12)
   A. Bruderliebe (4,7–5,3)
   B. Weltüberwindender Glaube (5,4-12)

V. Schlussworte (5,13-21)

Das Thema des ersten Johannesbriefes

In diesem Brief geht es vor allem um Gemeinschaft. Die Gemeinschaft mit dem himmlischen Vater ist aufgebaut auf der Wahrheit, und wenn ein gläubiger Mensch diese Gemeinschaft mit Gott erlebt, wird er vor lehrmäßigem und moralischem Irrtum bewahrt.

BESONDERHEITEN IM ERSTEN JOHANNESBRIEF

Dieser Brief richtet sich nicht an bestimmte Empfänger. Es werden keine Namen erwähnt (z.B. fehlen persönliche Grüße), keine Einzelheiten aus dem Leben des Apostels, und es gibt so gut wie keine Hinweise auf persönliche Beziehungen. Dennoch kennt Johannes offenbar die Nöte seiner Leser, auch die Irrtümer, die er ansprechen muss. Da Johannes im Laufe seines Lebens eine enge Beziehung zur Gemeinde in Ephesus hatte (und damit auch zu den anderen Gemeinden in Kleinasien), ist es sehr wahrscheinlich, dass der erste Johannesbrief sich an die dort lebenden Christen richtet.

Zusammenfassung des ersten Johannesbriefes

EINLEITUNG (1,1-4)

Johannes erklärt, dass er das Leben Jesu Christi (des Wortes) als Augenzeuge miterlebt hat und dass man zuerst Leben aus Gott empfangen haben muss, um die Gemeinschaft mit ihm haben zu können.

DAS ZENTRUM DER GEMEINSCHAFT MIT GOTT: DER VATER (1,5–2,17)

Um sich an der Gemeinschaft mit einem absolut sündlosen und heiligen Gott zu erfreuen, muss ein gläubiger Mensch sich ständig mit seiner Sünde auseinandersetzen, sie Gott bekennen und von Gott Reinigung erfahren. Johannes stellt fest, dass der Gehorsam der Schlüssel zur Gemeinschaft mit Gott ist. Gläubige Menschen können jedoch nicht gleichzeitig die Welt und Gott lieben.

DIE ZERSTÖRUNG DER GEMEINSCHAFT MIT GOTT:
UNWAHRHEITEN (2,18–4,6)

Irrtum oder Unwahrheit gehört zu den größten Hindernissen auf dem Weg zu einer gesunden Beziehung zu dem himmlischen Vater. Ein Kind

Gottes muss ständig auf der Hut sein, weil der Teufel versucht, einen Gläubigen durch die Liebe zur Welt und durch Irrlehrer vom Weg der Wahrheit abzubringen. Wenn ein Mensch Gott gehört, hat er jedoch eine Salbung von ihm empfangen und kann Wahrheit von Unwahrheit unterscheiden (2,20-27).

DIE BASIS FÜR DIE GEMEINSCHAFT MIT GOTT: EIN LEBEN IN GERECHTIGKEIT (4,7–5,12)

Johannes legt großen Wert auf die Pflicht zur Bruderliebe. Liebe und Glaube sind von wesentlicher Bedeutung für eine tiefe Beziehung zu Gott.

SCHLUSSWORTE (5,13-21)

Der Brief endet mit der Mut machenden Gewissheit, dass wir ewiges Leben haben, und der Ermahnung, uns vom Götzendienst fernzuhalten.

KAPITEL 30

DER ZWEITE BRIEF DES JOHANNES

Einführung in den zweiten Johannesbrief

DER VERFASSER DES ZWEITEN JOHANNESBRIEFES

Der Apostel Johannes schrieb diesen kurzen Brief.

ÖRTLICHE UND ZEITLICHE EINORDNUNG

Der Überlieferung zufolge entstand der Brief um das Jahr 85 oder 90 n. Chr. in Ephesus.

DIE ZIELSETZUNG DES ZWEITEN JOHANNESBRIEFES

Johannes wollte die Gläubigen vor Irrlehrern warnen. Er machte ihnen Mut, der Wahrheit treu zu bleiben und sich gegen diejenigen zu wehren, die eine ungesunde Lehre verkündigen.

GLIEDERUNG DES ZWEITEN JOHANNESBRIEFES

I. Grußwort (V. 1-3)
II. Ermahnung zu Liebe in Gehorsam (V. 4-7)
III. Warnung vor Irrlehrern (V. 8-11)
IV. Schlussworte (V. 12-13)

Das Thema des zweiten Johannesbriefes

In diesem Brief geht es vor allem um das Bleiben in der Wahrheit, das von entscheidender Bedeutung für ein gottgemäßes Leben ist. Wenn man in der Wahrheit bleibt, meidet man den Irrtum (Johannes verwendet in diesem kurzen Brief zwölf Mal die Wörter »*Wahrheit*«, »*Gebot*« und »*Lehre*«).

Besonderheiten im zweiten Johannesbrief

Im ersten Vers schreibt Johannes an die »*auserwählte Herrin und ihre Kinder*«. Manchen Auslegern zufolge beziehen sich diese Worte auf eine Gemeinde, die dem Apostel Johannes besonders nahe stand. Die meisten Ausleger sind jedoch der Meinung, dass sich der Brief an eine bedeutende christliche Frau richtet.

Zusammenfassung des zweiten Johannesbriefes

Johannes zeigt sich beeindruckt von der Liebe, die jene Frau und ihre Kinder praktizieren. Er ermutigt sie, diesen Weg der Liebe und des Gehorsams weiterzugehen. Diese beiden Faktoren sind entscheidend, wenn man heute ein gottgefälliges Leben führen und später den vollen Lohn dafür empfangen möchte. Er ermahnt die Frau, sich von jedem zu distanzieren, der nicht daran festhält, dass Jesus Christus als Gott Mensch geworden ist.

KAPITEL 31

DER DRITTE BRIEF DES JOHANNES

Einführung in den dritten Johannesbrief

DER VERFASSER DES DRITTEN JOHANNESBRIEFES

Auch dieser kurze Brief wurde von Johannes niedergeschrieben.

ÖRTLICHE UND ZEITLICHE EINORDNUNG

Der Brief entstand wohl um das Jahr 90 n. Chr. in Ephesus.

DIE ZIELSETZUNG DES DRITTEN JOHANNESBRIEFES

Johannes wollte seinem guten Freund Gaius Worte des Lobes, der Ermutigung und der Weisung senden. (Im Neuen Testament werden mehrere Männer mit dem Namen Gaius erwähnt. Es könnte sich um einen von ihnen handeln, oder aber um jemanden, der in anderen Texten nicht vorkommt. Vgl. Apg 19,29; 20,4; Röm 16,23; 1Kor 1,14).

GLIEDERUNG DES DRITTEN JOHANNESBRIEFES

I. Worte des Lobes an Gaius (V. 1-8)
II. Worte der Verurteilung über Diotrephes (V. 9-11)
III. Worte des Lobes über Demetrius (V. 12)
IV. Schlussworte (V. 13-14)

Das Thema des dritten Johannesbriefes

Der Schwerpunkt dieses Briefes liegt auf den Auswirkungen von Wahrheit oder Irrtum im Leben eines gläubigen Menschen.

Besonderheiten im dritten Johannesbrief

Wie im zweiten Johannesbrief bezeichnet sich Johannes auch in diesem Brief als »*der Älteste*«. Es handelt sich wohl nicht um so etwas wie eine offizielle Amtsbezeichnung, sondern eher um eine Anspielung auf sein hohes Alter.

Zusammenfassung des dritten Johannesbriefes

Dieser persönliche Brief an seinen Freund Gaius beginnt mit einem Lob wegen seiner Treue der Wahrheit gegenüber, seiner Liebe und seiner Gastfreundschaft. Gaius soll auch Demetrius gastfreundlich aufnehmen. Wahrscheinlich war er der Überbringer des Briefes. Johannes droht auch damit, das unchristliche Verhalten des Diotrephes ans Licht zu bringen. Dieser Mann war stolz und wollte in der Gemeinde den ersten Platz einnehmen. Er ging sogar so weit, Johannes, den altehrwürdigen Apostel Jesu Christi, zu tadeln. Johannes verwendet das Verhalten des Diotrephes als negatives Beispiel. Er beendet seinen Brief mit dem Hinweis, dass er Gaius bald besuchen werde.

TEIL 5

Die Offenbarung: Der Neue Bund wird erfüllt

KAPITEL 32

Die Offenbarung

Einführung in das Buch der Offenbarung

Von allen neutestamentlichen Büchern vermittelt die Offenbarung die ausführlichsten und umfassendsten Einblicke in die biblische Prophetie. Für Christen ist ein fundiertes Verständnis der Endzeit von großer Bedeutung, weil die Erwartung des Zukünftigen unser Leben und unsere Sicht der Gegenwart prägen soll. Die biblische Prophetie vermittelt uns Hoffnung, wenn wir erkennen, dass Gott seine Pläne verwirklichen wird. Dann hilft uns das prophetische Wort der Bibel auch dabei, unser Leben auf Gott auszurichten, wenn wir uns die Nähe der Wiederkunft Christi und unsere Verantwortung ihm gegenüber bewusst machen. Wir lernen, in unserem Leben Prioritäten zu setzen, weil wir wissen, dass wir unsere Zeit und unsere finanziellen Mittel in ewige Werte investieren sollen.

Der Verfasser der Offenbarung

Folgen wir den Aussagen des Buches selbst, ist es von Johannes niedergeschrieben worden (1,1.4.9; 22,8). Da der Verfasser keinen Beinamen erwähnt, sondern sich nur »Johannes« nennt, wird eine Vertrautheit der Leser mit dem Autor unterstellt. Deshalb handelt es sich hier nicht um irgendjemanden namens Johannes, sondern um den Apostel. Auch die Kirchenväter, besonders Irenäus, bezeugen, dass der Apostel Johannes dieses Buch verfasst hat. In der Offenbarung (1,9) wird auch erwähnt, dass der Verfasser auf der Insel Patmos war. Sowohl Eusebius als auch Klemens von Alexandria zufolge wurde Johannes von der römischen Regierung dorthin verbannt. Außerdem zeigt der Autor der Offenbarung eine gewisse Vertrautheit mit den Gemeinden von Kleinasien. Auch diese Tatsache deutet auf den Apostel

Johannes hin, dessen Wirkungsstätte Ephesus gewesen war. Deshalb kann man mit ziemlicher Sicherheit davon ausgehen, dass der Apostel Johannes der Verfasser der Offenbarung ist.[1]

Örtliche und zeitliche Einordnung

Johannes schrieb die Offenbarung nieder, als er sich auf der Insel Patmos aufhielt (1,9). Während der Regierungszeit des römischen Kaisers Domitian wurde er auf diese Felseninsel verbannt. Dem Kirchenvater Irenäus zufolge empfing Johannes die Wahrheiten der Offenbarung am Ende der Herrschaft dieses Kaisers. Domitian starb im Jahr 96 n. Chr., und so ließe sich dieses Buch ins Jahr 95 n. Chr. datieren.

Die Zielsetzung der Offenbarung

Dieses Buch soll die prophetische Wahrheit der Bibel vereinen und vervollständigen. Ohne die Offenbarung blieben viele Fragen über die Endzeit offen. Johannes wollte aber auch die Gläubigen seiner Zeit ermutigen, weil sie im Römischen Reich unter Verfolgung litten. Sie sollten wissen, dass dadurch die Gemeinde und die Absichten Gottes niemals zunichte gemacht werden können. Diese Gewissheit hat verfolgten Gläubigen zu allen Zeiten Mut gemacht. Johannes schrieb das Buch auch, damit es Christen als Anregung für ein gottgefälliges Leben in Weisheit dient.

Gliederung der Offenbarung

Die Grundstruktur dieses Buches wird in der Offenbarung selbst deutlich (1,19). Die meisten Bibelausleger verstehen diesen Vers als »göttliche Gliederung« der Offenbarung.

I. Einleitung (1,1-8)

II. »*Was du gesehen hast*«: Die Person Jesu Christi (1,9-20)

III. »*Was ist*«: Das Eigentum Jesus Christi (2,1–3,22)
A. Die Gemeinde in Ephesus (2,1-7)
B. Die Gemeinde in Smyrna (2,8-11)
C. Die Gemeinde in Pergamon (2,12-17)
D. Die Gemeinde in Thyatira (2,18-29)
E. Die Gemeinde in Sardes (3,1-6)
F. Die Gemeinde in Philadelphia (3,7-13)
G. Die Gemeinde in Laodizea (3,14-22)

IV. »*Was nach diesem geschehen wird*«:
Der prophetische Plan Jesu Christi (4,1–22,5)
A. Geschehnisse im Himmel (4,1–5,14)
B. Sieben Siegel (6,1–8,1)
C. Sieben Posaunen (8,2–11,19)
D. Wichtige Figuren im Endzeitgeschehen (12,1–14,20)
E. Sieben Zornschalen (15,1–16,21)
F. Zwei Mal Babylon (17,1–18,24)
G. Visionen über die letzten Dinge (19,1–22,5)

V. Schlussworte (22,6-21)

Das Thema der Offenbarung

Johannes schreibt von den großen Endzeitereignissen, die in der Zeit stattfinden werden, die auch unter der Bezeichnung »*Tag des Herrn*« bekannt ist. Der Schwerpunkt dieses Buches liegt auf der sieben Jahre dauernden Zeit der Trübsal. Aber die Offenbarung enthält auch Informationen über die Wiederkunft Christi und sein Tausendjähriges Reich, das auf Erden aufgerichtet werden wird. Alle großen prophetischen Themen der Bibel werden in diesem Buch behandelt.

Besonderheiten in der Offenbarung

Betrachtungsweisen zu diesem Buch

Im Laufe der Jahre haben diejenigen, die die Wahrheiten der Offenbarung entschlüsseln wollten, eine Reihe von verschiedenen Betrachtungsweisen über dieses Buch entwickelt.[2] Von diesen vielen Arten des Zugangs zur Offenbarung werden hier nur drei erwähnt. Erstens sehen manche Ausleger die Offenbarung als Allegorie an. Diese *allegorische* Betrachtungsweise sieht in den Darstellungen keine buchstäbliche Realität. Demnach enthält die Offenbarung in bildhafter und symbolischer Sprache geistliche Botschaften, die herausfordern und ermutigen.

Eine zweite Art des Zugangs zur Offenbarung ist die *historische* Betrachtungsweise. Der Inhalt der Offenbarung wird als Tatsachenbericht angesehen, wobei fast alle Geschehnisse (bis auf die Kapitel 20–22) als bereits eingetroffen betrachtet werden. Einige Ausleger sehen die gesamte Offenbarung als eine symbolische Darstellung der Kirchengeschichte, wobei andere die in diesem Buch geschilderten Ereignisse als bereits in der Vergangenheit geschehen ansehen, und zwar in der schrecklichen Zeit des römischen Kaisers Nero.

Bei diesen beiden Betrachtungsweisen entstehen größere Probleme. Zum einen muss ein Ausleger die meisten Darstellungen in der Offenbarung allegorisieren (ihnen eine geistliche Bedeutung geben), wodurch seine Auslegung einen ausgeprägt subjektiven Charakter bekommt. Auf diese Weise macht sich der Ausleger zur maßgeblichen Autorität, weil es keine Möglichkeit gibt, die Gültigkeit seiner Deutung zu überprüfen. Diese Problematik zeigt sich vor allem darin, dass es keine Übereinstimmung zwischen den Vertretern dieser Betrachtungsweisen gibt. Zum anderen lösen diese Auslegungsmethoden nicht das Problem der großen, noch nicht erfüllten Prophezeiungen aus dem Alten Testament, und sie entsprechen nicht der erklärten Absicht der Offenbarung, die sich selbst als prophetisches Buch bezeichnet (1,1.19).

Nach einer dritten, nämlich der *zukunftsbezogenen* oder *futuristischen* Betrachtungsweise (der unsere Ausführungen über die Offenbarung folgen), werden die Ereignisse in Offenbarung 4–22 als in der Zukunft liegend angesehen. Die Zeit der Trübsal wird in den Kapiteln

6–19 behandelt, in Kapitel 20 dagegen geht es um die tausendjährige Herrschaft Christi auf Erden, und der Schwerpunkt der Kapitel 21–22 liegt auf der Ewigkeit. Die zukunftsbezogene Betrachtungsweise ist für die Offenbarung am besten geeignet, weil nur diese die anderen prophetischen Abschnitte der Bibel auf systematische Weise miteinander in Einklang bringt. »Die zukunftsbezogene Betrachtungsweise über die Offenbarung ist die einzige Auslegungsmethode, die Bibelstellen (wie Dan 7,19-27; 8,23-25; 9,24.26-27; Mt 24–25; insbesondere 24,15-23.29-31; 2Thes 2,1-12; Jer 30,4-10; Röm 11,25-28; Joh 5,43; Sach 12,9-14; 8,23; Jer 23,5-8) zu einem einheitlichen eschatologischen Programm zusammenfasst.«[3] Die zukunftsbezogene Betrachtungsweise ist am besten geeignet, weil nur sie die in Kapitel 1,1 erklärte Absicht erfüllt.

> »Die richtige Deutung eines jeden biblischen Buches ist hauptsächlich abhängig von einem sachgemäßen Verständnis von dessen Hauptthema. Das zentrale Thema der Offenbarung erklärt sich aus dem Titel, der aus der ersten Zeile des Textes hervorgeht ... Wenn das Buch vor einer zuhörenden Versammlung vorgelesen werden sollte, wie es eingangs in der Seligpreisung erwähnt wird (1,3), müssen die Anfangsverse eine gedankliche Richtschnur für seine Verständlichkeit enthalten haben. Die Zuhörer mussten das Thema kennen, um ihm folgen zu können, wenn die Einzelheiten der Handlung in schneller Abfolge dargestellt werden. Obwohl andere Betrachtungsweisen für die Offenbarung möglich sind, ist diese dennoch die direkte und logischste.«[4]

Die zukunftsbezogene Betrachtungsweise ist am besten geeignet, weil nur sie eine wörtliche Auslegung der Offenbarung ermöglicht, im Einklang mit der Deutung der anderen biblischen Bücher.

> »Im Gegensatz zu den anderen Betrachtungsweisen zum Buch der Offenbarung erlaubt die zukunftsbezogene Position eine stärkere wörtliche Auslegung der darin enthaltenen Prophezeiungen. Obwohl man die häufig vorkommende Symbolik in den Prophezeiungen berücksichtigt, wird die Erfüllung der von diesen Symbolen und ihrer Deutung vorhergesagten Ereignisse als auf nor-

> malem Weg stattfindend angesehen. Deshalb werden die göttlichen Gerichte genauso auf die Erde ausgegossen, wie sie in den Siegeln, Posaunen und Zornschalen enthalten sind.«[5]

Die Auslegung der Offenbarung

Für viele Bibelleser enthält die Offenbarung eine ganze Reihe von verwirrenden, unverständlichen Symbolen. Aber ein Großteil dieser Verwirrung kann beseitigt werden, wenn man das Buch richtig auslegt. Dabei muss man bedenken, dass dieses Buch als Enthüllung der Wahrheit gegeben wurde und deshalb auch verstanden und gewürdigt werden kann (1,1-3; 22,10).

Deshalb muss die wörtliche Deutung das wichtigste Auslegungsprinzip für die Offenbarung sein.

> »Eine wörtliche Auslegung wirft immer Fragen auf, weil sie alles Symbolische auszuschließen scheint, das Buch jedoch offensichtlich Symbole enthält. Vielleicht ist der Begriff ›normal‹ oder ›dem Wortsinn entsprechend‹ besser als ›wörtlich‹, weil Vertreter einer zukunftsbezogenen Auslegung natürlich das Vorhandensein von Symbolen im Buch anerkennen. Der Unterschied zwischen dem Befürworter einer wörtlichen und dem Vertreter einer vergeistigten Auslegung besteht ganz einfach darin, dass Ersterer die Symbole als Träger einer klaren Bedeutung betrachtet.«[6]

Diese wörtliche Betrachtungsweise versteht die Sprache als einfaches Medium, ohne eine verborgene, tiefere Bedeutung, die sich einer Entdeckung praktisch entziehen.

Zweitens muss man das Alte Testament als wichtigen Schlüssel zur Auslegung der Offenbarung verstehen. In der Offenbarung gibt es etwa 350 direkte Zitate aus dem Alten Testament oder eindeutige Hinweise auf alttestamentliche Texte[7] – das sind im Durchschnitt 15 Textstellen pro Kapitel. Die gesamte Offenbarung enthält alttestamentliche Begriffe wie *»das Buch des Lebens«* und *»der Wein des Zornes Gottes«*, alttestamentliche Namen wie Isebel, Bileam und Babylon, auf Jesus Christus angewendete Titel wie *»der Erste und Letzte«*, *»die Wurzel Davids«* sowie eine Vielzahl von Symbolen. Deshalb ist ein

Grundverständnis der alttestamentlichen Bücher entscheidend für eine korrekte Auslegung der Offenbarung.

Drittens wird die Auslegung dieses Buches einfacher, wenn man entdeckt, dass die Offenbarung chronologisch aufgebaut ist. Die Visionen folgen nicht in einer willkürlichen Reihenfolge aufeinander, sondern es ist in diesem Buch ein fortschreitendes Muster erkennbar (vgl. 1,19).

Themen in den Kapiteln der Offenbarung

Ereignisse	Gemeindezeitalter	Trübsal	Millennium	Gericht: der große weiße Thron	Ewigkeit
Im Himmel	1	4–5	19–20	20	21–22
Auf Erden	2-3	6–19	20		

Zusammenfassung der Offenbarung

Einleitung (1,1-8)

Obwohl das Buch der Offenbarung uns Jesus Christus offenbart, ist es der Herr selbst, der den Inhalt dem Johannes übermittelt. Johannes schrieb die empfangenen Wahrheiten nieder und sandte sie an sieben Gemeinden in Kleinasien (1,4.11). Diejenigen, die diese Wahrheiten verstehen und auf ihr Leben anwenden, werden dafür gesegnet (1,3). Johannes sandte Grüße an die sieben Gemeinden und fügte auch ein Wort über jede Person der Gottheit hinzu (1,4-7).

»Was du gesehen hast«: Die Person Jesu Christi (1,9-20)

Der Apostel Johannes kannte den Herrn Jesus Christus sehr gut, als er auf dieser Erde war. Als er ihn jedoch in seiner Herrlichkeit sah, reagierte Johannes mit Ehrfurcht und Anbetung (1,17). Seine Beschreibung des verherrlichten Herrn ist ein Versuch, die Größe und das Wesen Gottes in menschlicher Sprache darzustellen, und die Schilderungen des Johannes sind in der alttestamentlichen Bildersprache verwurzelt (so soll das weiße Haar das ewige Wesen und die Weisheit Christi hervorheben [vgl. Dan 7,9]. Die Stimme wie das Rauschen vieler Wasser soll eine Ahnung von der göttlichen Macht und Majestät vermitteln [vgl. Hes 43,2]). Dieser verherrlichte Herr wird als der Herr der Gemeinden betrachtet und als derjenige, der diese Gemeinden prüft und beurteilt (1,11-20). Die Vision im ersten Kapitel bereitet den Leser auf die Botschaften der nächsten beiden Kapitel vor.

»WAS IST«: DAS EIGENTUM JESUS CHRISTI (2,1–3,22)

Die Offenbarung richtet sich insbesondere an die »*sieben Gemeinden, die in Asien sind*« (1,4). Warum werden diese Gemeinden als »*sieben Gemeinden*« bezeichnet, obwohl es in Asien mehr als sieben gab (z.B. Kolossä)? Diese sieben wurden ausgewählt, weil sie stellvertretend stehen für alle Gemeinden in allen zeitgeschichtlichen Epochen.

> »Es gibt zwei triftige Gründe für den stellvertretenden Charakter dieser sieben Gemeinden. Der erste ist einfach die Tatsache, dass es sieben sind. Aus allen Gemeinden, die zur Wahl stehen, ... werden nur diese sieben ausgewählt. Zweitens lautete die Ermahnung am Ende jedes Sendschreibens, man solle hören, was der Geist ›*den Gemeinden*‹ sagt. Obwohl jedes Sendschreiben an eine bestimmte Gemeinde gerichtet ist, gilt die Verheißung allen Gemeinden.«[8]

Die Zustände in diesen sieben Gemeinden finden sich wiederholt in Ortsgemeinden, und zwar im gesamten Verlauf des Gemeindezeitalters. »In den sieben Gemeinden haben wir sowohl jede Art von Gemeinde als auch von Gemeindeglied. Diese Merkmale waren nicht nur in der Generation des Apostels Johannes auf Erden vorhanden, sondern sie ziehen sich durch die gesamte Kirchengeschichte. Anders ausgedrückt haben wir in den sieben ausgewählten Gemeinden ein zusammengesetztes Bild aller Ortsgemeinden auf Erden und zu jedem Zeitpunkt in der Geschichte.«[9]

Der Leser der Offenbarung erfährt nicht nur etwas über den geistlichen Zustand jeder Gemeinde, sondern auch über das Urteil, das der Herr ausspricht. Beides ist von großem Wert für jede Ortsgemeinde, denn wenn eine Gemeinde ihren wahren Zustand erkennen kann, weiß sie auch, wie sie sich in den Augen des Herrn Jesus Christus darstellt. Deshalb wurden diese historischen Gemeinden aus dem ersten Jahrhundert ausgewählt, weil sich in ihnen die Grundmerkmale aller Ortsgemeinden wieder finden.

Manche Ausleger geben diesen sieben Gemeinden eine prophetische Bedeutung, indem sie ihnen sieben aufeinander folgende Perioden der Kirchengeschichte zuordnen.[10] Eine solche Betrachtungsweise ist möglich, aber nicht ganz unproblematisch. So kann man anhand dieser Auslegung eine jederzeit mögliche Wiederkunft Christi infrage stellen, wenn die Gemeinde Jesu diese aufeinander folgenden Zeitabschnitte durchlaufen muss.

Jede der sieben Gemeinden erhält ein Sendschreiben, das jeweils dem gleichen Muster folgt. An erster Stelle steht eine für die Situation der jeweiligen Gemeinde relevante Beschreibung Jesu, dann folgt ein Lob, ein Tadel, eine Ermahnung an die Gemeinde und eine Warnung vor einem möglichen Gerichtshandeln Gottes. Das Sendschreiben endet mit einer Verheißung an denjenigen, der überwindet (ein Überwinder ist kein »Superheiliger« oder »siegreicher Christ«, sondern ein Gläubiger [vgl. 1Jo 5,5]. Gläubige sind Überwinder, weil sie eins sind mit Christus, der die Welt überwunden hat).

Jedes Sendschreiben richtet sich an den »Engel« der jeweiligen Gemeinde. Das Wort »Engel« wird normalerweise für himmlische Boten verwendet, aber es kann sich auch auf Menschen beziehen (wie bei Johannes dem Täufer, der als »Bote« Gottes bezeichnet wird; vgl. Mt 11,10).

Die Gemeinde in Ephesus (2,1-7)

Diese Gemeinde erhält von Jesus Christus ein Lob, weil sie an der göttlichen Wahrheit festgehalten und keine Kompromisse in Lehre und Moral geduldet hat. Aber dennoch warnt er sie und fordert sie zur Umkehr auf, weil sie sich in einer tödlichen Gefahr befindet. Sie hat ihre erste Liebe verlassen (wahrscheinlich ihre Liebe zum Herrn). Dem Überwinder ist jedoch das ewige Leben sicher.

Die Gemeinde in Smyrna (2,8-11)

Christus tadelt diese Gemeinde nicht, sondern lobt sie für ihr Ausharren in Verfolgung und Armut. Er ermutigt sie, alle Furcht abzulegen und ihm treu zu bleiben. Dem einzelnen Gläubigen bleibt der zweite Tod erspart.

Die Gemeinde in Pergamon (2,12-17)

Jesus Christus lobt diese Gemeinde wegen ihrer Treue und ihres Glaubens. Diese Treue ist umso lobenswerter, da sich diese Gruppe von Gläubigen in einer feindlichen Umgebung befindet. Aber es folgt eine Warnung. Sie soll von ihrer kompromissbereiten Haltung im Hinblick auf moralisches Verhalten umkehren. Der Gläubige wird jedoch keine Verdammnis erleben, sondern ewige Gemeinschaft mit Christus.

Die Gemeinde in Thyatira (2,18-29)

Bei dieser Gemeinde erwähnt der Herr eine bemerkenswerte Reihe von lobenswerten Eigenschaften, und zwar ihre Liebe, ihren Glauben und ihre harte Arbeit. Aber sie wird auch streng getadelt, weil sie »*Isebel*« toleriert, eine Frau, die Irrlehren und Unmoral verkündigt. Der einzelne Gläubige wird den »*Morgenstern*« erhalten (dieser Begriff bezieht sich auf Jesus Christus [vgl. Offb 22,16]).

Die Gemeinde in Sardes (3,1-6)

In dieser Gemeinde findet sich nur wenig Lobenswertes. Sie hat zwar einen guten Ruf, was ihr geistliches Leben und ihre Lebendigkeit angeht, aber in Wirklichkeit ist sie eine tote Gemeinde. In ihr finden sich nur wenige, die Jesus Christus dienen und sein Wesen widerspiegeln. Ihnen gilt die Mahnung, aufzuwachen und sich an die empfangene göttliche Wahrheit zu erinnern. Gläubige bekommen die Gewissheit, dass ihre Namen niemals aus dem Buch des Lebens gestrichen werden. Hier handelt es sich nicht um eine Drohung, sondern um eine Verheißung, eine absolute Garantie, dass das Heil eines gläubigen Menschen in Jesus Christus sicher ist. Denjenigen, die »*ihre Kleider nicht besudelt*« haben, wird eine Belohnung versprochen.

Die Gemeinde in Philadelphia (3,7-13)

Diese Gemeinde erhält ein Lob, weil sie treu an ihrer Identität in Christus festhält und nicht vom Glauben abgefallen ist. Obwohl sie nur eine »*kleine Kraft*« hat, hat sie einen wirksamen Dienst für Christus geleistet. Ihr gilt die Mahnung, dass sie an dem Empfangenen festhalten soll, damit ihr niemand den Siegeskranz nehme. Als Gläubige sollen sie beim Herrn eine Ehrenstellung einnehmen. Diese Gemeinde ist für den Herrn eine Quelle der Freude, und so verheißt er ihr den Sieg über ihre Feinde und Bewahrung vor Verfolgung.

Die Gemeinde in Laodizea (3,14-22)

In dieser Gemeinde herrscht der wohl schlimmste Zustand von allen sieben Gemeinden. Obwohl sie keinen Tadel wegen lehrmäßiger Irrtümer und moralischen Fehlverhaltens erhält, wird sie auch nicht gelobt. Die Gemeinde ist gleichgültig, apathisch und selbstherrlich, weil sie sich von ihrem materiellen Reichtum blenden lässt. Dem wahren Gläubigen wird jedoch ewige Gemeinschaft mit Christus verheißen.

»Was nach diesem geschehen wird«: Der prophetische Plan Jesu Christi (4,1–22,5)

Geschehnisse im Himmel (4,1–5,14)

Der dritte und letzte größere Abschnitt der Offenbarung beginnt mit der Vision von der Aufnahme des Apostels Johannes in den Himmel. Diese Vision fand »*nach diesem*« statt, also nach den Geschehnissen um die Gemeinden (vgl. 4,1 mit 1,19). Offenbar sollen die Ereignisse in den Kapiteln 4–22 auf das Wirken Jesu Christi an seiner Gemeinde folgen. Daraus kann man schließen, dass die Gemeinde von der Erde weggenommen wird, bevor die Zeit des göttlichen Gerichts (die Trübsal) beginnt. Offenbarung 4 und 5 erscheinen wie eine kurze Pause nach der Wegnahme (»Entrückung«) der Gemeinde Jesu und vor den Gerichten der Trübsal. In diesen Kapiteln wird berichtet, was Johannes im Himmel sah. Jesus Christus hat das Recht, diese Welt zu richten, als König zu herrschen und sein Reich zu gründen. Er lenkt auch die Geschehnisse, die noch kommen sollen.

In seiner Vision sah Johannes den Thron Gottes. Der Begriff »Thron« wird in der Offenbarung etwa 30 Mal als Bezeichnung für einen Ort der Macht verwendet. Wenn er sich auf Gott bezieht, wird damit seine Souveränität und Herrschaft hervorgehoben.

Als Nächstes sah Johannes 24 Älteste (die wohl stellvertretend für die Gemeinde Jesu im Himmel stehen) und vier lebendige Wesen (offenbar Engel).

Im weiteren Verlauf der Vision erblickte Johannes eine versiegelte Schriftrolle in der Hand Gottes. Es wird die Frage gestellt: »Wer ist würdig, die Siegel der Schriftrolle zu brechen?« Angesichts aller Mächte im Universum hat nur Jesus Christus diese Autorität. Die Rolle enthält höchstwahrscheinlich die Gerichte, die während der Zeit der Trübsal die Erde treffen werden. Nur Jesus vollstreckt das göttliche Gericht (vgl. Joh 5,22.26-27).

Die Zeit der Trübsal

Sinn und Zweck der Trübsal

Gott hat für sein Handeln immer Gründe, auch für sein Gerichtshandeln während der Trübsal. Die Hauptabsicht Gottes in der Zeit der Trübsal ist die Errettung Israels und dessen Vorbereitung auf das Kommen seines Messias. Gott hat Abraham und David Bundesverheißungen gegeben, aber viele von ihnen haben sich noch nicht erfüllt.[11] In der Zeit der Trübsal beginnt die Erfüllung dieser Verheißungen, und deshalb wird in diesem Zeitraum der Schwerpunkt des göttlichen Wirkens auf dem jüdischen Volk liegen (vgl. Jer 30,7; Dan 9,24; 12,1; Mt 24,15-20). Das Besondere an der Trübsal ist nicht das Gerichtshandeln Gottes, sondern die Erlösung, weil Gott Israel erretten und es in den neuen Bund hineinführen wird (vgl. Jer 31,31; Röm 11,25; Offb 7,4). Aber nicht nur das Volk Israel, sondern auch Nichtjuden werden errettet werden (Offb 7,9.13-14). Im gesamten Verlauf der Geschichte wird diese Zeit eine besondere Zeit des Heils sein, weil Millionen Menschen die Erlösung in Jesus Christus annehmen werden.

Eine zweite Absicht Gottes in der Zeit der Trübsal ist das Gericht (Jer 25,30-32; Sach 12,3; 2Thes 2,12; Offb 6,15). Die in Sünde und Rebellion gegen Gott lebende Menschheit wird für ihre Verderbtheit zur Verantwortung gezogen werden. Gott wird gottlose Menschen und Nationen richten.

Die Gerichte der Trübsal

Während dieser Zeit gibt es drei Serien von Gerichten, und zwar die Siegel- (6,1-8,1), die Posaunen- (8,2-9,21) und die Zornschalengerichte (15,1–16,21). Jede Serie enthält besondere Formen des göttlichen Gerichtshandelns. Die Gerichte folgen aufeinander, wobei die Posaunen sich aus den Siegeln und die Zornschalen aus den Posaunen entfalten.

Der Herr Jesus bezeichnete diese Gerichte der Trübsalzeit als »*Geburtswehen*« (Mt 24,8). Diese Bezeichnung lässt die Schlussfolgerung zu, dass die göttlichen Gerichte im Verlauf der Trübsal immer heftiger und die Zeitabstände dazwischen immer geringer werden.

Sieben Siegel (6,1–8,1)

Diese Gerichte finden in der ersten Hälfte der Trübsal statt (wahrscheinlich in den ersten dreieinhalb Jahren), und offenbar bleibt niemand vor ihnen bewahrt. Die 144.000 werden in dieser Zeit errettet und werden zu Verkündigern der göttlichen Botschaft. Hier ist zu beachten, dass die 144.000 aus dem Volk Israel stammen, aber nur einen kleinen Teil dieses Volkes bilden, das während der Zeit der Trübsal errettet wird.

Sieben Posaunen (8,2–11,19)

Diese Gerichte finden in der zweiten Hälfte der Trübsal statt und richten sich an Gottlose, vor allem an diejenigen, die gläubige Menschen verfolgt haben (vgl. 6,9-11 mit 8,2-5). Die Posaunengerichte sind heftiger als die Siegelgerichte. Hier ist zu beachten, dass die drei Weherufe (8,13) identisch sind mit den letzten drei Posaunengerichten. In diesem Abschnitt (10,11) findet sich ein wichtiger Schlüssel zur Ausle-

Die göttlichen Gerichte in der Offenbarung

Bezeichnungen der göttlichen Gerichte	**Wechselbeziehungen zwischen den göttlichen Gerichten**		
Die sieben Siegel (6,1–8,6)	1. Antichrist 2. Krieg 3. Hungersnot 4. Tod 5. Gebete der Märtyrer 6. Großes Erdbeben	7. Beginn der sieben Posaunen	
Die sieben Posaunen (8,7–9,21)		1. Ein Drittel der Vegetation verbrennt 2. Gericht über ein Drittel der Meere 3. Gericht über ein Drittel des Süßwassers 4. Ein Drittel der Gestirne verfinstert sich 5. Verstärktes Auftreten von Dämonen 6. Invasion eines Heeres aus dem Osten	7. Beginn der Zornschalen
Die sieben Schalen (15,1–16,21)			1. Bösartige Geschwüre 2. Wasser wird zu Blut 3. Menschen werden mit Feuer versengt 4. Gericht über den Thron des Tieres 6. Invasion aus dem Osten 7. Großes Erdbeben

gung der Offenbarung, denn in diesem Vers wird Johannes gesagt, dass er wieder weissagen muss. Bis zu diesem Zeitpunkt verläuft das Buch in chronologischer Reihenfolge. An dieser Stelle jedoch wird diese Reihenfolge mit zusätzlichen Informationen unterbrochen. Aber die Zeitangaben in den nachfolgenden Kapiteln helfen dem Bibelleser bei der zeitlichen Einordnung bestimmter Ereignisse.

Während der Trübsalzeit wird Gott zwei Zeugen berufen, die mitten im antichristlichen Reich ihren Dienst versehen werden (11,1-14), wohl in der zweiten Hälfte dieser Zeit in der Stadt Jerusalem. Es handelt sich um zwei Männer, die für diesen Dienst auserwählt werden, aber nicht um alttestamentliche Gestalten, die in diesem Zeitraum zur Erde zurückkehren.

Wichtige Figuren im Endzeitgeschehen (12,1–14,20)

In diesem Abschnitt wird prophezeit, dass Satan in der zweiten Hälfte der Trübsalzeit Israel auf aggressive Art verfolgen (12,1-17) und der Antichrist das letzte heidnische Weltreich beherrschen wird. Er wird seine Macht mit der Vollmacht Satans ausüben und in der zweiten Hälfte der Trübsal zu einem Weltdiktator aufsteigen. Dabei wird er unterstützt vom »falschen Propheten«, der die Welt (gemeinsam mit dem Antichristen) täuschen und dazu bringen wird, sowohl Satan als auch den Antichristen anzubeten (13,1-18).

Der endgültige Triumph Jesu Christi wird am Ende der Trübsal stattfinden, wenn er viele Menschen erretten und das Gericht über viele vollstrecken wird (14,1-20). Die Trübsal wird enden, wenn Jesus Christus die Kelter des Zornes Gottes treten wird (Harmagedon).

Sieben Zornschalen (15,1–16,21)

Das Gericht Gottes endet mit einer schrecklichen Reihe von Gerichtsakten, die in schneller Folge und in Verbindung mit der Wiederkunft Christi geschehen werden. Das Ziel dieser Gerichte ist der Antichrist und diejenigen, die sich mit ihm zusammengeschlossen haben. Aber trotz der Heftigkeit dieser Gerichte und der Tatsache, dass sie von Gott kommen, werden sich diese Menschen noch immer weigern, Buße zu tun.

Zwei Mal Babylon (17,1–18,24)

Der Begriff »Babylon« bezeichnet ein religiös-politisches System, in dem der wahre Gott keinen Platz hat. Der Name Babylon geht zurück auf 1. Mose 11, als das erste götzendienerische, religiöse System in Form einer organisierten Macht errichtet wurde. Das religiöse Babylon (möglicherweise mit Rom als Zentrum) wird in der Mitte der Trübsalszeit vom Antichristen und seinen Anhängern zerstört werden, weil sie danach streben, in der Welt nur eine einzige Religion zuzulassen, nämlich die Anbetung Satans und des Antichristen (vgl. Kap. 17). Das politische Babylon (Kap. 18) hat wohl sein Zentrum in Jerusalem und bezeichnet den Mittelpunkt des antichristlichen Reiches, das bei der Wiederkunft Christi zerstört werden wird.

Visionen über die letzten Dinge (19,1–22,5)

Dieser Abschnitt beginnt mit Jubel im Himmel über die Nähe der Wiederkunft Christi (19,1-6). Vor diesem Ereignis findet die Hochzeit des Lammes statt (19,7-10). Daraus können wir schließen, dass die Gemeinde, die Braut Christi, bereits vor der Wiederkunft Christi im Himmel ist und ihren Lohn empfangen hat. Dann wird das Kommen Christi in Macht und Herrlichkeit geschildert. Christus kehrt als König der Könige und Herr der Herren zur Erde zurück (19,11-16). Diejenigen, die Gott gelästert und sich geweigert haben, zu ihm umzukehren, werden in der Schlacht von Harmagedon besiegt.

Dann wendet Christus sich dem Erzfeind Satan zu, lässt ihn binden und in den Abgrund werfen. Deshalb wird er nicht in der Lage sein, die Herrlichkeit des Millenniums, des Reiches, das Christus aufrichten wird, zu stören (20,1-10). Tausend Jahre lang wird Christus über die Erde herrschen und dabei alle Bundesverheißungen Gottes an Abraham und seine Nachkommen erfüllen. Der Bericht des Apostels Johannes enthält nur wenige Informationen über das Millennium, weil die alttestamentlichen Propheten über die Herrschaft des Messias bereits vieles gesagt haben. Die Propheten wussten aber nicht, dass dieses messianische Reich tausend Jahre dauern würde, und deshalb erwähnt Johannes diesen Zeitraum.

Nach dem Millennium werden die Endgerichte stattfinden (20,10-15). Satan wird seine letzte Strafe empfangen, der alte Himmel und die alte Erde werden vernichtet, alle Gottlosen werden gerichtet und in den Feuersee geworfen - zur ewigen Bestrafung.

Dann berichtet Johannes, dass Gott einen neuen Himmel und eine neue Erde erschaffen wird. Offenbar werden die Heiligen ewig auf dieser neuen Erde leben. Dem ursprünglichen Plan Gottes zufolge sollte die Menschheit auf einer paradiesischen Erde leben und sich dort an der Gemeinschaft mit Gott erfreuen (1. Mose 1–2). Offenbar verwirklicht Gott jetzt diesen Plan für eine erlöste Menschheit.

SCHLUSSWORTE (22,6-21)

Chronologie von Offenbarung 6–19

Themen	**Verlauf der Trübsalszeit**		**Höhepunkt der Trübsal**
	Erste dreieinhalb Jahre	**Letzte dreieinhalb Jahre**	
Allgemeine Themen	Sieben Siegelgerichte (6)	Sieben Posaunengerichte (8–9) Sieben Schalengerichte (15–16)	Wiederkunft Christi (19)
Spezielle Themen	Erlösung in der Trübsal (7) Religiöses Babylon (17)	»Weissage wieder« (10,11) Zwei Zeugen (11) Satan verfolgt Israel (12) Weltherrschaft des Antichristen (13) Endgültiger Triumph Christi (14) Politisches Babylon (18)	

Anhänge zu speziellen Themen

Anhang A

Die Person Jesu Christi

Zu den bedeutendsten Bereichen der Theologie gehört die Auseinandersetzung mit der Person und dem Werk Jesu Christi. Die Bibel lehrt, dass Jesus Christus wahrer Mensch und dennoch Gott ist.

Jesus Christus als Gott

Die Gottheit Jesu Christi wird in der Bibel ausdrücklich verkündet (vgl. Joh 1,1.18; 20,28; Tit 2,13; Hebr 1,8). Jesus Christus besitzt die Eigenschaften Gottes (z.B. Heiligkeit, vgl. Lk 1,35; Wahrheit, vgl. Joh 14,6 und Unveränderlichkeit, vgl. Hebr 13,8). Er vollbringt Werke, die nur Gott tun kann (z.B. die Erschaffung der Welt, vgl. Joh 1,3; Kol 1,16; Sündenvergebung, vgl. Lk 5,21; 7, 48; und das Gericht über die Welt, vgl. Joh 5,22-27). Er nimmt Anbetung an, die nur Gott gebührt (vgl. Joh 20,28; Offb 5,12-14; 19,10). Bestimmte Titel beweisen seine Gleichheit mit dem Vater (Mt 16,16; Joh 8,58; 10,30). Viele andere Bibeltexte und weitere Beweise zur Gottheit Christi können angeführt werden.[1]

Jesus Christus als Mensch

Jesus wurde zum wahren Menschen, obwohl er noch immer wahrer Gott war. Er war ein vollkommener Mensch. Das Neue Testament offenbart, dass er die gleichen Gefühle, Einschränkungen und Bedürfnisse hatte wie andere Menschen auch. Er erlebte ein normales

Wachstum und eine gesunde Entwicklung. Im gesamten Neuen Testament gibt es keine Zweifel an seiner Menschennatur (vgl. Lk 2,40-52). Als Jesus Christus durch eine normale Geburt zum Menschen wurde (»*das Wort wurde Fleisch*« [vgl. Joh 1,14]), vereinten sich wahrer Mensch und wahrer Gott.

Jesus Christus als sündloser Mensch

Hier muss betont werden, dass wahres Menschsein nicht die Sünde miteinschließt. Vor dem Sündenfall war Adam ein ideales und vollkommenes Wesen. Jesus Christus war Mensch, aber ohne Sünde. »Sündhaftigkeit ist kein notwendiges Merkmal des Menschseins, obwohl es zum Menschsein, wie wir es kennen, gehört. Weil Letzteres der Fall ist, halten wir Menschen Sündhaftigkeit und Menschsein für austauschbare Begriffe.«[2]

Als vollkommener Mensch beging Jesus Christus keine Sünden, und er konnte auch gar nicht sündigen. Wenn er eine sündige Natur gehabt hätte, wäre er weniger als der wahre Mensch gewesen, zu dem Gott ihn geschaffen hatte. Manche Theologen vertreten die Auffassung, dass die Versuchung zur Sünde die Sündhaftigkeit einschließt, aber diese Annahme ist nur dann richtig, wenn es um einen Menschen geht, auch um Adam vor dem Sündenfall. Diese Annahme ist aber falsch, wenn man sie auf den einzig wahren Gott-Menschen Jesus Christus anwenden will.

Jesus Christus war nicht in der Lage zu sündigen, weil die göttliche Natur seinem menschlichen Wesen Kraft gab und er deshalb von der Sünde abgehalten wurde. Unbegrenzte Kraft im Gott-Menschen sicherte ihm den ständigen Sieg über die Sünde zu. »Der Gedanke, dass die Versuchung zur Sünde die Empfänglichkeit für die Sünde einschließt, ist unseriös. Obwohl die Versuchung vielleicht real ist, steht ihr eine unbegrenzte Kraft entgegen, um der Versuchung zu widerstehen. Wenn diese Kraft unbegrenzt ist, ist Sünde undenkbar.«[3] Dieser Punkt ist in einer Vielzahl von Büchern erörtert worden.[4]

CHRISTUS »MACHTE SICH ZU NICHTS«

Als Jesus Christus Mensch wurde, gab er seine göttlichen Eigenschaften nicht auf. Das wäre auch gar nicht möglich gewesen, denn dann wäre eine Person der Gottheit eine Zeitlang nicht mehr Gott gewesen. Aber Christus ohne göttliche Eigenschaften ist nicht Gott. Die biblische Lehre von der Menschwerdung Jesu betrachtet Christus als vollkommenen Menschen mit unverminderter Gottheit.

Als Christus Mensch wurde, *»machte er sich zu nichts«* oder *»entleerte sich selbst«* (vgl. Phil 2,5-11). Dieser Text geht nicht darauf ein, wovon der Sohn Gottes sich »entleerte«. Er war *»in Gestalt Gottes«*, aber er *»nahm Knechtsgestalt an«*. Das Wort »Gestalt« spricht von einer äußeren Erscheinung einer Person, die dessen Wesen genau wiedergibt. Christus verzichtete nicht auf diese *»Gestalt Gottes«*, sondern verhüllte sie, indem er die »Gestalt« eines Knechtes annahm und *»den Menschen gleich«* wurde.

Diese Verhüllung schränkte das Sichtbarwerden der Gottheit Christi zwar ein, aber dadurch verlor er diese Gottheit nicht, sondern er gab nur die äußere Form seiner Herrlichkeit auf, während er seine innere Herrlichkeit behielt. Er verlor seine göttlichen Eigenschaften nicht, sondern verzichtete freiwillig darauf, sie auszuüben. Das Wort »entleeren« enthält die Bedeutung von »ausgießen«, aber das war bei Jesus Christus nicht der Fall. Von seiner Gottheit ging nichts verloren, auch nicht vorübergehend. Vielmehr wurde seiner Gottheit noch seine Menschlichkeit hinzugefügt, und für kurze Zeit war die vollständige Ausdrucksform seines göttlichen Wesens verborgen. Dr. Alva McClain merkt dazu an: »Man sollte besser sagen … dass Christus den Gebrauch seiner göttlichen Eigenschaften aufgegeben hat. Damit bleibt Raum für all jene Bekundungen göttlicher Macht und Weisheit, die während seines Wirkens auf Erden vorkommen. Es wird damit in keinem wesentlichen Punkt die Lehre von einer echten Selbstentäußerung (*kenosis*) Christi geschmälert.«[5]

Als Jesus Christus auf dieser Erde lebte, war er nicht weniger Gott als zu dem Zeitpunkt, als er diese Welt schuf. Er hatte sich nur entschieden, seine Herrlichkeit zu verhüllen und den Gebrauch seiner göttlichen Eigenschaften einzuschränken. Als er bei seiner Himmelfahrt zum Vater zurückkehrte, zeigte sich seine frühere Herrlichkeit wieder, und seine göttlichen Eigenschaften kamen wieder voll zur Auswirkung.

Anhang B

Die Apostel Jesu Christi

DER BEGRIFF »APOSTEL«

Der Herr Jesus hatte Hunderte Jünger (ein Jünger ist ein »Lernender«). Aus dieser Vielzahl von Jüngern wählte Jesus zwölf aus, die ihm in einem besonderen Sinn nachfolgen sollten. Diese Zwölf wurden als »*Apostel*« bezeichnet (Lk 6,13), und diese Männer sollten Jesus überallhin begleiten, auch auf seinen Reisen. Sie sollten Augenzeugen seiner Worte und Taten sein. Der ständige Kontakt zu ihrem Herrn sollte sie auf ihre künftige Rolle als Verkünder des neuen Bundes in der Welt vorbereiten.

Das Wort Apostel bedeutet wörtlich übersetzt »ein Ausgesandter«, und zwar beinhaltet es den Gedanken, dass jemand mit einem besonderen Auftrag ausgesandt und mit besonderer Autorität ausgestattet wird. Diese Person spricht und handelt im Auftrag dessen, der ihn gesandt hat. Den Aposteln wurde eine große Vollmacht gegeben, zur Bestätigung der von ihnen verkündigten Botschaft (Lk 9,1; 2Kor 12,12).

DIE ZWÖLF APOSTEL

Die zwölf Apostel bildeten eine einzigartige Gruppe von Personen. Seit den Tagen von Johannes dem Täufer waren sie mit dem Herrn zusammen. Sie hatten seine Werke gesehen, seine Worte gehört und waren Zeugen seiner Auferstehung (Apg 1,22-23). Die Zwölf werden im Neuen Testament an vier verschiedenen Stellen namentlich erwähnt (Mt 10,2; Mk 3,16; Lk 6,14; Apg 1,13). Ihre Namen lauteten:

1. Simon Petrus
2. Andreas, der Bruder von Petrus
3. Jakobus, der Sohn des Zebedäus
4. Johannes, der Bruder von Jakobus
5. Philippus
6. Bartholomäus (Nathanael)
7. Thomas (Didymus)
8. Matthäus (Levi)
9. Jakobus, der Sohn des Alphäus (Jakobus »der Kleinere«)
10. Simon der Eiferer (Simon der Kanaanäer)
11. Judas der Sohn des Jakobus (Thaddäus)
12. Judas Iskariot

Diese zwölf, mit Ausnahme des Verräters Judas Iskariot, sollten das Fundament für die spätere Gemeinde Jesu legen (Eph 2,20).

Die anderen Apostel

Matthias und Paulus

Der Apostel Paulus gehörte nicht zu den zwölf. Als Judas Iskariot starb, wurde Matthias als Ersatz für ihn gewählt (Apg 1,26). Manche Ausleger vertreten die Auffassung, dass Paulus und nicht Matthias von Gott erwählt sei. Aber Paulus selbst sah sein Apostelamt als etwas anderes an (Gal 1,11-17; 2,2-9). Die Apostel hätten wohl auch nicht die Kühnheit besessen, selbst die Initiative zu ergreifen und Judas durch einen anderen zu ersetzen. Sie sahen ihr Handeln vielmehr als eine Erfüllung der Schrift an. Deshalb kann man davon ausgehen, dass der Herr Jesus ihnen diese Anweisung gegeben hatte (Apg 1,20). Darüber hinaus hatten sie gerade viele Tage im Gebet verbracht.

Man muss auch bedenken, dass Lukas die Apostelgeschichte (mit dem Bericht über die Wahl des Matthias) nach vielen Jahren des Nachdenkens über diesen Vorfall und nach Jahren der Zusammenarbeit mit dem Apostel Paulus verfasst hatte. Warum sollte Lukas ein derartiges Versehen der Apostel niederschreiben, ohne zu erwähnen, dass diese Männer sich geirrt hätten? In Apostelgeschichte 6,2 scheint

Lukas den Matthias als Ersatz für Judas anzuerkennen (das war Jahre vor der Bekehrung des Paulus). Deshalb ist es auch angemessen, Matthias als den zwölften Apostel zu bezeichnen.

Menschen und Gaben

Dabei muss man berücksichtigen, dass das Wort Apostel außer für die zwölf und Paulus auch für andere Menschen verwendet wurde (vgl. Apg 14,14; Röm 16,7; 2Kor 8,23; Phil 2,25; 1Thes 2,6). Die Bibel erwähnt auch die »Gabe« des Apostelamtes (Eph 4,11). Daraus geht hervor, dass die Gruppe der Apostel mehr Menschen umfasste als die zwölf und Paulus. Obwohl wir nicht wissen, wie viele Menschen als »Apostel« bezeichnet wurden, können wir davon ausgehen, dass ihr Dienst für die Gemeinde Jesu von grundlegender Bedeutung war (Eph 2,20).

Anhang C

Wunder in den Evangelien und in der Apostelgeschichte

EINE ZEIT DER WUNDER

Ein Wunder ist ein außergewöhnliches Geschehen im physischen Bereich, das über alle menschlichen oder natürlichen Kräfte oder Prozesse hinausgeht. Obwohl wir das Wort oft auf unterschiedliche Lebenssituationen anwenden, sind echte Wunder eher selten. Gott hebt seine eigenen Naturgesetze nicht willkürlich auf. Wenn er es tut, dann ist sein Handeln zielgerichtet. Die Bibel berichtet über drei Epochen in der Geschichte, in denen Wunder häufiger vorkamen, und zwar 1. zur Zeit Moses, 2. zur Zeit von Elia und Elisa und 3. zur Zeit Jesu und seiner Apostel.

Sinn und Zweck von Wundern

Zeichen als Bestätigung

Wunder sollten vor allem die Boten Gottes und deren Botschaft bestätigen. Sie richteten sich vor allem an die Juden, das Bundesvolk Gottes, weil die Juden diese Zeichen brauchten und verlangten (1Kor 1,22-24). Der alte Bund, der dem Volk Israel durch Mose gebracht wurde, wurde durch viele Wunder und Zeichen bestätigt. Die Juden verlangten zu Recht die gleiche Bestätigung, als Gott den alten Bund aufhob und den neuen Bund einführte. Gott entsprach diesem Wunsch und bestätigte seine Boten (Jesus Christus und seine Apostel) sowie die Botschaft (den neuen Bund).

Messianische Offenbarungen

Ein weiterer Sinn und Zweck der Wunder Jesu bestand darin, die Bereiche zu offenbaren, über die er Macht hatte. »Diese Wunder fanden auf den Gebieten der Natur statt, bei Dämonen, Krankheiten, im körperlichen und seelischen Bereich und im Bereich des Todes. Durch seine Wunder bewies Christus seine Macht über die Gebiete, über die er eines Tages in seinem Reich als König herrschen wird.«[1] Die Wunder, die Jesus Christus wirkte, dienten als Hinweise, dass er tatsächlich der Messias Israels war.

Viele seiner Wunder sollten den Menschen auch einen Eindruck von seinem künftigen irdischen Reich vermitteln. »Außerdem offenbarten die Wunder die Zustände in dem Reich, über das der Messias herrschen würde. Es wird ein Reich sein, in dem die Natur sich seiner Autorität unterordnet und in dem es keine Krankheit und keinen Tod geben wird. In diesem Reich wird Satan gebunden sein ... und es wird dort kein Mangel herrschen.«[2]

Besonders die Heilung von Blinden war ein Zeichen der Messianität Jesu.

> »Er gab den Blinden das Augenlicht, weil der Geist Gottes auf ihm war (Lk 4,18). Im Alten Testament war es ein Vorrecht Gottes, Blinde sehend zu machen (2Mo 4,11; Ps 146,8), und eines der

Wunder, das der Messias wirken sollte (Jes 29,18; 35,5; 42,7). Als der Herr deshalb Blinden das Augenlicht zurückgab, verdeutlichte er damit seinen Anspruch, der sehnlich erwartete Messias Israels zu sein ... Deshalb liegen uns mehr Berichte über diese Art von Wundern Christi vor als über andere.«[3]

DIE WIRKUNG VON WUNDERN

Wunder halfen, das Leid von Menschen zu lindern. Aber sie geschahen nicht allein aus diesem Grund, sondern Wunder sollten auf Christus und die Apostel hinweisen und auf die Tatsache, dass sie von Gott gesandt waren. Aufgrund dieser Hinweise sollten die Menschen zum Glauben kommen (vgl. Joh 20,30-31).

Anhang D

Die Gabe der Sprachen (Zungen)

Im Allgemeinen empfangen Christen geistliche Gaben, damit andere davon einen Nutzen haben (1Kor 12,7; Eph 4,12). Der Heilige Geist befähigt durch diese Gaben Gläubige, Gott auf eine bestimmte Art zu dienen (1Kor 12,11), und jede von ihnen hat ihren Sinn und Zweck.

DER BEGRIFF »ZUNGEN«

Um zu verstehen, worum es bei der Gabe der Zungen geht, muss man den Begriff definieren sowie Sinn und Zweck der Gabe erkennen. Die Definition (Beschreibung) des Begriffs finden wir in Apostelgeschichte 2,4-11 und an keiner anderen Stelle in der Bibel. Lukas beschreibt diese Gabe als Fähigkeit, eine bekannte menschliche Sprache zu sprechen, die der Sprecher jedoch nicht beherrscht. Deshalb könnte eine Definition des Begriffs »Gabe der Zungen« auch lauten: »die von Gott gegebene Fähigkeit, in einer dem Sprecher unbekannten Sprache zu reden.« Eine solche Fähigkeit hat einen eindeutig übernatürlichen Charakter.

Sinn und Zweck der Zungengabe

In nur einem Text, nämlich in 1. Korinther 14,20-22, erklärt der Apostel Paulus Sinn und Zweck der Zungengabe. Zungen sollen als Zeichen dienen. Hier stellen sich zwei Fragen: Für wen ist dieses Zeichen bestimmt? Und: Wofür sollen sie ein Zeichen sein? Paulus erklärt deutlich, dass die Zungengabe kein Zeichen für Gläubige war. Allein diese Tatsache schließt viele Vorstellungen aus, unter anderem auch den Gedanken, dass die Zungengabe für Gläubige ein Zeichen für ihre Taufe mit dem Heiligen Geist ist. Die Zungengabe war jedoch ein Zeichen für »*dieses Volk*« (14,21). Paulus entnimmt dieses Zitat aus dem Propheten Jesaja, und aus dem Zusammenhang des Textes im Buch Jesaja geht hervor, dass mit der Bezeichnung »*dieses Volk*« die Israeliten gemeint sind. Aber Paulus zufolge ist das Zeichen nicht für Gläubige bestimmt, sondern für das ungläubige Israel, weil die Juden immer Zeichen forderten (1Kor 1,22).

Um die Bedeutung der Zungengabe zu verstehen, muss der Zusammenhang von Jesaja 28 und anderen Abschnitten des Alten Testaments berücksichtigt werden. Im Alten Testament schloss Gott auf dem Berg Sinai einen Bund mit Israel. Dieser »alte« Bund war an Bedingungen geknüpft. Gott würde seinen Segen spenden, wenn Israel ihm gehorchte. Sollte Israel ungehorsam sein, hätte es das züchtigende Handeln Gottes zu erwarten. Wenn Israel nicht mit einer Umkehr auf die göttliche Züchtigung reagierte, würde Gott seine Gerichte über sein Volk bringen.

Diese göttliche Züchtigung hatte ihren Endpunkt erreicht, als Gott fremde Heere nach Israel führte, die das Land besetzten. Als das Volk Israel die Sprache (Zunge) dieser Fremden hörte, wusste es, dass es das Gerichtshandeln Gottes erfuhr (vgl. 5Mo 28,49). Für das ungläubige Israel waren Zungen deshalb ein Zeichen für künftiges (oder gegenwärtiges) Gericht.

Im Neuen Testament verkündete Jesus das endgültige Gerichtshandeln Gottes an jener Generation der Israeliten, weil sie ihren eigenen

Messias ablehnten (und töten würden; vgl. Mt 23,33-38). Am Tag des Pfingstfestes waren Zungen zu hören. Petrus warnte das Volk, dass die damalige Generation Israels verderbt war und es sich von diesem *»verkehrten Geschlecht«* (Apg 2,40) trennen sollte. Diese Trennung konnte natürlich nur durch Gehorsam gegenüber Gott geschehen, und in diesem Fall durch den Glauben an Jesus als Messias. In den Jahren 66 bis 73 n. Chr. brachte Gott das prophezeite Gericht über diese Generation, indem er das römische Heer als Werkzeug benutzte.

Die Zeit der geistlichen Gaben als Zeichen

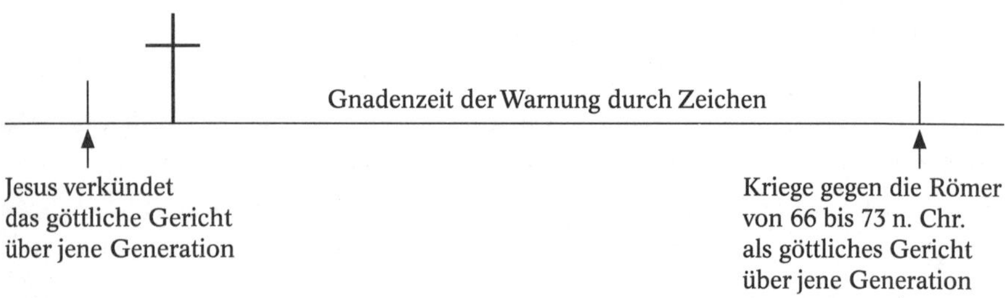

Die Anwendung der Zungengabe

Weil mit Hilfe der Zungengabe Gott gepriesen werden sollte (1Kor 14,2), konnte diese Gabe für diejenigen, die die Zungen hörten und verstanden, von Nutzen sein. Aber es war ein komplizierter Vorgang für die Erbauung von Gläubigen. Dies war jedoch nicht der eigentliche Sinn und Zweck der Zungengabe. Paulus ermutigte die Gemeinde in Korinth, nach besseren Gaben zur Erbauung der Gemeinde zu streben. Da die Gemeinde nicht der richtige Ort für die Anwendung dieser Gabe war, gebrauchte Paulus sie wahrscheinlich auf seinen Reisen und bei der Verkündigung des Evangeliums bei Juden, die solche Zeichen forderten.

Anmerkungen

Kapitel 3: Hintergrund des Neuen Testamentes

1. Robert H. Gundry, *A Survey of the New Testament*, rev. ed. (Grand Rapids: Zondervan, 1981), S. 5.
2. Merrill C. Tenny, *New Testament Survey* (Grand Rapids: Eerdmans, 1961), S 28
3. 1. Makkabäer 2,23-26
4. J. Dwight Pentecost, *The Words and Works of Jesus Christ* (Grand Rapids: Zondervan, 1981), S. 531
5. Tenney, *New Testament Survey*, S. 30
6. W. O. Oesterley and T. H. Robinson, *A History of Israel* (London: Oxford, 1932), S. 282
7. Pentecost, *Words and Works*, S. 532
8. D. M. Edwards, »Mystery", in: *International Standard Bible Encyclopedia* (Grand Rapids: Eerdmans, 1939), 3:2104
9. Gundry, *A Survey of the New Testament*, S. 35
10. Ebd., S. 35-36
11. Tenney, *New Testament Survey*, S. 74
12. Gundry, *A Survey of the New Testament*, S. 37
13. Norval Geldenhuys, *Commentary on the Gospel of Luke*, Grand Rapids, Eerdmans, 1966, S. 189
14. Alfred Edersheim, *Sketches of Jewish Social Life in the Days of Christ*, Grand Rapids, Eerdmans, 1967, S. 26ff.
15. Joachim Jeremias, *Jerusalem in the Time of Jesus* (Philadelphia: Fortress, 1969), S. 252
16. Ebd., S. 266-67

17. Pentecost, *Words and Works*, S. 546

18. Jeremias, *Jerusalem*, S. 254

19. Pentecost, *Words and Works*, S. 542

20. H. Wayne House, *Chronological and Background Charts of the New Testament* (Grand Rapids: Zondervan, 1981), S. 75

21. F.F. Bruce, *New Testament History*, (Garden City, N. J.: Doubleday, 1969), S. 97

22. Ebd., S. 77

23. Emil Schurer, *A History of the Jewish People in the Time of Jesus* (New York: Schocken, 1961), S. 109-10

24. Werner Foster, *Palestinian Judaism in New Testament Times* (London: Oliver and Boyd, 1964), S. 124

25. Jeremias, *Jerusalem*, S. 178-179

26. Alfred Edersheim, *The Life and Times of Jesus the Messiah (New York*: Longmans and Green, 1900), 1:432-34

27. Edersheim, *Sketches,* S. 250-64

28. Jeremias, *Jerusalem*, S. 21-24

29. Ebd., S. 209

30. Alfred Edersheim, *The Temple* (Grand Rapids: Eerdmans, 1975), S. 69

Kapitel 4: Ein Blick auf die Evangelien

1. Everett F. Harrison, *Introduction to the New Testament* (Grand Rapids: Eerdmans, 1968), S. 136-53

2. Merrill C. Tenney, *New Testament Survey* (Grand Rapids: Eerdmans, 1961), S. 134-35

3. Robert H. Gundry, *A Survey of the New Testament*, (Grand Rapids: Zondervan, 1981), S. 65-67

4. Robert L. Thomas and Stanley N. Gundry, *A Harmony of the Gospels* (Chicago: Moody, 1978), S. 276-77

5. Ebd., S. 278-79

6. Charles F. Pfeiffer, *Baker's Bible Atlas* (Grand Rapids:Baker, 1966), S. 25-26

7. Ebd.

8. Barry J. Beitzel, *The Moody Atlas of Bible Lands* (Chicago: Moody, 1985), S. 20-25

9. Yohanan Aharoni and Michael Avi-Yonah, *The Macmillan Bible Atlas* (New York: Macmillan, 1968), S. 14

10. Alfred Edersheim, *Sketches of Jewish Social Life in the Days of Christ* (Grand Rapids: Eerdmans, 1967), S. 30

11. Ebd., S. 39

12. Harold Hoehner, *Herod Antipas* (Grand Rapids: Zondervan, 1980), S. 60

13. Ebd.

14. Merrill Unger, *Archaeology and the New Testament* (Grand Rapids: Zondervan, 1962), S. 56-60

15. Harold Hoehner, *Chronological Aspects of the Life of Christ* (Grand Rapids: Zondervan, 1977), S. 29-37

16. Ebd., S. 65-74

17. Thomas and Gundry, *Harmony*, S. 322

18. Hoehner, *Chronological Aspects*, S. 55-63

19. A. T. Robertson, *A Harmony of the Gospels for Students of the Christ* (New York: Harper, 1922), S. 259; Norval Geldenhuys, *Commentary on the Gospels of Luke* (Grand Rapids: Eerdmans, 1966), S. 152

Kapitel 5: Matthäus

1. Arthur Robertson, *Matthew* (Chicago: Moody, 1983), S. 8

2. John F. Walvoord, *Matthew: Thy Kingdom Come* (Chicago: Moody, 1968), S. 9

3. Alfred Edersheim, *Sketches of Jewish Social Life in the Days of Christ* (Grand Rapids: Eerdmans, 1967), S. 42

4. Leon Morris, *The Gospel According to St. Luke* (Grand Rapids: Eerdmans, 1982), S. 119

5. Robert H. Gundry, *A Survey of the New Testament*, revised edition (Grand Rapids: Zondervan, 1981), S. 82-83

6. W. Graham Scroggie, *A Guide to the Gospels* (Old Tappan, N.J.: Revell, 1962), S. 131-33

7. Walvoord, *Matthew: Thy Kingdom Come,* S. 10
8. Ebd., S. 11
9. Robert L. Thomas and Stanley N. Gundry, *A. Harmony of the Gospels* (Chicago: Moody, 1978), S. 274-79
10. Scroggie, *A Guide to the Gospels*, S. 248
11. Ebd., S. 286-87
12. Ebd., S. 268-70
13. Homer Kent, Jr., »Matthew's Use of the Old Testament", *Bibliotheca Sacra* 121 (Januar - März, 1964):43
14. W. E. Vine, *An Expository Dictionary of the New Testament Words* (London: Oliphants, 1963) 2:294
15. Alva McClain, *The Greatness of the Kingdom* (Chicago: Moody, 1968, S. 17
16. J. Dwight Pentecost, *Things to Come* (Grand Rapids: Dunham, 1964, S. 142
17. J. Dwight Pentecost, *The Words and Works of Jesus Christ* (Grand Rapids: Zondervan, 1981), S. 214
18. Thomas and Gundry, *Harmony*, S. 313-19
19. McClain, *The Greatness of the Kingdom*, S. 313
20. Pentecost, *Words and Works*, S. 208
21. Pentecost, *Things to Come*, S. 460

Kapitel 6: Markus

1. D. Edmont Hiebert, *The Gospel of Mark* (Chicago: Moody, 1974), S. 11
2. Donald Guthrie, *New Testament Introduction* (London: Tyndale, 1966), S. 67
3. Ebd.
4. Robert H. Gundry, *A Survey of the New Testament*, revised edition (Grand Rapids: Zondervan, 1981), S. 79
5. Hiebert, *The Gospel of Mark*, S. 15
6. W. Graham Scroggie, *A Guide to the Gospels* (Old Tappan, N.J.: Revell, 1962), S. 185

7. Guthrie, *New Testament Introduction*, S. 66

8. Hiebert, *The Gospel of Mark*, S. 14

9. Ralph Earle, *Mark* (Chicago: Moody, 1970), S. 126

Kapitel 7: Lukas

1. Norval Geldenhuys, *Commentary on the Gospels of Luke* (Grand Rapids: Eerdmans, 1966), S. 15

2. Leon Morris, *The Gospel According to St. Luke* (Grand Rapids: Eerdmans, 1982), S. 16-17

3. W. Graham Scroggie, *A Guide to the Gospels* (Old Tappan, N.J.: Revell, 1962), S. 335

4. Merrill C. Tenny, *New Testament Survey* (Grand Rapids: Eerdmans, 1961), S. 173

5. Geldenhuys, *Gospel of Luke*, S. 352

6. Scroggie, *A Guide to the Gospels* (Old Tappan, N.J.: Revell, 1962), S. 349-53

7. Paul N. Benware, *Luke* (Chicago: Moody, 1985), S. 26-27

Kapitel 8: Johannes

1. Homer, Kent, Jr., *Light in the Darkness* (Grand Rapids: Baker, 1974), S. 15-17

2. Donald Guthrie, *New Testament Introduction* (London: Tyndale, 1966), S. 216-43

3. Kent, *Light in the Darkness*, S. 18

4. Guthrie, *New Testament Introduction*, S. 224-28

5. Merrill C. Tenney, *New Testament Survey* (Grand Rapids: Eerdmans, 1961), S. 189

6. W. E. Vine, *An Expository Dictionary of New Testament Words* (London: Oliphants, 1963) 1:116

7. Merrill C. Tenney, *John, the Gospel of Belief* (Grand Rapids: Eerdmans, 1976), S. 29-30

Kapitel 9: Die Apostelgeschichte

1 Richard B. Rackham, *The Acts of Apostels* (Grand Rapids: Baker, 1964), xvi

2. F.F. Bruce, *The Book of Acts* (Grand Rapids: Eerdmans, 1966), S. 328

3. Rackham, *The Acts of Apostels,* xix

4. Charles, C. Ryrie, *The Acts of the Apostles* (Chicago: Moody, 1961), S. 9

5. William M. Ramsay, *The Cities of St. Paul* (Grand Rapids: Baker, 1960), S. 86

6. Charles, C. Ryrie, *Biblical Theology of the New Testament* (Chicago: Moody, 1959), S. 154-63

7. Ebd., S. 155

8. John Pollock, *The Man Who Shook the World* (Wheaton, Ill.: Victor, 1972), S. 6-7

9. William M. Ramsay, *The Cities of St. Paul,* S. 180-86

10. Ebd., S. 174

11. Ryrie, *Biblical Theology,* S. 157-58

Kapitel 10: Ein Blick auf die Briefe

1. C.F. Hogg and W. E. Vine, *The Epistles to the Thessalonians* (Fincastle, Va.: Scripture Truth, 1959), S. 5

2. Robert H. Gundry, *A Survey of the New Testament,* rev. ed. (Grand Rapids: Zondervan, 1981), S. 245.

Kapitel 11: Der Brief an die Galater

1. William Hendriksen, *New Testament Commentary:* Exposition of Galatians (Grand Rapids: Baker, 1974). S. 4-5

2. J. B. Lightfoot, *The Epistles of St. Paul to the Galatians* (Grand Rapids: Zondervan, 1967), S. 18- 35

3. Merrill C. Tenney, *Galatians, the Charter of Christian Liberty* (Grand Rapids: Eerdmans, 1961), S. 46-55

4. Hendriksen, *Exposition of Galatians,* S. 98

5. Charles C. Ryrie, *Die Bibel verstehen* (Dillenburg; Christliche Verlagsgesellschaft, 1996), S. 338

Kapitel 12: Der erste Brief an die Thessalonicher

1 Donald Guthrie, *New Testament Introduction* (Downers Grove, Ill.: Inter Varsity, 1970, S. 567-68

2. D. Edmond Hiebert, *The Thessalonian Epistles* (Chicago: Moody, 1971), S. 23-25

3. Ebd., S. 22

4. C.F. Hogg and W. E. Vine, *The Epistles to the Thessalonians* (Fincastle, Va.: Scripture Truth, 1959), S. 49

5. Paul N. Benware, *Survey of the Old Testament* (Chicago: Moody, 1988), S. 183

Kapitel 13: Der zweite Brief an die Thessalonicher

1. D. Edmond Hiebert, *An Introduction to the Pauline Epistles* (Chicago: Moody, 1988), S. 183

2. J. Dwight Pentecost, *Things to Come* (Grand Rapids: Dunham, 1964), S. 259-74

Kapitel 15: Der zweite Brief an die Korinther

1. Charles Hodge, *Commentary on the Second Epistle to the Corinthians* (Grand Rapids: Eerdmans, n.d.), S. 2

2. D. Edmond Hiebert, *The Thessalonian Epistles* (Chicago: Moody, 1971), S. 149-51

Kapitel 16: Der Brief an die Römer

1. Alan Johnson, *Romans: The Freedom Letter*; rev. ed. (Chicago: Moody, 1984), 1:10

2. D. Edmond Hiebert, *An Introduction to the Pauline Epistles* (Chicago: Moody, 1971), S. 178-81

3. Ebd., S. 165

4. Ebd.

5. James Stifler, *The Epistle to the Romans* (Chicago: Moody, 1960), S. 12

Die Gefängnisbriefe des Apostels Paulus

1. Donald Guthrie, *New Testament introduction* (Downers Grove, Ill.: InterVarsity, 1970), S. 472-78; D. Edmont Hiebert, *The Thessalonian Epistles* (Chicago: Moody, 1971), S. 205-11

Kapitel 17: Der Brief an die Epheser

1. J. Armitage Robinson, *St. Paul's Epistle to the Ephesians* (London: James Clark, n.d.), S. 11
2. F.F. Bruce, *The Epistle to the Ephesians* (London: Pickering and Inglis, 1961), S. 13
3. Robinson, *Epistle to the Ephesians*, S. 11

Kapitel 18: Der Brief an die Kolosser

1. Kenneth S. Wuest, *Wuest's Word Studies: Ephesians and Colossians* (Grand Rapids: Eerdmans, 1953), S. 183

Kapitel 20: Der Brief an die Philipper

1. Jack J. Muller, *The Epistle of Paul to the Philippians and to Philemon* (Grand Rapids: Eerdmans, 1970), S. 21
2. Paul N. Benware, *Ambassadors of Armstrongism* (Fort Washington, Pa.: Christian Literature Crusade, 1985), S. 116-25

Die Pastoralbriefe des Apostels Paulus

1. D. Edmond Hiebert, *An Introduction to the Pauline Epistles* (Chicago: Moody, 1971), S. 308-19; Everett F. Harrison, *Introduction to the New Testament* (Grand Rapids: Eerdmans, 1964), S. 330-42

Kapitel 25: Der Brief an die Hebräer

1. B. F. Westcott, *The Epistle to the Hebrews* (Grand Rapids: Eerdmans, 1965), S. LXII-LXXXIV
2. Charles F. Pfeiffer, *The Epistle to the Hebrews* (Chicago: Moody, 1962), S. 7

3. D. Edmond Hiebert, *An Introduction to the Non-Pauline Epistles* (Chicago: Moody, 1969), S. 91

4. Charles C. Ryrie, *Die Bibel verstehen* (Dillenburg: Christliche Verlagsgesellschaft, 1996), S. 373-77

Kapitel 26: Der erste Brief des Petrus

1. D. Edmond. Hiebert, *An Introduction to the Pauline Epistles* (Chicago: Moody, 1971), S. 109

2. Louis A. Barbieri, Jr., *First and Second Peter* (Chicago: Moody, 1977), S. 28

Kapitel 27: Der zweite Brief des Petrus

1. Charles Bigg, *The Epistles of St. Peter and St. Jude* (Edinburgh: T. and T. Clark, 1961), S. 199-215

2. Ebd., S. 232

3. Donald Guthrie, *New Testament Introduction* (Downers Grove, Ill.: InterVarsity, 1970), S. 814-20

Kapitel 28: Der Brief des Judas

1. D. Edmond. Hiebert, *An Introduction to the Pauline Epistles* (Chicago: Moody, 1971), S. 175-79

Kapitel 32: Die Offenbarung

1. John F. Walvoord, *The Revelation of Jesus Christ* (Chicago: Moody, 1966), S. 11-14

2. Gary Cohen, *Understanding Revelation* (Chicago: Moody, 1978), S. 23-37

3. Ebd., S. 49

4. Merrill C. Tenney, *Interpreting Revelation* (Grand Rapids: Eerdmans, 1973), S. 28

5. Walvoord, *The Revelation*, S. 21

6. Charles C. Ryrie, *Revelation* (Chicago: Moody, 1968), S. 9

7. Tenney, *Interpreting Revelation*, S. 101-16

8. Ryrie, *Revelation*, S. 20

9. Alva McClain, *The Greatness of the Kingdom* (Chicago: Moody, 1968), S. 446-47

10. Walvoord, *The Revelation*, S. 51-53

11. Paul N. Benware, *Survey of the Old Testament* (Chicago: Moody, 1988), S. 36-41

Anhang A: Die Person Jesu Christi

1. John F. Walvoord, *Jesus Christ Our Lord* (Chicago: Moody, 1969), S. 106-9

2. Alva J. McClain, »The Doctrine of the Kenosis in Philippians 2,5-8«, *Grace Journal* 8, no. 2 (1967), S. 10

3. Walvoord, *Jesus Christ Our Lord*, S. 147

4. G. C. Berkouwer, *The Person of Christ* (Grand Rapids: Eerdmans, 1966), S. 239-67; L. Boettner, *The Person of Christ* (Grand Rapids: Eerdmans, 1943, S. 123ff.

5. McClain, »The Doctrine of the Kenosis«, S. 9

Anhang C: Wunder in den Evangelien und in der Apostelgeschichte

1. J. Dwight Pentecost, *The Words and Works of Jesus Christ* (Grand Rapids: Zondervan, 1981), S. 118

2. Ebd., S. 118-19

3. Charles C. Ryrie, *Die Bibel verstehen* (Dillenburg: Christliche Verlagsgesellschaft, 1996), S. 392-93

BIBLIOGRAFIE

Aharony, Yohanan, and Avi – Yonah, Michael.
The Macmillan Bible Atlas. New York: Macmillan, 1968

Beitzel, Barry J.
The Moody Atlas of Bible Lands. Chicago: Moody, 1985

Benware, Paul N.
Survey of the Old Testament. Chicago: Moody, 1988

Edersheim, Alfred.
Sketches of Jewish Social Life in the Days of Christ. Grand Rapids: Eerdmans, 1967

Guthrie, Donald.
New Testament Introduction. Downers Grove, Ill.: InterVarsity, 1970

Hiebert, D. Edmond.
An Introduction to the Non-Pauline Epistles. Chicago: Moody, 1969

Hiebert, D. Edmond.
An Introduction to the Pauline Epistles. Chicago: Moody, 1971

Hoehner, Harold.
Chronological Aspects of the Life of Christ. Grand Rapids: Zondervan, 1977

House, H. Wayne.
Chronological and Background Charts of the New Testament. Grand Rapids: Zondervan, 1981

Jeremias, Joachim.
Jerusalem in the Time of Jesus. Philadelphia: Fortress, 1969

McClain, Alva.
The Greatness of the Kingdom. Chicago: Moody, 1968

Pentecost, J. Dwight.
*The Words and Works of Jesus Christ.*Grand Rapids: Zondervan, 1981,

Pollock, John
The Man Who Shook the World. Wheaton, Ill.: Victor, 1972

Ramsay, William.
The Cities of St. Paul. Grand Rapids: Baker, 1960

Scroggie, W. Graham.
A Guide to the Gospels. Old Tappan, N.J.: Revell, 1962

Thomas, Robert L. Gundry, Stanley N.
A Harmony of the Gospels. Chicago: Moody, 1978